KB245008

취업필승전략
119

2등, 마이너, 저질 스펙으로 취직에 성공하는

취업 필승 전략 119

초판 1쇄 인쇄 2013년 9월 13일
초판 1쇄 발행 2013년 9월 23일

지은이 전미옥, 신현종

펴낸이 김찬희
펴낸곳 끌리는책

출판등록 신고번호 제25100-2011-000073호
주소 서울시 구로구 오류동 109-1 재도빌딩 206호
전화 영업부 (02)335-6936 편집부 (02)2060-5821
팩스 (02)335-0550
이메일 happybookpub@gmail.com

ISBN 978-89-90856-57-9 13320
값 16,000원

2등,
마이너,
저질 스펙으로
취직에 성공하는

취업필승전략 119

전미옥
신현종
지음

끌리는책

프롤로그

취업 전쟁, 이제 당신이 승자가 될 차례!

우리는 막연히 기업이 신입사원을 뽑을 때 대학 졸업 후 구직 공백 기간이 긴 지원자를 꺼릴 것이라고 추측한다. 그것은 사실이었다. 취업 포털사이트 '사람인(www.saramin.co.kr)'의 조사 결과에 따르면(2013년 4월 조사), 기업 10곳 가운데 4곳이 신입사원을 뽑을 때 대학 졸업 후 구직 공백 기간이 긴 지원자를 꺼린다고 답했다. 그 첫 번째 이유가 '능력이 부족하여 취업이 늦어진 것 같아서'라고 한다. 그 뒤로 '직업 의식이 낮을 것 같아서', '취업 눈높이가 높을 것 같아서' 등이 꼽혔다. 공백기가 길다고 판단하는 기준을 묻자 '졸업 후 1년'이라고 답한 기업이 가장 많았다.

대학생이나 대학 졸업생이 휴학을 하거나 졸업을 미루는 현상이 흔해진 것도 이 때문이다. 공백기를 최소화하겠다는 것이다. 대학 5학년이 되어 학생 신분으로 취업 준비를 하는 것이 이제는 보통의 일이다. 졸업을 미룸으로써 취업됐냐고 묻는 주변의 관심에서 조금 비켜날 수 있고, 대학 졸업해도 취업도 못하는 무능력자라는 주변의 시선에서 조금은 자유로울 수 있다. 백수보다는 학생이 그래도 낫지 않을까 하는 생각으로 '아직은 학생' 신분을 유지함으로써 심리적인 위안을 삼는다.

그 마음을 충분히 이해할 수 있다. 취업이 전쟁이 되어버린, 그것도 붙었다 하면 패전 확률이 훨씬 높은 전쟁에서 두려움과 불안감이 있는 건 당연하다. 정면승부를 좀 유예하고 싶고, 할 수 있으면 피하고 싶은 것이 솔직한 심경일 것이다. 하지만 그런다고 달라지지 않는다. 어차피 나 자신이 참가한 이상 이 전쟁을 끝내려면 내가 승리해야 한다. 그게 취업, 구직 전쟁이다. 그러니 정면승부를 피하면서 시간을 벌려고 하기보다 전쟁에서 이길 궁리를 하고 준비를 철저히 해서 대차게 붙어야 한다.

취업이 잘되지 않는 사람들의 대학생활 특징이라면 4학년 2학기까지 토익학원을 다닌다거나 '졸업하고 취업 안 되면 어학연수나 대학원에 가지 뭐' 하는 생각을 가진 경우다. 이런 준비 안 된 모습으로 안일하게 생각하는 사람들은 본인은 안 하는 것이라고 말하고 싶겠지만 사실은 취업을 못하는 것이다. 일자리는 적고 일하고 싶은 사람은 많다고 해서 모든 취업 준비생들이 그렇게 치열하게 취업을 준비하는 것은 아니다. 괜히 경쟁률만 높여주는 사람들도 많다.

좋게 말하면 대학생활을 여유롭게 하는 것이고, 나쁘게 말하면 치열하고 냉정한 현실에 대한 감각 없이 대학생활을 철없이 방만하게 보내는 것이다. 학교에서 이제 그만 나가라니까 그냥 어디라도 들어가야 하지 않을까 생각하는 것이다.

"뭐, 사람이 평생 한 직장만 다닐 것도 아니고 처음엔 좀 마음에 들지 않거나 자기 적성에 맞지 않는 등 시행착오를 겪을 수도 있는 거지. 그런 경험 끝에 자기가 진짜 하고 싶은 일에 한 발씩 다가가는 거고. 그런 실패나 시행착오가 젊음의 특권 아냐?"

엄격하게 말해서, 이런 생각이 아주 틀린 것은 아니다. 그런데 이 말은 사회와 직업에 대해 각자가 지닌 준비와 태도, 마인드에 따라 맞는 말일 수도 있고 자기합리화일 수도 있다. 어떤 고민의 흔적도 없이 "그냥 어디라도 좋아. 일단 들어만 갈 수 있으면 돼"라고 하면서 처음부터 '묻지마 취업'을 하려는 사람이 그런 말을 한다면 '그냥 말만 번지르르 잘하는 사람'일 뿐이다.

취업에 급급해서 신중하지 못한 지원을 한 경우, 설령 취업하더라도 조기 퇴사로 이어진다. 2011년에 입사한 대졸 신입사원 중 23.6퍼센트가 1년 이내 퇴사를 했다. 그동안의 취업 준비 시간이 많았든 적었든 모두 낭비된 것이다. 취업 준비생들은 실무와 관련된 직무 지식에 소홀했다. 성실하게 알아보지 않고 수많은 직업 중 자신에게 맞는 직업을 그냥 주먹구구식으로 고르는 것은 대단히 비효율적이다. 단순히 이력서와 자기소개서 잘 쓰고 토익과 토플 점수 올리는 것보다 중요한 것은 기업이 원하는 사람으로 자신을 육성하는 것이다.

모든 전쟁에는 전략과 전술이 있다. 이 책은 한마디로 취업 전쟁에 대한 전략 전술서라고 할 수 있다. 진로 선택에서 기업 분석, 자기소개서 작성, 면접까지, 취업에 필요한 실전 구직 노하우가 이 한 권에 모두 들어 있다. 특히 실전에 참가한 실제 취업 준비생들의 생생하고 풍부한 취업 전략이 백미다. 마치 내 옆에서 일어난 일처럼 펄펄 살아 움직인다.

이 책은 졸업 예정자는 물론 아직 피부에 와닿지 않는 대학 저학년생에게도 더없이 유용할 것이다. 이런 책을 일찌감치 접한다면 꿈도, 목표도, 실행의 방법도, 그리고 그 결과도 확실히 달라질 수 있기 때문이다. 물론 대기업에 합격하는 사람들의 방식이 취업 준비의 정석이 될 수는 없다. 하지만 졸업 유예 기간을 붙잡고 전전긍긍하지 않고, 애초부터 '대학 5학년'을 안중에 두지 않고도 합격한 사람들의 대학생활을 들여다본다는 것은 충분히 의미 있는 일이다.

하지만 대학 1학년부터 준비하지 못했다고 좌절하거나 초조할 필요는 없다. 이 책은 자신이 지금 어느 지점에 있든 자기만의 커리어 플랜을 만들어 필요한 것들을 준비하며 단계를 밟아갈 수 있도록 도울 것이기 때문이다. 준비를 대학 1학년 때부터 했느냐, 3학년 때부터 했느냐 하는 것은 사실 별 의미가 없다. 중요한 것은 명확한 비전과 계획이다. 외형적 조건이나 스펙에 맞춘 지원은 실패한다.

어떤 사람은 몇 주가 걸릴 수도 있고, 또 어떤 사람은 몇 개월이 걸릴 수도 있다. 부모님께 손 벌리자니 죄송하고, 학자금 대출이 어깨를 짓누르고, 주변의 따가운 시선이 등 뒤에 꽂혀도 어쨌든 자기 인생이다. 자기 인생을 만들어가는 데 세간의 입방아에 휘둘릴 이유가 있는가. 성급함만 버린다면 충분히 이겨낼 수 있다. 조급함과 초조함, 좌절감이 밀려올 때 자신에게 집중하며, 최선을 다해 냉정하게 자신의 계획대로 밀고 나가면 된다.

누구에게나 똑같이 주어지는 시간이지만 시작하는 시점에 따라 양적 시간은 조금씩 다를 수 있다. 어떻게 계획하고 어떻게 집중하느냐에 따라 취업 시즌의 표정과 운명은 완전히 달라질 것이다. 그 감격의 기쁨을 누리는 데 이 책이 요긴하고 고마운 길잡이가 되었으면 좋겠다.

2013년 8월 뜨거운 여름

전미옥, 신현종

차례

3장 벼랑 끝에서도 선택받는 사람은 있다
면접 대비 119

4장 승자들의 전략을 참고하라

좌충우돌 취업 성공기

부록 D-1, 급할 때 챙겨보는 마지막 체크포인트

1장

영혼을 팔겠다고? 생각을 바꾸고 발품을 팔아라

취업 필승 전략 119

기업 환경에 따라 취업 트렌드도 바뀐다

날로 어려워지는 세계 경쟁 환경에서 기업들은 새로운 성장 동력을 원하게 된다. 그런 성장 동력의 가장 중심은 창의적인 기업 활동이다. 이것은 기업에서 일하는 직원들로부터 나오는데, 기업은 직원들의 창의적 활동을 적극 장려하고 원하게 된다. 이렇다 보니 기업 활동의 흥망성쇠는 사실 인재 채용에 있다고 봐도 지나치지 않다. 기업은 창의적 인재 채용을 위해 심혈을 기울일 수밖에 없다.

지난 몇 년 사이에 채용 트렌드가 급변하였다. 빨리 적응하고 일사불란하게 움직이던 조직형 인재를 선호했던 과거와는 사뭇 다르다. 다양한 변화가 느껴지는 취업 트렌드의 큰 물줄기를 통해 '최근 취업 트렌드'를 짚어본다.

탈 스펙 & 리얼 스펙

'스펙' 좋은 순으로 정렬한 다음 일정 기준에 못 미치는 사람은 탈락시키던 방식은 과거 조직형 인재 채용에나 적합했지, 오늘날의 창의적 인재 채용 방식으로는 부적합하다. 수치화되고 일반화된 스펙만 갖고는 지원자들의 다양한 특성과 문제해결 능력, 위기상황 돌파력 등을 감지해내기 어렵다. 앞으로는 학벌, 학점, 영어 점수, 자격증, 인턴 경험, 봉사 활동, 해외연수 등 일정한 기준에 맞춘 채용 조건에서 탈피해 기업마다 다채로운 방향으로 인재를 채용하게 될 것이다. 직무능력과 직접적인 연관이 없는 자격 조건 때문에 숨은 인재를 놓치는 경우가 많다는 판단 때문이다. 이에 따라 스펙 붕괴 현상도 가속화될 전망이다.

따라서 스펙만 쌓으면 취업이 될 거라는 막연한 기대감은 버려야 한다. 스펙을 무조건 포기하라는 말이 아니라 학벌, 학점, 토익 점수, 자격증의 수 등 보여주기 위한 스펙은 더 이상 필요 없다는 의미다. 열린 채용으로 지원 자격 조건을 완화하는 기업이 늘고 있다는 것은 그러한 스펙 이외의 것을 보겠다는 의미다. 또한 경기 침체기와 치열한 경쟁이 계속되면서 신입사원 채용 시 인턴 및 실무 경험자 등을 우대하는 기업이 증가하고 있으며, 이는 앞으로도 지속될 것으로 전망된다. 때문에 구직자들은 서류로 보여주는 단편적인 스펙 대신 실무에 적용할 수 있는 생생한 입체 스펙을 쌓아야 한다.

닥치고 면접

기업의 채용 추세가 면접과 실무 평가 중심으로 바뀌고 있다는 사실은 취업 준비생들도 이미 알고 있다. 면접 강화는 대기업을 중심으로 중견 및 중소기업으로 확대되고 있으며, 앞으로 기업들의 공채에서도 가장 중요한 채용 전형 요소로 자리 잡을 것이다. 다대일 심층면접을 강화한 두산그룹, 면접만으로 디자인 및 소프트웨어 부문 신입사원을 선발하는 '창의플러스' 전형을 진행한 바 있는 삼성그룹의 파격을 생각하면 앞으로도 면접에 대한 비중은 계속 높아질 것이다.

취업 준비생들은 면접 준비를 할 때 모든 기업에 적용될 수 있는 것이 아니라 지원한 기업에만 적용될 수 있는 답변을 준비해야 한다. 예를 들어 면접에서 포부를 말할 때 "뜨거운 열정과 성실함으로 귀사에 헌신하겠습니다" 같은 대답으로는 눈길을 끌 수가 없다. "현재 업계의 핫이슈인 빅데이터 활용 부분에 대해 전문 서적을 읽고 컨퍼런스에 참여하는 등 많은 관심과 실력을 쌓은 만큼 업무에 바로 적용할 수 있습니다." 이처럼 구체적인 예시와 포부를 드러내야 좋은 평가를 받을 수 있다.

올드 루키 & 스위치형 인재

불황일수록 기업은 장기간 역량강화 교육이 필요한 인재보다는 스위치형 인재(스위치를 누르는 순간 바로 작동할 수 있는 인재)를 선호한다. 따라서 앞으로 공채 전형에서는 경력을 보유한 신입 지원자를 원하는 기업이 크게 늘어날 전망이다. 구직자들은 목표한 기업에 바로 지원하기보다는 유사 직무·업종에서 현장 경력을 쌓는 편이 유리하다. 만약 실무를 경험할 수 있는 아르바이트나 대외 활동 기회가 주어진다면 꼭 한 번은 해보기 바란다.

일부 대기업에서는 직장생활을 경험한 경력자를 우대하겠다는 의사를 노골적으로 드러내기도 한다. 한 취업 사이트의 조사 결과에 따르면, "신입 채용 시 경력 보유 지원자와 미보유 지원자 중 누구를 더 선호하느냐?"라는 질문에 기업 인사담당자의 74.8퍼센트가 '경력 보유 지원자'를 선호하였다. 그 이유로는 '업무 이해도가 높을 것 같아서(75.1%)'를 첫 번째로 꼽았다. 다음으로 '업무 능력이 뛰어날 것 같아서(31.2%)', '조직 적응력이 높을 것 같아서(22.8%)', '별도 교육이 필요 없어서(22.4%)' 등이었다.

이처럼 취업 시장의 패턴이 경력자를 우대하는 식으로 변하면 취업 준비생들의 생각이나 자세도 달라져야 한다. 최선의 직장만 고집할 것이 아니라 일단 경력을 쌓을 만한 직장에서 일한 뒤에 자신이 원하는 직장으로 옮겨가는 현실적인 선택도 고려하는 것이 좋다. 하지만 기업이 경력 보유자를 선호한다고 해서 전문가 수준의 능력을 원하는 것은 아니다. 경험이 부족한 대학 졸업자들도 인턴이나 아르바이트 같은 경력을 쌓은 뒤 자신의 열정과 패기를 보여주면 충분히 경쟁력이 있다.

통섭형 인재

지난 2012년 하반기 신입행원 공채 시 KB국민은행이 '스펙' 대신 인문학적 소양을 가진 '통섭형 인재'를 채용하기로 해서 화제가 되었었다. 입사 지원서의 스펙란을 과감히 삭제한 KB국민은행은 대신 지원자에게 인문학 도서 과제를 부여하였다. 그리고 면접에서 심층적인 질의응답과 지원자와의 자유로운 토론 등을 실시하였다.

KB국민은행을 신호탄으로 기업이 인문학적 소양을 갖춘 통섭형 인재를 선발하는 방향으로 가는 이유는 창조적으로 문제를 해결할 수 있는 인재를 원하기 때문이다. 단순히 다방면의 지식이 많은 팔방미인형 인재가 아니라 인문학적 소양을 기본적으로 가지고 있으면서도 창조적인 통찰력을 발휘할 수 있는 인재, 즉 통섭형 인재에 대한 선호도가 높아진 것이다.

이런 인재가 기업 하나를 너끈히 먹여 살리는 것을 이미 우리는 눈으로 확인하였다. 화가이자 건축가, 철학자, 기술자, 의사, 학자, 조각가였던 통섭형 인재의 조상이라 할 만한 레오나르도 다 빈치까지 멀리 거슬러 올라갈 필요도 없다. 가까이에서도 얼마든지 찾아볼 수 있다. 기술에 인문학을 접목시킨 스티브 잡스, 그리스 라틴 고전을 원전으로 읽는 것이 취미였던 마크 주커버그의 성공은 앞으로 인재가 나아갈 방향을 선명하게 보여준다.

기업은 한 가지 분야만 깊이 아는 인재보다 두세 가지 분야를 아우르는 능력을 가지고 있는 사람을 더 높이 평가한다. 지원자가 얼마나 문제해결 능력이 있는지, 직면한 위기 상황을 어떻게 극복하는지, 타인과의 소통을 어떻게 수행하는지, 타인의 어려움을 어떤 방식으로 도와주는지, 전혀 생소한 문제를 어떻게 풀어나가는지 등의 방식으로 인재를 보게 되는 것이다.

평소 계획적인 독서를 통해 다양한 분야에서 고르게 식견과 통찰을 쌓고, 아직 대학생이라면 다양한 분야의 청강을 통해 호기심과 관심을 자극할 수 있도록 해야 한다. 새로운 것을 배우고 익히는 도전을 멈추지 않아야 하고, 재미와 관심이 있는 분야에 대해서는 독학을 통해서라도 몰두해야만 한다.

특화 & 전문화 & 스페셜라이제이션

취업에 성공하기 위해 꼭 챙겨야 했던 스펙, 자기소개서, 면접 준비 등 이른바 '채용 3종 세트'의 중요도가 낮아지고 있다. 이제 취업 준비생들은 기업들의 채용 트렌드 변화를 제대로 읽고 그에 맞게 전략을 수립해야 한다. 그만하면 빠지지 않는데도 욕심을 부려 스펙 쌓기에 몰두하는 건 어리석다. 토익 점수를 30~40점 더 올리기 위해 애쓰기보다는 자신이 희망하는 기업이 원하는 인재가 어떤지에 대해 공부하고 '맞춤형 스펙'을 쌓는 게 훨씬 효율적인 전략이다. 회사마다 원하는 인재를 골라 뽑는 맞춤형 채용 바람은 계속 이어질 전망이다.

춤이나 노래 등 단순히 장기자랑을 통한 끼를 보기보다 본인의 역량을 5분이라는 한정된 시간 내에 진지하게 설명할 수 있는 지원자를 선발한 통신사, 사무실 면접으로는 파악할 수 없는 체력과 리더십을 함께 평가하기 위해 산행 면접을 한 아웃도어 회사, 라면 시식 평가를 하고 채용한 식품회사, '게임 잘하는 사람'을 최고의 인재로 평가한 게임업체 등 그 회사에 맞춤으로 특화된 인재, 그 회사의 전문성을 살릴 인재를 뽑는 회사들이 점점 더 늘어나고 있다.

취업, 못하는 것인가? 안 하는 것인가?

취업을 준비하는 대학생들이나 졸업생들에게 "어느 회사에서 일하고 싶나요?" 하고 물으면 열에 아홉은 "대기업이요. 특히 5대 그룹이면 좋겠죠. 안 되면 10대 그룹 정도는 들어가고 싶어요"라고 대답한다. 이는 대학 입시를 앞둔 고등학생에게 "어느 대학에 들어가려고?" 하고 물으면 "서울대, 연대, 고대요. 아님 서울 시내 10위권 대학에는 가려고요"라고 대답하는 것과 하나도 다르지 않다. 그러고 나서 될 때까지 재수, 삼수, 사수를 다 하고 나서야 자기 실력을 안다. 물론 개중에는 재수, 삼수로 원하는 대학에 들어가기도 한다. 취업도 마찬가지다.

그런데 모든 입시생이 서울대에 들어갈 수 없는 것처럼 모든 취업 준비생들이 대기업에 입사할 수는 없다. 아는 사람들은 다 알고 취업 준비생들도 다 안다. 그런데 왜 대기업에만 목매단 채 시간을 허비하고 인생을 낭비하고 있는지 안타까운 생각이 들 때가 참 많다.

혹시 중견기업이란 단어를 들어본 적이 있는가? 대기업, 벤처기업, 중소기업이란 단어는 뉴스나 대중 매체를 통해서 자주 접했을 텐데, 중견기업이란 단어는 아마도 생소할 것이다. 대충 짐작해서 대기업과 중소기업의 중간쯤에 있는 기업들이라고 생각할 수도 있겠다. 맞는 말이다.

보통 중견기업의 범위는 매출액을 기준으로 따지는데, 그 매출액의 폭이 꽤 넓다. 매출액과 직원 수 등을 다양하게 고려할 때 국내에도 훌륭한 중견기업들이 꽤 많다. 중견기업이 많으면 많을수록 그 나라의 경제 구조가 건강하다는 뜻이다. 허리를 든든하게 받쳐주는 기업들이 많기 때문이다.

최근 정부에서 '창조경제'를 외치며 중견기업을 적극적으로 육성하겠다는 의지를 밝혔다. 그러면서 중견기업들이 취업 준비생들의 관심을 끌게 되었다. 중견기업이 많아지면 취업 준비생들의 선택의 폭도 훨씬 넓어질 수 있다. 지금까지는 국내 중견기업의 근무 조건들이 대기업에 비해 많이 부족했기에 취업 준비생들의 관심을 받지 못했었다.

하지만 이제는 많이 달라지고 있다. 실속 있게 성장한 중견기업들이 꽤 많아 대기업 수준의 대우와 비전이 보장되는 곳도 많아졌다. 이제는 조금 눈을 돌릴 필요가 있다. 솔직히 말해 5대 그룹만 포기해도, 10대 기업만 포기해도 갈 곳은 많고 자신이 일할 곳은 얼마든지 많다.

"그동안 대기업만을 목표로 취업 준비를 하며 시간과 노력을 투자해 여기까지 달려왔는데 포기하라니…" 하는 취업 준비생도 물론 있을 것이다. 지금 당장 그만두라는 이야기가 아니다. 좀 더 눈을 크게 뜨고 구직 활동의 폭을 넓혀 취업 성공의 확률을 높이라고 말하고 싶은 것이다.

대기업과 중견기업 취업 준비를 동시에 하라

구직 활동 계획을 세울 때 삼성그룹 공채를 중심으로 하는 경우가 많다. 이러한 계획을 세우는 취업 준비생들은 삼성그룹의 인적성 검사인 SSAT의 합격자 발표가 있기 전까지 자신이 알고 있는 대기업의 채용공고 외에는 다른 구인공고에 관심도 없고 지원할 생각조차 갖고 있지 않다는 공통점이 있다. SSAT에 합격할 수 있다는 긍정적인 마인드를 가지는 것은 좋다. 그러나 소위 '플랜 B'를 가지고 있지 못하다면 불합격했을 때 모든 취업 계획을 반년 미루고 시간을 허비할 수밖에 없게 된다. 나이도 스펙이란 점을 감안한다면 계속 다음 공채 시즌으로 취업 시기를 늦추는 것은 스스로의 취업 경쟁력을 약화시키는 결과만 가져온다.

일반적으로 대기업 공채를 준비하면서 자기분석과 기업 분석, 인적성 검사, 항목별 자기소개서 작성에 중점을 두게 되는데 중견기업 역시 비슷한 채용 방법을 사용할뿐더러 채용 시기가 겹치기 때문에 취업 준비생 입장에서는 별다른 노력을 들이지 않고 지원 기업을 늘릴 수 있다. 그만큼의 기회가 더 확대되는 것이다. 취업 포털사이트의 공채 달력 등을 보며 대기업과 중견기업을 동시에 지원하는 전략이 요구된다.

당신은 취업을 못하는가? 안 하는가?

대기업 공채만 고집하는 취업 준비생들에게 고정관념과 편협한 지식을 버리는 순간 취업의 길이 열린다고 조언하는 경우가 많다. 문제는 그 이유에 대해서는 아무도 말해주지 않는다는 것이다. 일반적으로 대기업이 급여도 높고 복지 혜택도 더 좋다고 알려져 있다. 흔히들 "첫 단추를 잘 끼워라"라고 말하는데, 취업 준비생 입장에서는 이 말이 자연스럽게 대기업을 가라는 의미로 받아들여진다. 사회인으로서 첫 단추를 잘 끼우려는 노력이 단지 급여가 높고 복지가 좋은 기업을 선택하는 것이라면 그 자체가 문제이며, 기업의 특성을 전혀 모르고 성급하게 내린 결정이라고 말할 수밖에 없다.

한국중견기업연합회가 전국 300개 중견기업을 대상으로 2012년 대졸 신입사원 연봉을 조사한 결과 평균 3,154만 원이라고 집계하였다. 같은 시기 잡코리아에서 2012년 하반기 4년제 대졸 신입사원 연봉을 조사했는데 3,581만 원이라는 집계 결과가 나왔다. 이 두 결과를 비교해보면 중견기업과 대기업의 차이가 눈에 띄는 수준은 아님을 알 수 있다. 이들 중견기업 중 14개사는 신입사원 평균 연봉이 4,000만 원을 넘었고, 연봉 3,750만 원에서 4,000만 원인 중견기업도 14개사,

연봉 3,500만 원에서 3,750만 원인 중견기업도 31개사였다. 조사 기업 300개 중 59개사는 평균 연봉이 3,500만 원 이상인 것으로 집계되어 대기업과 비교하였을 때 비슷하거나 오히려 더 높았다. 대기업보다 연봉을 더 많이 주는 중견기업도 있다는 사실을 알아야 한다.

취업에 있어 연봉이 중요하다고 말하면서 단순히 대기업이니까 많이 줄 거라는 생각은 지금부터 버리자. 회사 선택의 기준이 돈이 되어서는 안 된다. 20대 청춘의 열정으로 미래를 위해 노력하고 준비해온

표 1-1 | 국내 중견기업 평균 연봉

연봉 4,000만 원 이상	연봉 3,750만~4000만 원	연봉 3,500만~3,750만 원
글락소스미스클라인, 나이스신용평가정보, 마이스터, 삼안, 셀트리온, 에어프로덕츠코리아, 타타대우상용차, ㈜파라다이스, 한국엔에스케이, 한국화이자제약, 한국후지쯔, 한라산업개발, 한라스택폴, 한일시멘트	경남에너지, 대원강업, 대한조선, 동서식품, 베르나바이오텍, 성신양회, 세아상역, 신도리코, 일동제약, 종근당, 한국제강, 한국제지, 한세실업, 범한판토스	경남기업, 경동제약, 계룡건설산업, 고령강선, 고려제강, 광동제약, 근화제약, 대구텍, 대동공업, 덕양산업, 동국제약, ㈜동서, 동우화인켐, 동화기업, 동화약품, 모토로라코리아, 보령제약, 삼진제약, 서울옵토디바이스, 셰플러코리아, 에스케이씨하스디스플레이필름, 에이에스엠엘코리아, 유한킴벌리, 이수페타시스, 조선내화, 페어차일드코리아반도체, 평화발레오, 평화공정, 한국바스프, 한미약품, ㈜한주

※ 출처: 한국중견기업연합회 조사 자료

생각과 경험들을 바탕으로 스스로를 성장시킬 수 있는 최적의 기업을 찾아내자. 그리고 그곳에 입사하기 위해 혼신의 힘을 다 쏟아붓자. 지금 혼신의 힘을 다하지 않고 단순하게 취업 스펙만 쌓고 있다면 당신은 취업을 못하고 있는 것이 아니라 안 하고 있는 것임을 명심하기 바란다.

매출액 높다고 좋은 기업은 아니다

표 1-2는 매출액과 자본금 그리고 직원 수를 기준으로 대기업과 중견기업, 중소기업을 각각 구분한 것이다. 이 경우 매출액이 높다고 해서 반드시 좋은 기업이라고 판단하기에는 무리가 있다. 구인공고를 보고 지원 여부를 고민할 때는 기업의 양적인 수치에 현혹되어서는 안 된다. 그보다는 회사 규모를 가늠해보고, 주요 상품이나 서비스 그리고 매출과 관련된 최근 뉴스 등에서 다루어졌던 기업이나 산업계의 이슈 등도 살펴봐야 한다. 아울러 지난 채용공고를 찾아 분석해보며 그 기업에 지원해도 좋을지를 판단해야 한다.

표 1-2 | 대기업, 중견기업, 중소기업 판단 기준

	매출액	자본금	직원 수
중소기업	300억 원 미만	80억 원 미만	300명 미만
중견기업	300억~1,500억 원	80억~1천억 원	300~1천 명
대기업	1,500억 원 이상	1천억 원 이상	1천 명 이상

※ 출처: IBK잡월드

더 이상 스펙에 목숨 걸지 마라

"스펙이 중요치 않다고요? 정말 그럴까요?"

취업하는 데 스펙이 중요치 않다고 해도 취업 준비생들은 믿지 않는다.

삼성전자는 현재 소프트웨어 및 디자인 분야 지원자를 대상으로 SSAT 없이 아예 면접만으로 채용하는 '창의플러스' 전형을 진행하고 있다. 현대자동차는 아무런 스펙이 없어도 5분 동안 스토리텔링 방식으로 자신을 잘 홍보하는 지원자에게 면접 기회를 주는 채용 제도를 2011년 신설했다. SK그룹은 2013년 들어 학점과 영어 점수를 보지 않고 끼와 열정만으로 인재를 선발하는 '바이킹 챌린지' 전형을 만들었다. 포스코 역시 2013년부터 지원 서류에 출신 대학, 학점, 사진을 아예 기재하지 않도록 한 '탈(脫) 스펙' 전형을 도입했다.

이렇게 취업의 트렌드가 주요 기업들부터 '불필요한 스펙 경쟁'을 없애는 쪽으로 나아가고 있지만 정작 준비하는 사람들의 반응은 싸늘하다. 별 볼일 없는 스펙으로 취직이 가능하다고 생각하는 사람은 거의 없다.

취업 포털사이트 '잡코리아'가 2013년 취업을 준비하는 구직자를 대상으로 실시한 설문조사 결과에도 이런 분위기를 쉽게 확인할 수 있다. 응답자 592명 가운데 82퍼센트가 "취업을 위해 스펙 쌓기 활동을 하고 있다"라고 응답했다. 그 이유로는 '기업이 스펙을 안 본다는 말을 믿지 않아서', '자격증을 안 따면 나만 뒤처지는 것 같아서', '스펙이 내 능력을 보여주는 가장 좋은 방법 같아서'라고 답변했다. 취업 준비생의 딜레마는 기업이 직무에 필요한 일정 조건만 갖추면 된다고 하지만, 그 '일정 조건'이 어느 만큼인지 가늠되지 않는다는 것이다. 일정 조건이라는 기준이 애매하다 보니 남들보다 더 눈에 띄기 위해서 '수치'로 승부를 보려 하는 스펙 쌓기에 열을 올릴 수밖에 없다. 하지만 기업의 인사담당자들은 구직자들이 불안한 마음으로 무작정 쌓은 스펙은 오히려 좋은 평가를 받지 못한다고 말한다. 하지만 무엇 하나 내세울 것 없는 평범한 스펙으로는 서류 전형 통과조차 기대하기 어렵다. 제아무리 수치로 보여주는 스펙의 비중이 줄고 있다고 해도 간과할 수 없는 게 바로 스펙의 힘이다.

학점 3.5, 토익 800점, 해당 분야 자격증. 대기업 신입사원 표준으로 통하는 기본 스펙이다. 여기에 학교 그레이드(등급), 영어 스피킹(Speaking) 능력, 각종 대외 활동 경력이 '선택'으로 붙는다. 여기까지만 읽고도 한숨 쉬는 구직자들이 많을 것이다. 이 스펙을 쌓으려면 취업이라는 한 가지 목표로만 달린다고 해도 어려운 일이기 때문이다. 그렇다고 지금부터 스펙 쌓는 데 올인할 수도 없다. 아무리 스펙이 중요해도 당장 어쩌지 못하는 게 또 이 스펙이다.

그렇다면 이른바 '저질 스펙'을 가진 사람은 취업이 먼 나라 이야기일까? 그건 아니다. 취업 준비생들 사이의 표현으로 저질 스펙 또는 초저질 스펙이었던 사람도 당당히 대기업에 입사한 경우가 있기 때문이다. 저질 스펙을 있는 그대로 드러내고도 취업에 성공한 사람들에겐 남다른 전략이 있었다. 스펙 쌓기에 열중할 에너지가 있다면 그것을 저질 스펙 따위는 취업에 걸림돌이 아니라며 아무렇지도 않게 비웃어줄 다른 전략을 세우는 데 쏟는 것이 더 현명하다. 저질 스펙을 가졌지만 상황별로 인사담당자에게 좋은 인상을 주었던 사례를 통해 자신만의 성공 전략을 세워보기 바란다.

저질 스펙으로 날아오르다

자신 없는 스펙으로도 합격하길 간절히 바란다면, "우리 회사에 대해서 아는 것이 있으면 말해보라", "학점이 낮은 이유는?", "영어 점수가 낮은 이유는?", "원하지 않는 다른 지역에서 근무를 하게 된다면?", "공백기에 한 일은?", "최근에 읽은 책은?", "2지망에 이 직무를 지원한 이유는?", "10년 후 자신의 모습은?" 이런 평이한 질문에 인상적인 답변을 할 수 있어야 한다.

면접에서 불합격한 사람들의 이야기를 들어보면 당연하게 나올 수 있는 질문에 대한 답변을 미리 준비하지 못해서 당황했고, 끝내 망쳐버렸다는 사례가 의외로 많다. 평이한 질문에 평이하게 대답하지 말고, 작은 일로라도 자신의 경험을 풀어내는 것이 중요하다.

[사례 1] 경험을 스토리로 만든 S

중국 비명문대학 중문과 졸업, 학점 3.1, 토익 720점, 자격증 MOS (Microsoft Office Specilist: 워드, 파워포인트, 엑셀, 액세스) 1개, 인턴이나 봉사 활동 없는 스펙을 가지고 A그룹에 합격한 S. "학점이 낮은 이유는?"이라는 질문에 S는 "조직과 팀에 소속되어 단체생활을 하게 되면 그 부분에 더 책임감을 갖고 임하게 됩니다. 농구소모임, 야구동호회, 동아리 등의 활동을 진심으로 즐기고 활발히 활동했기 때문에 공부에 소홀했던 점이 아쉽기도 합니다. 하지만 학점이 낮은 대신 그러한 활동들을 통해 다른 사람과 비교되는 저만의 장점을 갖출 수 있었기에 후회는 없습니다"라고 답했다.

[사례 2] 평이한 질문의 답변을 탄탄하게 준비한 P

경기권 사립대 졸업, 학점 3.2, 증권투자상담사, 컴퓨터 활용 2급 자격증, 토익 665점, 중국 교환학생 6개월의 스펙을 가지고 있던 P. "집은 수원이고 출퇴근이 불가능할 텐데?" 하는 질문에 "초·중·고, 대학교를 수원에서 다녔습니다. 남자로 태어나서 언제까지 부모님 품에서 살 수는 없지 않습니까? 이번 기회를 통해서 독립하고 싶습니다. 제가 독립할 수 있는 기회를 주시면 감사하겠습니다"라고 답했다.

[사례 3] 뚜렷한 목표를 가지고 단계적으로 자신을 업그레이드한 A

학점 2.63, 토익 500점, 자격증은 운전면허 1종과 모스 마스터(MOS Master)가 전부인 저질 스펙으로 구직 활동을 시작한 A. 인사 업무에 정통한 A는 30대 그룹사 안에 드는 회사에 입사하겠다는 목표가 있었고 최종 C그룹에 합격했다. 3년간 중소기업 인턴으로 총무 업무를 하며 인사 업무에 대한 지식을 부지런히 습득했고, 중견기업에서 대기업, 여기서 다시 C그룹으로 한 단계 한 단계 올라설 때마다 자신의 현재 위치를 파악하고 부족한 부분을 부지런히 채워나갔다. 기업이 원하는 인재가 되기 위해 노력하면서 일관된 경력 관리를 해나감으로써 성공했다.

[사례 4] 색다르고 신선한 방법으로 어필한 K

지방 사립대 졸업, 나이 30대 초반, 학점 2점대 후반, 토익 점수와 인턴 경험 없이 중견병원에 입사한 K. 그는 지원부터 남들과 조금 다른 인상적인 방법을 썼다. 흔한 취업 포털사이트에서 지원하는 양식이 아닌 자신이 직접 만든 양식을 준비해 개인 이메일로 지원한 것이다. 메일 내용에는 간단한 인사말과 지원하는 동기를 쓰고 이력서와 자기소개서를 첨부했다. 특히 자기소개서 후반부에 자신의 블로그를 소개해서 자기소개서에 변화를 주는 동시에 자신에 대해 좀 더 색다르고 풍성한 정보를 주었다.

[사례 5] 사소한 행동으로 면접관을 은근히 감동시킨 경우

- 면접 때 마지막으로 하고 싶은 말을 해보라는 말에 "지원자들에게 조언 한마디만 해주십시오"라고 하고는 면접관이 말하는 것을 수첩에 적었다.
- 면접관이 지원자들에게 노래를 해보라고 하자 옆자리에 앉아 있던 여성 지원자가 손들고 지원했다. 그녀가 노래할 때 옆에서 열심히 박수를 쳐주며 응원했다.
- 작문시험 때 가장 늦게까지 남아서 시험을 치르고 다른 응시자들이 남긴 지우개 쓰레기까지 깨끗이 정리하고 나왔다.

'저질 스펙', 더 나아가 '비루한 스펙'이라고 자기 스펙을 비하했던 지방대 출신의 한 구직자는 국내에서 내로라하는 대기업 취업에 성공했다. "취업에 성공한 비결이 뭐라고 생각하느냐"라는 질문에 그는 "자꾸 떨어지는 자신에 대해 실망하지 않고, 그때까지 한 번도 제대로 해보지 않았던 '자기 삶 돌아보기'를 했습니다. 그리고 그 과정을 자기소개서에 옮겨 적었던 점이 큰 점수를 받지 않았나 싶습니다"라고 대답했다.

현재의 자기 모습에서 타임머신을 타고 시간을 거슬러 올라가면서 자신이 어떤 활동을 했고, 어떤 사람들과 만났고, 어떻게 시간을 보냈고, 어떤 추억과 경험을 쌓았는지 자신이 기억할 수 있는 것은 사소한 것까지 모조리 다 기억해서 자기소개서에 써보았다는 것이다. 비록 자신이 남들보다 뛰어난 점은 거의 없었지만, 그 방법을 통해 자기 자신을 좀 더 잘 알 수 있게 되었다고 한다. 스펙은 보잘것없었지만 그때 비로소 자기가 무엇을 잘하는지, 무엇을 할 때 신이 나는지, 자신의 장점이나 강점은 무엇인지, 자기가 좋아하는 것은 무엇인지 한결 구체적으로 알게 되었다는 것이다. 그는 '자기 삶 돌아보기'를 통해 알게 된 내용을 바탕으로 자기소개서를 다시 작성하고 면접에 임했다. 그때 왠지 예감이 좋았는데 결과 역시 좋았다고 한다.

자신의 스펙에 스스로를 묶어서 한계를 만들지 말자. 자신의 잠재력은 인사담당자도 모르고 자기 자신도 모르고 있을지 모른다. 가능성은 얼마든지 열려 있다. 포기하지 말고 끝까지 자신의 스펙 이상의 자아 발견을 통해 새로운 취업 전략을 세운다면 충분히 성공할 수 있을 것이다.

정보는 신속하게,
자기 기준은 확실하게

'카더라 통신'이라는 말이 있다. "~라고 하더라"에서 온 말로 정확한 근거가 부족한 소문을 추측하여 사실처럼 전달하는 것을 뜻한다. 이렇게 전해지는 말들은 정보 출처가 애매하고 정확한 사실관계 여부를 알기 힘들다. 취업 진로를 상담하는 과정에서 근거도 모르는 말에 휘둘리는 취업 준비생들을 자주 접할 수 있었다. 이러한 출처 없는 '카더라'에서 벗어나 제대로 된 정보와 판단으로 취업에 대한 자신의 기준과 회사의 기준을 맞춰봐야 한다. 취업 성공을 위해 스펙이 아닌 어떠한 자세가 필요할지 고민해봐야 할 것이다.

취업 준비생들끼리의 온라인 스펙 평가, 과연 정확할까?

취업에 대한 정보를 얻고자 할 때 가장 먼저 찾게 되는 곳이 바로 취업 관련 웹사이트나 인터넷 카페다. 몇 년 동안 쌓인 글과 경험담 등을 찾아볼 수 있고, 최근의 취업 정보 등을 정리해둔 자료들을 볼 수 있어 취업에 관심이 생기면 가장 먼저 들르는 곳이다. 이곳에서 보통 '카더라'의 대부분이 탄생하고 퍼져나가는데, 중요한 것은 이러한 정보가 대부분 서로 처지가 비슷한 취업 준비생들의 댓글에서 비롯되기 때문에 정확하고 바른 정보라고 할 수는 없다.

이곳 게시판에는 스펙 평가를 요구하는 글들이 많다. 그런데 자신의 스펙을 평가해달라는 글에 달린 댓글을 보면 어떤 기준으로 평가했는지 의문이 들 때가 있다. 그저 평가하는 사람의 주관적인 판단일 뿐이며, 결론적으로는 높은 학점, 높은 토익 점수, 좋은 학교, 다수의 자격증이 높은 스펙이 될 수밖에 없다.

기업에서는 단순히 스펙만 가지고 신입사원을 선발하지 않기에 스펙이 합격의 절대적인 판단 기준이라고 생각하는 것은 금물이다. 자신의 스펙과 취업 가능성이 궁금하다면 최근 취업을 했거나 기업에 다니고 있는 선배들(현직자)에게 물어보거나 취업진로 전문 컨설턴트에게 물어보는 것이 가장 정확하다. 왜냐하면 구직자가 궁금해 하는 것들은 대부분 대외비(對外秘)이기 때문에 쉽게 노출되지 않는다. 결국 인터넷에서 떠돌아다니는 정보는 거의 정확하지 않은, 거짓 정보일 가능성이 크다.

고집부리지 마라, 그들도 잘 모를 수 있다

기업에 한 번도 지원해본 적이 없는 초짜 취업 준비생들의 취업진로 상담을 하다 보면 의외로 자기 고집을 굽히지 않는 경우가 많다. 무엇인가 고칠 부분이나 잘못된 부분에 대해 지적을 하면 "왜요?", "뭐하려고요?"라고 하면서 고집을 부리는 것이다. 예를 들어 이름이 '용승'이란 학생을 상담하면서 이메일 주소가 'dydtmd'로 되어 있기에 기업에서 쓰는 이메일처럼 별도로 다시 만들라고 조언을 하자, 그 학생은 자기 이메일을 왜 바꾸어야 하냐며 고집을 부렸다.

자신이 보고 싶은 것만 보고 피할 수 있는 것은 피하면서 소위 '아님 말고~' 식의 태도를 가지게 된 사람들은 조언을 들어도 자신의 머릿속에 입력하지 않는다. 이렇게 취업을 위한 조언 하나도 그냥 흘려들으면서 '카더라'의 소문에는 열렬하게 반응을 보이는 태도에는 분명 문제가 있다. 자신이 생각하는 것과 100퍼센트 공감되는 도움이란 이 세상에 없다.

최근 커뮤니케이션의 중요성을 인지하고, 자기소개서에 소통하는 능력이 뛰어나다는 점을 어필하는 구직자들의 지원서를 많이 볼 수 있다. 진정 소통이 뛰어난 사람이라면 자신에게 해주는 쓴소리와 조언에 수긍하고 감사하는 태도를 가지는 것은 기본임을 잊어서는 안 된다.

주변에서 해주는 조언은 대개 할 수 있는 부분은 최대한 끌어올리고 안 되는 부분은 안 된다고 명확하게 설정해주는 내용이다. 즉 최대한의 노력을 해보라는 조언을 듣고 받아들이는 자세가 필요하다. 더 이상 고집부리지 말자. 나 자신에 대해, 사회에 대해, 일에 대해 모르는 사람들의 이야기에 나를 끼워 맞추지는 말자.

내가 가고 싶은 회사의 기준을 잡아라

자기소개서를 작성하는 사람들 중에는 '지원 동기' 부분에 쓸 말이 없다는 이야기를 많이 한다. 왜 지원 동기를 못 쓸까? 그 이유는 첫 직장을 선택하는 것이므로 정말 이 회사가 자신이 입사하고 싶은 곳인지 확신을 가지지 못하기 때문이다. "아직 첫 직장을 가지지도 못했는데 선택한 직무가 과연 내가 하고 싶은 일일까"라는 궁금증이 계속 생기고, "이직도 고려해서 이왕이면 큰 규모의 기업에 들어가고 싶은데, 이곳이 과연 내가 생각하는 기준에서의 큰 회사인지는 잘 모르겠다"라고 하면서 안 해도 될 걱정을 미리 하고 있다. 미래의 걱정을 현재로 끌고 와서 고민하지 말고 지금 자신이 가고 싶은 회사의 기준을 세우는 데 주력해야 한다.

이 기준을 잡는 데 있어 연봉이나 복리후생은 처음부터 잊어라. 자신만의 기준을 세우기 위해서는 우선적으로 회사의 분위기와 조직 문화를 먼저 알아봐야 한다. 아무리 높은 연봉에 파격적인 대우를 해주는 회사일지라도 자신과 맞지 않는 분위기와 조직 문화를 가지고 있다면 자신이 가야 하는 회사의 기준이 될 수 없다. 기분 좋게 일하기 위해선 직장상사와 동료와의 좋은 관계가 필연적이다.

또한 회사가 성장세를 타고 있어서 근무 환경이나 분위기가 좋고 파이팅이 넘치는지도 확인해봐야 한다. 나 혼자 일하는 회사가 아니므로 주변 환경에 대한 정보도 잘 챙겨봐야 한다. 그다음으로, 자신이 일하고자 하는 직무에 대해 회사에서 채용공고를 내고 있는지 확인해야 한다. 오래전에 채용공고가 있기는 했지만 지금은 채용을 하지 않고 있다면 지원 자체가 불가능하다. 이 경우 입사하고 싶은 회사라고 할지라도 기준에서 과감하게 제외시키는 결단이 필요하다. 특정회사 한두 곳만 줄기차게 바라보는 것은 아주 위험하다.

마지막으로, 회사가 취급하고 있는 제품과 서비스의 성장 가능성을 살펴봐야 한다. 과거 1970~80년대에는 섬유산업이 지금의 반도체와 같은 첨단산업이었다. 전체 수출의 40퍼센트를 담당했고, 1987년에는 단일산업으로는 처음으로 수출 100억 달러를 이루어내기도 했다. 그러다가 전체 수출의 10퍼센트가량으로 떨어지면서 몇 년 전까지만 해도 사양산업으로 분류되었다. 하지만 지금 의류 시장은 구조 조정의 시기를 거쳐 자유무역협정(FTA)과 가격 경쟁력 그리고 특수 소재에 대한 수요 확대로 다시 첨단산업으로 분류되면서, 미래의 핵심산업으로 재조명받고 있다.

삼성그룹의 계열사인 제일모직의 경우 의류제품 생산으로 발생하는 매출은 전체 매출의 28.7퍼센트밖에 되지 않는다. 옷을 만드는 회사라고 알고 있는데, 그렇다면 나머지 매출은 어디에서 오는 것인가? 바로 케미컬 부분(44.4%)과 전자재료 부분(26.1%)이 나머지 매출을 차지하고 있다. 주변에서 흔히 볼 수 있는 가전제품이나 자동차, 스마트폰 등의 내외장재에 사용되는 소재뿐 아니라 반도체 제작에 필요한 소재, 디스플레이 소재 그리고 차세대 에너지 소재 등을 연구개발하여 제품을 생각하고 다른 첨단산업들과 함께 성장해 나아가고 있다.

이처럼 회사의 성장 가능성에 대한 자료를 통해 산업에 대한 견문도 넓히고, 어떤 산업 분야가 전망이 있는지도 생각해보는 시간을 가져본다면 자신이 가고 싶은 회사에 대한 기준을 잘 세울 수 있을 것이다.

기업이 선호하는 인재상을 파악하라

대부분의 회사 업무는 개인보다는 팀 단위로 진행하는 경우가 많다. 이는 인간관계와 소통 그리고 공감하는 능력이 개인이 가진 스펙이나 지식보다 더 중요함을 의미한다. 취업 준비생들은 좋은 스펙으로 최고의 모습을 보여주면 회사가 자신을 뽑아줄 거라고 착각을 한다. 하지만 회사에서 발생하는 모든 일은 사람과의 관계 속에서 일어나기 때문에 인간성과 됨됨이를 파악할 수 있는 여러 장치들을 마련해놓고 채용을 진행한다. 자기소개서 항목부터 심리기반의 인적성 검사 그리고 임원 면접 등이 대표적인 방법이다. 그 외에 토론 면접이나 기술 면접, 프레젠테이션 면접 등은 개인의 능력을 검증해보고자 하는 방법으로 분류할 수 있다.

오직 입사를 위해 대학생활과 취업 준비를 해온 사람이라면 목표의식이 남달랐을 것이다. 하지만 입사라는 목표를 이루었다면 그다음 목표는 무엇인가? 이것에 대해 고민한 후 자기소개서를 작성하고 면접 준비를 한다면 당신은 합격할 수 있다. 하지만 다른 모든 사람을 경쟁자로 인식하고 회사에 입사하는 이유가 개인적 성취에만 초점을 맞추고 있다면 기업에서는 절대로 채용하지 않는다. 개인중심적인 행동 성향을 보이는 지원자를 선발했을 경우, 기존에 일하고 있던 사람들과 조직에 나쁜 영향을 끼칠 수 있기 때문이다. 즉 기업이 바라는 인재상과 비전, 미션, 경영이념 등에 맞는 지원자만이 합격의 문을 열 수 있다.

지난 2013년 2월, 잡코리아가 기업 인사팀을 대상으로 '채용하고 싶은 인재 유형'에 대해 조사를 하였다. 그 결과 대기업에서는 52.3퍼센트가 '책임감이 높은 사람'을 선호한다고 답하였고, 중소기업에서는 73.3퍼센트가 '성실성이 높은 사람'을 선호한다고 답하였다. 이는 기업의 규모가 클수록 업무 능력과 책임감 있는 자세를 채용의 중요한 요소로 인식하고 있으며, 직원이 적은 기업에서는 맡은 일을 끝까지 해내고 쉽게 그만두지 않는다는 믿음을 주는 태도를 중요한 요소로 인식하고 있음을 알 수 있다. 아무리 능력이 뛰어난 직원이라 하더라도 자신이 하는 일을 좋아하고 즐기는 직원을 이길 수는 없다. 기업이 선호하는 인재가 되기 위해서는 어떻게 준비해야 할까? 자신의 기준과 눈높이를 다시 한 번 점검해보자.

'복지'를 따지기 전에 먼저 생각해야 할 것

기업에 입사 지원서를 제출하기 전에 기업 분석과 함께 점검해야 할 부분이 있다. 바로 구인 직무가 자신이 생각하는 취업 성공과 어느 정도 공통분모가 있는지 살펴보는 것이다. 취업 준비생들은 기업이 내세우는 복지 혜택만 보고 판단하는 오류를 범하는 경우가 잦은데, 복지 혜택 중에는 자신에게는 도움이 되지 않는 복지, 즉 마이너스 복지도 존재한다는 사실을 반드시 명심해야 한다.

복지 혜택 = 생산성 확대에 기여 = 높은 수준의 책임감 요구

글로벌 기업들의 복지 혜택

취업 준비생에게 "어떤 회사에 들어가고 싶은가?"라는 질문을 하면 의외로 "복지 혜택이 좋은 회사요!"라는 답변이 상당히 많다. 뉴스와 다큐멘터리 등을 통해 글로벌 기업인 구글(Google)의 사내 복지제도가 소개된 이래로 애플(Apple), 마이크로소프트(Microsoft), 페이스북(Facebook) 같은 실리콘밸리를 대표하는 회사들의 복지제도가 이슈화되었다. 그 결과 대학생과 구직자의 눈높이도 한층 높아졌다.

대표적 글로벌 기업의 복지 사례

- **구글**: 직원 사망 시 10년 동안 연봉의 절반을 미망인에게 지급, 유기농 식재료 뷔페 제공, 직원들의 옷 세탁 서비스 제공, 안드로이드폰 무상 지급, 직원 입사 시 키와 몸무게에 맞는 업무 환경 제공, 출산 휴가 시 보너스 지급.
- **페이스북**: 하루 3식 무료 식사 제공, 왕복교통편 제공, 여가 활동 예약 주선, 야근 시 가족을 회사로 데려와서 함께 식사할 수 있도록 조치, 사내 의료 서비스 제공, 출산 보너스 4,000달러.
- **마이크로소프트**: 무료 식당, 롤러스케이트장, 볼링장, 야구장, 축구장, 댄스클럽, 요가, 스파마사지 상시 제공.

자신이 입사하고 싶은 기업을 조사하면서 구글이나 페이스북, 마이

크로소프트 같은 기업의 복지 혜택과 비교한다면 실망할 확률이 크다. 분명한 것은 이러한 복지 혜택을 누리는 사람들은 이를 위해 그 누구보다 노력했을 거라는 사실이다. 수천, 수만 명과의 치열한 경쟁을 뚫고 글로벌 기업에 입사하기 위해서는 끊임없는 자기계발은 물론이고 조직 융화에 힘쓰는 자세가 필요하다. 또한 자신이 받는 혜택을 매출로도 보답할 수 있어야 한다. 세상에 공짜 혜택은 없다.

복지를 제공하고 강화하는 기업의 목적은 생산성을 높이는 데 있다. 그런 기업에서 필요로 하는 S급(슈퍼급) 인재의 숫자는 한정되어 있다. 유능하고 뛰어난 인재가 기업에 몰려들도록 유인 환경을 조성하여 기업의 상품과 서비스의 생산성을 획기적으로 높이고자 복지 혜택을 차별화하고, 이를 적극적으로 알리고 있는 것이다.

고용 브랜드 높은 회사에 인재도 몰려

기업이 인재를 유치하고 관리하는 데 있어 필수 요소인 조직의 '시스템'과 '사람'에 대한 논의는 지금도 뜨거운 이슈다. 좋은 인재들이 회사에 들어와서 시스템을 만들어야 회사가 발전한다는 개념과 회사에서 시스템을 갖춰놓아야 좋은 인재가 회사에 들어온다는 개념 중 무엇이 먼저일까. 결론적으로는 고용 브랜드를 높여야 좋은 인재가 회사에 들어와 훌륭한 성과를 낼 수 있다. 세상에서 가장 일하기 좋은 회사라는데 어떤 인재가 마다하겠는가.

최근 들어 전통적인 개념의 복지정책에서 벗어나 글로벌 기업들과 비슷한 업무상 편의를 제공하는 기업들이 많아지는 것도 이런 이유에서다. 얼마 전 한 텔레비전 프로그램에서 소개된 제니퍼소프트와 마이다스IT의 사례에서 보듯이 경쟁력을 갖춘 중견기업들 중에도 복지제도에 신경 쓰는 곳들이 많다. 이러한 기업의 변화는 고용 브랜드를 유지하기 위한 방법이며, 과거 성과 위주의 금전적 보상 중심에서 사람과 근무 환경을 중심으로 하는 방향으로 회사의 복지정책도 바뀌고 있음을 보여준다.

당신은 셀프홀릭?

취업 준비생들에게 "내가 월급을 받는 회사에 어느 정도의 매출을 가져다주어야 할까요?"라고 질문하면 "네? 제가 회사에 왜 매출을 가져다주어야 하죠? 월급은 일하면 나오는 거 아닌가요?"라는 대답이 많이 돌아온다. 이는 기업에 대한 조사는커녕 한 기업이 어떻게 가치사슬(Value Chain: 기업 활동에서 부가가치가 생성되는 과정)을 만들어 내서 매출을 일으키고 수익을 발생시켜 근로자에게 임금을 주는지에 대한 개념 자체가 없다는 것으로 이해할 수 있다.

그렇다면 회사가 돈을 어떻게 버는지에 대해선 관심도 없으면서 회사가 제공하는 복지 혜택이 무엇인지, 또 다른 회사와 어떻게 다른지 비교하는 수고를 하는 이유는 무엇일까?

셀프홀릭, 나만 대단하다!

자신의 노력과 능력에 대한 과대평가, 그리고 객관적인 충고와 조언을 해주는 사람이 주변에 없기 때문이다. 설령 누군가가 조언을 해준들 자신이 가장 옳다고 판단하기 때문에 그들의 귀에는 잔소리로밖에 들리지 않는다. 이 같은 취업 준비생들의 셀프홀릭(Self-holic: 자아도취) 성향은 기업들이 채용 전형 방법과 입사 후 배치까지의 교육 및 관리 시스템까지 바꿀 정도로 상황이 심각하다.

복지 혜택은 기업에서 직원들에게 제공하는 일종의 편의다. 무조건적으로 제공하는 것도 아니고, 대기업이라고 해서 중견기업보다 더 좋은 복지를 제공하는 것도 아니다. 다만, 내가 열심히 일해서 회사에서 반드시 있어야 할 존재로 인정받는다면 겉으로 보이는 복지 조건 이상의 혜택을 누릴 수도 있다.

이젠 복지 혜택을 비교하느라 시간 낭비하지 말고 현재 자신의 능력이 어떤지를 점검하자. 만약 부족하다면 취업 후 어떻게 자신의 능력을 개발하고 발전시킬 것인지를 고민하면서 커리어패스(Career path: 경력)를 점검해야 한다.

국내 기업들의 복지 혜택

일반적으로 대기업의 복리후생제도가 중견 및 중소기업에 비해 좋은 것은 사실이다. 매출 규모도 크고 직원 수도 많으며, 특히 노동조합이 있는 경우가 많아 상대적으로 직원에게 혜택을 많이 주는 편이다. 국내 대기업과 글로벌 기업의 복지 사례를 비교한다면 다음과 같이 정리할 수 있다.

글로벌 기업 = 근무하는 데 집중할 수 있도록 직접적 혜택 우선

국내 대기업 = 장기근속 시 받을 수 있는 미래의 혜택 우선

국내 대기업의 대표적 복지 사례

- **일반 사원:** 자녀 학자금 지원(해외유학 포함), 자사제품 구매 시

혜택, 무료 하계휴양소 이용, 장기근속자 부부동반 해외여행, 직원전용 신용카드로 포인트 부여(연간 60만~150만 원 수준), 동호회 지원, 사내 카페테리아(식당) 운영, 주택자금 대출 지원, 교양 교육.

- **임원**: 추가 인센티브, 법인 차량, 골프 회원권, 호텔 피트니스 회원권, 출장 지원.

※각 기업마다 다르며, 여기서는 가장 대표적인 혜택을 소개하였다. 이외에도 여러 혜택들이 많다.

글로벌 기업의 복지제도는 근무하는 동안 최대한 일에 집중하고 혜택을 누리도록 하는 데 초점이 맞춰진 반면, 국내 대기업의 복지제도는 한 회사에 근속할 경우 받게 되는 미래의 혜택 위주로 구성되어 있다. 대부분의 취업 준비생들은 글로벌 기업이 제공하는 복지 혜택을 바라면서, 국내 대기업들이 제공하는 혜택도 받아야 한다고 생각한다. 이렇듯 눈만 높아지니 일에 대한 생각보다는 복지에 대해서만 신경 쓰는 오류를 범하기도 한다. 하지만 취업에 필요한 기업 분석을 하는 데 있어 복지 혜택은 처음부터 비교 대상이 아니라는 점을 명심해야 한다.

기업 분석,
자신의 미래를 결정하는 첫걸음

요즘 대학가에는 취업과 창업을 장려하는 다양한 프로그램들이 등장하고 있다. 과거에는 취업스킬 위주의 집체교육이 대부분이었다면, 최근에는 기업 분석을 중심으로 취업 활동 이전에 갖춰야 할 자세와 역량에 집중하여 교육하는 방식으로 바뀌고 있다. 그렇다면 기업 분석을 하는 이유는 무엇일까. 그리고 지원 기업은 어떻게 선별할까.

우선 기업 분석을 하는 목적은 "내가 취업해서 미래를 함께할 수 있는가?"에 대한 답을 찾기 위함이다. 기업 분석이 충분치 않은 상태에서 자기소개서를 작성하게 되면 마땅한 지원 동기나 입사 후 포부를 적기가 쉽지 않고, 면접에서도 제대로 답변하기 어렵다. 설령 취업에 성공하더라도 쉽게 그만두는 가장 근본적인 이유가 된다.

사회에 첫발을 내딛은 후에도 계속 진로에 대한 고민이 끊이지 않는다면 자신의 경력 개발에도 마이너스 요소가 된다. 회사 일에 매진해도 모자랄 시간에 진로 고민이라니…. 자신의 업무에 집중하려면 무엇보다 취업에 앞서 산업계에 대한 지식과 전망 그리고 지원하는 기업에 대한 분석을 해보는 것이 중요하다.

검색 가능한 방법을 총동원하라

먼저 산업계에 대한 정보를 수집한다. 그리고 자신이 분석할 대상 기업을 선정한 뒤 경쟁사에 대한 리스트를 만드는 것에서부터 시작한다. 독과점 기업이 아니라면 다른 경쟁기업이 있을 수밖에 없고, 경쟁사까지 함께 조사하다 보면 그 업계 전반에 대해 알게 된다. 비록 처음에는 하나의 기업을 분석하는 것이 목적이었지만 자연스레 산업계의 여러 기업에 대해서도 많이 알게 되니 일거양득이다.

기업 이름으로 구글링하라

기업의 이름(CI)과 브랜드(BI) 그리고 대표이사 등 주요 임원의 이름으로 구글에서 20쪽 이상 검색해본다. 네이버의 경우, 비용을 지불한 순서대로 검색이 되어 기업 조사를 할 때에는 구글을 활용하는 것이 좋다.

기업 홈페이지는 기본, 상장사라면 IR 자료까지 살펴라

가장 기본적으로 검색하는 정보는 기업 홈페이지다. 대기업의 경우 홈페이지만 꼼꼼히 살펴도 꽤 많은 정보를 얻을 수 있다. 더욱이 채용전용 웹사이트가 있다면 절대 놓치지 말기를! 거기엔 직무에 대한 소개까지 잘되어 있어 취업 준비생들의 수고를 덜어준다. 중견기업도 증권 시장에 상장한 경우라면 공시정보 시스템(DART)이나 기업 IR(Investor Relations: 투자자관계·기업설명 활동) 자료를 통해 기업의 개요와 현황을 파악할 수 있다. 기업투자 정보를 이용하는 방법으로는 서울대투자동호회(www.snumidas.com) 등에서 학생들이 올리는 자료를 살펴보는 것도 좋다. 구직자 수준에서는 전문기업이 업데이트하는 보고서보다 오히려 유용할 수 있다.

상장하지 않거나 웹사이트 정보가 부족한 기업의 정보도 찾아내라

스마트폰 검색창에 '파워기업검색'이라고 입력하면 키스라인(www.kisline.com: 한국신용평가정보에서 제공하는 기업 정보 전문 포털사이트)에서 제작한 기업검색 애플리케이션(앱)을 다운로드받을 수 있다. 이 앱을 설치한 후 기업 이름을 검색하면 상장하지 않은 기업의 재무기록이나 주주, 연혁 등에 대한 정보도 쉽게 찾아볼 수 있다.

다른 방법으로는 시사 주간지에 소개되는 기업 관련 기사를 찾아보는 것이다. 브랜드가 잘 알려지지 않은 기업의 경우 채용 계획이 있거나 기업을 적극 알려야 할 시기와 맞물려 주간지에 대표이사의 스토리 또는 제품개발 스토리 등을 게재하는 경우가 많다. 인터넷 검색창에서 단순하게 찾아보는 수준보다 한 단계 더 나아가 잘 알려지지 않은 정보를 찾기 위해 노력해야 한다.

RISS를 활용하라

기업 정보보다 상위 개념이 바로 산업계에 대한 정보다. 산업계에 대한 분석과 정보는 연구논문 등의 자료를 통해 더 많이 얻을 수 있다. 일반적으로 논문에 소개된 이론적 배경을 자세히 읽어두면 도움이 된다. 대개 논문에는 연구자가 잘 정리해둔 해박한 지식, 즉 산업계에 대한 기본적인 지식부터 전문적인 지식까지 모두 게재되어 있어 이를 통해 유용한 정보를 얻을 수 있다.

예를 들어 학술연구정보서비스인 RISS 사이트(www.riss.kr)에 접속하여 '편의점', '유통산업'이라고 검색해보면 수많은 연구논문들이 나온다. 대부분의 자료는 PDF로 다운로드하여 무료로 볼 수 있으니, 그야말로 취업 준비생에게는 선물이나 다름없다. 이 같은 전문 자료를 활용하여 기업 분석 데이터의 질을 높이는 것도 좋은 방법이 될 수 있다.

자료 조사가 끝났다면 분석을 시작하라

전문 컨설팅업체에서나 할 법한 정밀한 기업 분석은 사실상 취업 준비생에게는 필요 없다. 가업의 미션과 비전 그리고 연혁에 대한 조사를 마친 다음 기업 특징, 주주 구성, 대표이사 등 경영진에 대한 정보와 주요 매출을 발생시키는 제품이나 서비스에 대해 순서대로 정리해보면 된다. 그다음으로 경쟁기업에 대한 조사와 매출 추이 비교, 신규 제품이나 서비스 경쟁 구조를 기록해보면 간단한 기업 분석이 끝나게 된다.

여기에서 공모전이나 기업 분석 관련 경진대회 등에 참가할 경우 STP 분석이나 SWOT 분석, KANO모델 분석 등을 실시하여 경영학적 요소가 가미된 보고서를 쓰게 된다. 하지만 본인의 취업을 위한 분석이나 스터디 수준에서 분석을 한다면 이러한 경영 툴을 응용하는 분석보다는 구인 정보 분석을 실시하는 편이 더 낫다.

최근 3년간 신입사원 채용 정보를 검색하여 면접 등의 기출문제, 면접 전형 방법의 변화 그리고 인턴 후 정규직 전환 등의 다른 채용 방법의 도입과 확대 추이 등도 조사해보자. 또 실제 입사 후 3년차까지의 교육과 업무 배치 등에 대해서도 조사해보자. 이런 식으로 정리해보는 것이 성공적인 취업으로 가는 지름길이 된다.

직무 분석·산업 파악은 기본 중의 기본이다

학점보다, 스펙보다 더 중요한 것은 따로 있다. 기업의 채용담당자들은 자기가 지원하는 직무에 대한 이해도가 높은 구직자에게 호감을 가진다.

"당신이 지원한 전문 분야에 대한 이해는 어느 정도 수준인가요?"

"지원한 직무를 당신이 잘할 수 있는 이유는 무엇입니까?"

이 질문은 언제든 면접에서 나올 수 있다. 하지만 여전히 자신이 지원한 직무에 대해 잘 알지도 못하면서 면접을 보러오는 이들이 있다고 한다. 떨어질 게 뻔한데 괜한 시간과 비용을 낭비하는 일이다. 채용담당자는 '명확한 직무의 정의'를 말해달라고 하는 게 아니다. 자기가 지원한 직무를 이해하려 했던 노력의 흔적, 준비 과정을 듣고 싶은 것이다. 생각보다 많은 취업 준비생들은 이 질문에 자신 있게 대답하지 못한다. 면접 예상 질문으로 당연히 직무에 관해 섬세하게 준비했어야 하는데도 여전히 어디선가 들어본 말을 그냥 외워서 가는 경우가 많다. 이러고도 뽑아줄 거라 기대한다면 기업의 채용담당자들을 우습게 보는 일이다. 이들은 입사 지원자의 말을 조금만 들어봐도 "아무것도 모르고 왔구나" 하고 단박에 느끼지만, 지원자는 자신이 왜 낮은 평가를 받았는지 불합격 통지를 받은 뒤에도 그 이유를 모른다.

경험해보지 않은 취업 준비생들에겐 직무에 대한 이해가 어려울 수 있다. 설령 어느 정도 이해하고 있다고 해도 그게 정말 자신이 잘할 수 있는지 확신이 서지 않는 이유는 구체적으로 알지 못하기 때문이다. 그저 고민만 깊어질 뿐이다. 취업 준비생들은 무슨 직무가 그렇게 많냐고 묻는다. 또 업종마다, 기업마다 세분화된 전문 분야가 조금씩 다르고 호칭도 달라 쉽지 않다고 말한다.

그렇다면 직무에 대한 고민을 적게 하고도 취업 성공률을 높이려면 어떻게 해야 할까? 입사하고 싶은 기업과 산업에 대해 사전에 냉철하게 분석하고 파악하면 된다. 직무 ＜ 조직 ＜ 기업 ＜ 산업 ＜ 사회(경제)의 순서로 포괄하기 때문에 산업을 이해한다면 직무에 대한 고민은 어느 정도 자연스럽게 해결될 수 있다. 면접에 앞서 그 기업을 둘러싼 산업과 그 기업의 환경에 대해 충분히 파악하고 이해하는 것이 관건이다. 직무를 포괄하고 있는 상위 개념인 '산업'을 이해한다면 면접관이 직무와 관련해 어떤 질문을 던져도 차분하게 답변할 수 있다.

자신이 지원하는 기업과 산업에 대한 이해는 다음의 질문들에 답해봄으로써 해결할 수 있다.

기업과 산업을 파악하기 위한 질문

관심 산업에 대한 평가 작업

- 이 산업이 실제로 하는 일은 무엇인가? (무엇을 만들며, 무엇을 제공하는가?)
- 이 산업의 고객층은 어떠한가?
- 이 산업은 어떻게 고객들에게 부가가치를 창출하는가?
- 이 산업의 선발주자는 어떤 기업인가?
- 그 외에 진취적이고 발전가능성이 큰 유망한 기업으로 어떤 기업이 있는가?
- 선발기업과 진취적인 기업과의 차이는 무엇인가?
- 한 기업이 여타 다른 기업보다 성과가 탁월한 경우 그 주요 원인은 무엇인가?
- 해당 사업의 성과나 크기의 관점에서 판단할 때 해당 산업은 현재 성장 추세인가 혹은 퇴보하고 있는 사양산업인가?
- 이 산업과 다른 산업 간 비즈니스 모델의 차이가 있다면 어떤 것인가?

지원하고자 하는 기업에 대한 조사

- 이 기업은 경쟁업체와 비교할 때 어떠한가?
- 주요한 차이점은 무엇인가?
- 이 기업의 기업 문화는 어떠한가?
- 해당 기업이 추구하는 가치와 종업원에 대한 생각, 그리고 비전

은 어떠한 것들이 있는가?

- 이 기업의 리더는 누구인가?
- CEO, CFO, COO와 관계 그룹의 사장들은 각각 누구인가?
- 이 경영진들은 어떤 성향의 사람들인가? (기업의 웹사이트, 온라인 정보검색을 통해 그들의 약력과 인사말 등을 참조한다.)
- 이 기업은 사원에게 어떤 가치를 부여하고 있는가?
- 사원들에게 다양한 근무 기회를 제공하며, 해외 근무를 할 기회가 있는가?
- 사원들의 자질 향상을 위해 학습 기회를 제공하는 등의 지속적인 투자를 하고 있는가?
- 한 직종에서 수직적인 상승이 아닌 다른 직종으로의 수평적 이동이 자유로운가?
- 평사원 출신으로 경영진에 발탁된 사람은 얼마나 있는가?
- 이 기업에 속해 있는 전문가들은 어떤 유형의 커리어를 쌓아왔는가?
- 신입사원이나 경력사원을 선발하고자 하는 계획으로는 어떠한 것이 있는가?
- 직원 선발에 있어서 최고 책임자는 누구인가?
- 누가 면접을 진행하는가?

※ 출처: 《나만의 커리어를 디자인하라》, 카렌 O. 도우드·세리 공 다구치 지음, 최종옥 옮김, 시아출판사

업계에 대해 공부하거나 고민하다 보면 다음과 같은 질문이 생길 수 있다. 취업을 위해 입사 지원을 할 때는 직무를 우선으로 해야 할까, 아니면 산업군을 우선으로 해야 할까? 예를 들어 A는 건강산업군/기획 업무를 하고 싶다. 하지만 이 두 조건을 모두 충족하는 회사가 그리 많지 않아 고민이다. 교육산업이든 전자산업이든 관계없이 그냥 기획(상품기획/사업기획/영업기획) 직무 위주로 지원하는 게 나을까? 아니면 그가 희망하는 건강산업(식품/의약품) 내 어떤 직무(영업/기획)에 지원하는 게 나을까?

이 경우 직무 우선으로 지원하는 것이 맞다. 특별히 꿈꾸어온 산업 분야가 아니라면 직무만으로도 만족도가 높을 수 있기 때문이다. 일단 취업에 성공한 사람들은 어떤 산업군이든 직무만 자신에게 맞으면 아무리 힘들어도 비교적 훌륭하게 적응한다. 산업에 따라 동일한 명칭의 직무라도 업무가 조금씩 다른 경우가 많은데, 어쨌든 특별하게 꿈꾸어온 산업이 아니라면 직무를 먼저 고려하는 것이 맞다. 다만, 직무는 깊이 알아보면 기본은 다 비슷하지만 산업에 따라 직무의 접근법이나 방법론이 달라질 수 있으니, 산업에 대해서도 충분히 공부하고 선택해야 한다.

직무 파악은 공부가 필요하다. 그래서 취업 스터디를 만들어 공부하기도 하지만, 그보다 더 정확하고 좋은 정보가 고용노동부 포털사이트인 '워크넷(www.work.go.kr)'에 집약되어 있다. 워크넷에서 직업정보를 열람하면 고용통계에 따른 직무, 직업 전망, 임금 수준, 관련학과, 종사자 수 등이 상세하게 나와 있다. 그 어떤 경로의 정보보다 검증된 자료이므로 적극 활용해보자.

고용노동부는 지난 2002년부터 모든 직종에 요구되는 직무능력을 국가 차원에서 표준화하기 위해 총 826개의 '국가직무능력표준(NCS)'을 만들고 있다. 현재 331개가 완료된 상황인데, 앞으로 국가직무능력표준이 늘어나게 되면 은행 창구 영업, 카드 영업 등 금융·보험·부동산 관련 직무는 물론 자연·사회과학 분야에서 미개척지로 남아 있던 분야의 직무표준도 구축된다.

이처럼 국가직무능력표준 개발을 추진하는 이유는 한 개인이 산업현장에서 자신의 업무를 성공적으로 수행하기 위해 요구되는 지식, 기술, 태도 등 직무능력을 과학적이고 체계적으로 표준화하기 위해서다. 일례로 건축 분야에서는 건축목공, 미장, 방수, 타일, 철근, 창호 등의 직무표준이 만들어지기도 했다.

금융·부동산 분야, 화학·에너지 분야, 스포츠·관광 분야, 자연·사회과학 분야 등 아직 직무표준이 거의 마련돼 있지 않은 분야들에 대한 직무표준도 머지않아 만들어질 것이다. 앞으로 이것이 완성되면 자신이 일하고 싶은 산업 분야에 대한 지식이나 기술, 태도에 대한 표준을 더욱 손쉽게 접해서 취업 준비에 이용할 수 있을 것이다.

취업 성공을 위한 핵심 포인트

❶ 급변하는 취업 트렌드를 읽어라.

❷ 대기업만 고집하지 마라.

❸ 스펙에만 의지하지 마라.

❹ '카더라 통신'을 무시하라.

❺ 명확한 비전과 계획을 세워라.

❻ 복지제도를 따지기 전에 자신의 능력부터 점검하라.

❼ 직무 관련 경험 및 커리어패스를 확인하라.

❽ 지원 회사에 대해 제대로, 철저하게 조사하라.

❾ 면접 전에 최소한 자신의 직무에 대해서는 알고 가라.

2장

버림받는 서러움, 이제는 끝내자

이력서와 자기소개서 작성 119

저질 스펙을 뛰어넘은 분투기

학점 3.5에 토익 800점 이상, 여기에 관련 자격증은 필수. 최소한 이 정도 스펙은 되어야 대기업 명함을 가질 자격이 된다. "맘껏 놀지도 못하고 나름 그래도 노력해서 여기까지 왔는데, 그럼 난 어쩌란 말이냐" 하는 마음이 들 수도 있다.

평범한 스펙이 곧 '저질 스펙'이 되는 불편한 진실, 현재 취업의 현실이 그렇다. 워낙 바늘구멍 취업문이다 보니 높은 스펙 지원자들도 나가떨어진다. 웬만한 스펙으로는 면접은커녕 서류 통과도 힘드니 오늘도 많은 취업 준비생들이 뼈 빠지게 번 아르바이트 급여를 영어학원에 갖다 주고, 토익 점수와 씨름하고 있는 것이다.

최근 기업은 이런 현상을 반증이라도 하듯 서류 전형의 합격자 수를

조금 늘리고, 여러 유형의 면접을 통하여 실무형 인재를 선발하고 있다. 그런데 누구와 비교해도 절대 뒤지지 않는 '저질 스펙'을 가졌으나 남부러워할 만한 취업문 뚫기에 성공한 이들이 있다. 이들의 공통점이 무엇일까?

저질 스펙을 굳이 끌어올리려는 노력을 하지 않았다

점수에 대한 집착을 버렸다. 지금 당장 스펙을 쌓을 수 있는 뾰족한 방법이 없기 때문에 깨끗하게 '완벽한 스펙'에 대한 개념도, 환상도, 동경도 버렸다. 자신의 객관적 상황을 인정하면서도 한편으로는 이를 극복할 수 있는 무기를 만들었다.

미련 없이 내려놓은 대기업의 꿈

지방 국립대를 나온 H. 학점은 괜찮았으나 토익이나 그 밖의 스펙이 한심할 정도로 내세울 것이 없었다. 자기 자신에 대해 깊이 고민한 결과, 현실을 도외시한 높은 눈높이에 대해 반성하게 되었다. '너 자신을 알라'는 말은 '대기업 같은 번듯한 직장'에의 꿈을 버리지 못하는 자기 자신에게 하는 말이었다. 결국 H는 부모님이 계시는 고장과 가까운 도시의 한 중소기업에 취업하였다.

온몸을 던져 세상을 탐험했다

남에게 없는 경험으로 저질 스펙을 극복하였다. 방법은 수만 가지다. 직무와 관련된 학회나 스터디 모임을 만들어 실전 지식을 쌓으면서 한 우물을 파도 좋고, 진출 희망 분야의 아르바이트를 집중 공략해 값진 현장 경험을 쌓아도 좋다. 자원봉사 모임을 주도적으로 만들어 운영할 수도 있고, 전문 교육기관을 찾아 전문성을 강화할 수도 있다.

수백 대의 경쟁률을 뚫은 아르바이트 경험

서울 중위권 대학을 졸업한 K. 영어학원에 다닌 적은 없지만 친구들이 공부하는 시간에 수많은 아르바이트를 하며 세상을 탐험하였다. 그의 스토리는 야생형 인재를 찾는 SK텔레콤을 매료시켰고, 결국 300 대 1의 경쟁을 뚫고 신입사원이 되었다.

저질 스펙으로 고급 경험을 쌓았다

진출하고자 하는 분야에서 지속적으로 양질의 현장 경험을 쌓았다. 지원 직무와 연관된 경험에 집중하며, 누가 봐도 매력적일 만한 경험을 하였다. 그들은 양질의 경험이라면 무급이라도 주저하지 않았는데, 기업이 원하는 실전에 바로 투입될 수 있는 스위치형 인재, 경력이 있는 신입사원인 '올드 루키'가 되었다.

학점 대신 다른 것으로 승부

서울 4년제 대학을 나온 K. 전공은 과학이었지만 학점이 좋지 않았다. 전공은 적당히 공부하고 다른 것에 몰두하며 학창 시절을 보냈기 때문에 스펙을 준비할 여력이 없었다. 하지만 영화보기를 좋아했고, 대학생활 4년간 인문학 서적을 100여 권 넘게 읽었다. 여기에 미디어학을 복수전공한 경험을 잘 어필해서 대기업 계열 회사의 영화기획팀에 입사하였다.

끈기와 인내로 한 우물을 팠다

취업 전쟁 시대에 저질 스펙을 가지고 어디에 가겠는가? 끈기와 인내조차 없다면 그 어디에도 발붙일 곳이 없을 것이다.

수많은 연습과 준비로 약점 극복

모 백화점 신입사원 A. 늘 어눌한 언변이 고민이었다. 지방 사립대 출신에 변변한 토익 점수도 없었다. 하지만 수많은 모의 면접 연습을 통해 약점을 극복하였다. 더불어 직무에 적합한 자격증을 공략하고, 한 회사에 끈기 있게 집중한 끝에 합격 통지서를 손에 쥐었다.

우회로를 공략했다

길이 없으면 돌아가라 했다. 2보 전진을 위한 1보 후퇴의 심정으로 우회 전략을 택했다. 어차피 정면승부를 택해도 고(高)스펙자와는 게임이 안 된다.

인사담당자와 눈도장 찍는 전략이 먹혀

수도권 사립대 출신에 400점대의 애매한 토익 점수. L은 취업 준비생 중 많은 이가 공감할 만한 '어중간한' 스펙의 소유자다. 묻히기 십상이라는 점을 안 그는 자신만의 강점을 담은 자유 형식의

자기소개서와 포트폴리오를 만들었다. 더불어 취업박람회를 돌며 인사담당자와 눈도장을 찍었다. 제대로 된 우회 전략으로 쌍방울 그룹의 비주얼머천다이저(VMD)가 되었다.

간절함과 절박함이 '들이댈' 용기를 불렀다

사람이 막다른 곳에 있다고 생각되거나 간절하고 절박해지면 체온이 올라가고 두뇌는 활성화된다. 백척간두에 서면 이판사판, 죽기 아니면 까무러치기 심정이 되어 한순간 못할 것이 없어진다. 에스키모인들에게 냉장고를 팔고 아프리카 사람들 집에 온돌도 놓을 기세로 체면을 멀리 던져버리고 정면승부를 펼쳐서 이겼다.

취업의지를 온몸으로 표현

명문대학의 지방 캠퍼스를 졸업한 J. 학점은 그럭저럭, 토익은 최악, 서른한 살이 되도록 경력조차 없다. 자격증은 MOS 관련 몇 가지가 있지만 없는 것이나 다름없고, 남들 다 간다는 어학연수도 한 번 못 갔다. 이력서도 그동안 대략 250개 이상 쓰고도 서류 통과를 못했다. 시간이 지날수록 취업의 수렁에 빠져들어 밥맛도 잃고 심지어 나쁜 마음까지 먹을 정도로 괴로웠다. 기적적으로 서류전형 통과 후 첫 면접에서 취업에 대한 간절한 마음을 담아 그 회사 주력상품을 온몸에 착용하고 들어가 취업에 성공하였다.

면접 볼 회사의 공장 근무로 자신감 충전

지방 4년제 대학을 나오고, 토익 점수는 없으며, 전공과는 무관한 부서를 지원한 N. 그의 성공 비결은 자신감과 패기였다. 서류 심사도 통과하기 어려울 것 같으니 제발 면접이라도 한 번 보게 해 달라고 매달렸다. 가까스로 면접 허락을 받은 그는 막막한 마음에 무작정 공장에 들어가서 일용직으로 며칠 일했다. 공장에서 직접 일하면서 제품에 대해 잘 알 수 있었고 자신감을 갖게 되었다. 이런 적극적이고 패기 있는 모습이 공장에 소문이 나고 결국 본사에까지 이름이 알려졌다. '굉장히 특이한 놈'이라는 평가 속에 그 분야를 전공한 좋은 스펙의 경쟁자를 물리치고 합격하였다.

실패의 경험을 값진 거름으로 삼았다

취업 성공담은 물론 많이 들었다. 스펙이 낮음에도 성공한 이야기도 들었기 때문에 용기가 났다. 그런 이야기에 귀 기울이는 것은 물론, 한 발 더 나아가 성공의 이유까지 분석해보는 것은 나름 의미 있다. 그러면서 빼놓을 수 없는 것이 자신의 실패 경험을 복기하는 것이다. 나의 실패 이유는 무엇이었을까? 단순히 저질 스펙 때문인가? 그 속에서 자기 스스로에게 물어보고 자기 문제점을 찾아 새로운 전략의 값진 거름으로 삼았다.

면접 예상 질문과 답변을 수없이 준비하고 또 준비

지방 사립대에 편입해서 학점은 3.11, 토익 점수는 말하기도 부끄러운 점수였던 S. 취업에 20번 정도 실패한 뒤 그는 지원하는 회사의 3차 면접까지 대비하는 치밀한 준비를 하였다. 면접을 보면서 중복되지 않는 질문은 항상 체크하여 그 질문에 대한 답변을 준비하였다. 보통 전공이나 인성 면접은 20~30개의 질문을 준비하고, 영어 면접은 20개 정도 준비하였다. 그런 식으로 연습한 결과, 준비한 질문지에서 면접 질문이 나와 자신 있게 답변할 수 있었다.

꿈이 큰 것은 좋다. 하지만 머릿속 생각만으로는 결코 취업문을 열 수 없다. 현실을 직시하지 않으면 취업의 문은 열리지 않는다. 현재 내가 들어갈 수 있는 곳이 어디인지를 파악해야 한다. 각종 취업 카페에서 해당 기업 입사자들이 올려놓은 스펙과 자신의 스펙을 비교해보고 대략의 합격선을 파악하는 것이 좋다.

방법은 크게 두 가지다. 첫째는 필요한 점수를 올리는 것이고, 둘째는 스펙을 그다지 중요하게 보지 않는 곳으로 지원하는 것이다. 중소기업에서는 오히려 스펙을 많이 갖출수록 부담스러워한다. 사람 한 명을 뽑아서 업무가 익숙해지도록 하는 데 투자되는 돈이 3년간 평균 1억 원인데, 애써 키운 직원이 대기업으로 이직하게 되면 회사로서는 곤란을 겪을 수 있다.

중소기업에 들어가고 싶다면 채용 시스템이 대기업과는 다르다는 점에 주목할 필요가 있다. 주로 서류와 면접 전형으로 신입사원을 채용하기 때문에 무엇보다 '면접'에 역량을 집중해야 한다는 점을 명심해야 한다.

직무에 대한 관심, 노력한 만큼 표 난다

"요즘 친구들은 뭘 하고자 하는 의지가 없는 것 같아요. 저 친구를 어디에 쓸까, 어떤 팀에 배치해야 좋을까? 항상 이런 생각을 해보는데 어디에도 써먹을 구석이 안 보이는 친구들이 많아요. 그래놓고 그냥 잘할 수 있대요. 뭘 잘할 수 있다는 건지…. 자신이 왜 잘할 수 있는지에 대한 설명도 없고, 그냥 무조건 채용만 해주면 잘할 수 있다고 똑같이 말하는데, 참…."

한 대기업 부장의 말이다. 기업이 원하는 사람이 어떤 사람인지 단순하게 그러나 핵심적으로 보여주는 말이다. 어떤 분야에서 일하고 싶은지, 거기서 자신이 무엇을 할 수 있는지가 보여야 한다는 말인데, 한마디로 이것도 관심과 공부가 필요하다. 근래 취업의 트렌드가 가장 많이 달라지는 부분이 이 지점이다. 직무에 대한 이해와 경험을 가졌는가 하는 것인데, 아직 사회 경험이 없는 취업 준비생 입장에서 직무를 제대로 안다는 건 사실 어렵다. 또 특별히 일하고 싶은 직무가 없는데 뭘 어떻게 해야 하는지 몰라 우왕좌왕한다. 많은 취업 준비생들이 "HR(Human Resources : 인적자원, 이하 HR)에 대해서 얼마나 알까"를 생각해보면 참 막연할 수 있다.

하지만 구직자는 "저는 이 직무를 하고 싶습니다!"라고 자신 있게 말할 수 있어야 하고, "이 직무를 잘할 수 있는 이유가 있습니다!"라고 멋지게 표현할 수 있어야 한다. 인사담당자가 "그래서 우리 회사에 와서 뭘 하고 싶은가?"라고 물었을 때 지원자가 대답을 잘하지 못한다면 회사 입장에서는 그를 채용할 이유가 없다. 분명한 목표가 보이지 않는데 일을 시킬 수는 없지 않은가.

취업 준비생이 입사 지원서를 준비하면서 가장 어려워하는 부분이 바로 이 직무에 대한 이해다. 가만히 앉아서 고민만 한다고 방법이 생기지는 않는다. 이때는 능동적이고 적극적으로 알아보려는 노력을 해야 한다. 그래야 길이 생긴다.

"이 직무에 지원한 이유는 무엇입니까?"

"지원한 직무에서 자신이 잘할 수 있다고 생각하는 이유는 무엇입니까?"

직무나 자신감에 대한 질문은 이제 거의 필수적으로 자리 잡았다. 그런데 취업 준비생이 간과하는 것은 이 대답이 굳이 완벽하지 않아도 된다는 점이다. 회사도 알고 있다. 완벽하게 그 직무에 대해 숙지하고 빈틈없이 준비하는 사람은 없다는 것을. 다만, 직무를 이해하기 위해 지원자가 얼마큼의 노력을 했는지를 보고 싶을 뿐이다.

하지만 그조차도 준비하지 않고 응시한 지원자들이 많다니, 답답할 뿐이다. 열심히 하겠다, 성실함을 보여주겠다, 자신은 소통을 잘한다, 이런 말들은 자신감을 과장해서라도 번지르르하게 늘어놓던 지원자가 정작 자신이 하고 싶은 직무와 그에 관련된 가장 기초되는 이론이나 교과서적 지식 같은 개념을 설명해보라고 하면 꿀 먹은 벙어리가 되는 경우가 허다하다고 한다. 지원 직무 관련 최근 뉴스나 시사적인 이슈에 대한 질문에 답을 못하는 지원자는 말할 것도 없다. 면접관들은 귀신이다. 몇 마디만 들어도 자신이 지원한 직무에 대해 기초 지식이 있는지 없는지, 또 자신의 지원 직무가 어떤 직무인지 알고 왔는지 모르고 왔는지 단번에 안다.

그런데 면접에서 "간단히 자기소개 한번 해보라" 하면 자신의 신뢰감, 소통 능력, 전문적인 지식 같은 것을 늘어놓기 쉽다. 그런 자기소개는 면접관의 관심을 끌지 못한다. 그런 능력은 어떤 직무에 지원해도 조직사회의 일원이 되기 위해선 갖춰야 하는 것들이다. 마케팅 실무자에게만 필요한 능력도 아니고, 대고객 서비스 현장에서 근무하는 사람에게만 필요한 능력도 아니다. 대부분의 직무에서 다 필요한 능력이다. 그런데도 하나마나한 소리로 귀중한 면접 시간을 허비하는 지원자들이 많다.

자기 직무에 대해 어떤 답변을 준비해야 할지 고민인 지원자는 다음 두 가지 질문에 대한 '답'을 생각해보고 면접장에 들어가기 바란다. 면접관 앞에서 직무에 대한 이해가 들어 있는 대답을 할 수 있는 노하우다.

- 내가 해당 직무를 수행할 때 만나게 될 고객은 누구인가? 내부적이든 외부적이든 가장 많이 만나게 되는 사람이나 집단은 누구인가?
- 해당 직무를 수행할 때 고객이 가질 수 있는 불만이나 애로사항은 어떤 것이 있는가?

모든 산업에는 고객이 있기 마련이다. 유형무형의 제품이나 서비스를 생산해내는 가운데 그것을 소비하는 고객이 있기 마련인데, 기업은 이런 고객과의 소통 과정에서 고객을 만족시켜야 하는 의무가 있다. 그것이 기업의 성공과 실패를 좌우하는 가장 큰 요소다. 기업은 어떤 방법으로든 고객을 사로잡는 직원이 필요하다. 그렇기 때문에 어떤 직무에 지원하든 이 두 가지 질문에 대한 고민을 반드시 하고, 자신만의 대답을 만들어가야 한다. 절대 어디서 듣거나 베낀 것을 달달 외워 말해서는 안 된다. 바로 들통 난다. 아주 작은 경험을 통해, 또는 정보를 찾는 과정에서 얻은 것이라도 자기만의 대답이 있어야 한다.

당연히 쉽게 얻어지지 않는다. 무엇보다 누군가가 알려주는 정보에 현혹되어서는 안 된다. 스스로 손품과 발품을 팔아 알아내는 게 좋다. 관련 산업에서 일하는 선배나 지인을 통해 물어볼 수도 있고, 관련 산업의 실무 잡지 같은 것을 통해서도 얻을 수 있다. 답 그 자체보다 그것을 구하는 과정이 더 좋은 이야깃거리가 될 수 있다. "정말 이해하기 위해 노력했구나!" 하는 생각이 들게 해야 한다.

"왜 마케팅 부서에 지원했나요? 왜 자신이 지원한 직무를 잘할 수 있다고 생각하죠?"

이렇게 물으면 대략 이런 답이 돌아온다고 한다.

"고객의 니즈를 잘 알고 있다", "남다르고 창의적인 면이 있다", "이 시장에 대한 이해가 있다" 등 이해할 수도, 증명할 수도 없는 그런 대답으로 일관한다.

최근에는 '직무를 잘할 수 있는 이유'에 대해 잘 답변하고 있지만, 왠지 철저히 외운 듯한 인상이 강하다. 그 정도 답변으로는 면접관을 만족시킬 수 없다. 웬만큼 똑똑하면 지식을 챙기고 습득하는 것으로 직무를 해낸다. 하지만 이것은 문제를 잘 해결하고 고객을 만족시키는 것과는 관계가 없다.

사람들이 문제를 해결하는 방법은 크게 세 가지다. 첫째, 분석적 지능으로 사물을 체계적으로 분석하는 능력이다. 새로운 지식을 활용해서 문제를 해결하는 능력으로 분석적 지능이 뛰어난 사람은 학교 성적이 좋다. 흔히 말하는 똑똑한 인재, 머리 좋은 사람이다. 둘째, 실천적 지능으로 자신이 직접 경험한 것을 가지고 형성된 능력이다. 실천적 지능이 높은 사람은 실용성 있는 대안을 많이 생각해낸다. 셋째, 창의적 지능을 가진 사람은 아이디어와 창의성이 있는 사람을 말하는데, 새로운 관점의 해결 방안을 제시한다.

사회에서 성공하려면 이 세 가지 지능이 모두 필요하다. 문제는 대부분의 지원자들은 분석적 지능으로 직무를 이해하는 수준으로만 답한다는 것이다. 말하자면 직무의 이해, 직무 분석의 실제 같은 책에서나 나올 법한 대답을 하는 것이다. 하지만 경쟁자와 다르게 점수를 얻고 싶다면 분석적인 이해만으로는 차별화가 안 된다. 직무와 관련된 자신의 경험을, 아무리 사소한 것이라도 자신이 직접 경험한 것을 이야기해야 비로소 면접관의 관심을 받을 수 있다. 거기다 현재 직무와 관련해서 문제점이 보이는 부분에 대해 다른 관점의 대안을 생각해본다면 금상첨화다. 인사담당자들이 높은 점수를 주는 지원자는 자기 직무에 대한 이해를 분석적, 실천적, 창의적, 이 세 능력을 모두 발휘해 표현하는 지원자다. 이 경우 좋은 점수를 받을 수 있으며, 충분히 합격까지도 바랄 수 있다.

"어디서 그럴싸한 이론들은 주워들은 것 같은데, 말만 번지르르하네. 나중에 일 시켜보면 결국 저런 애들이 못 따라와!"

"말만 많았지, 결국 자기가 한 일은 아무것도 없네. 곁에서 구경한 걸 자기가 한 일처럼 말한 거잖아."

"준비해온 얄팍한 지식으로 대답은 어찌어찌하던데, 거기서 하나만 더 물어보면 그게 무슨 의미인 줄도 모르니 환장하지."

해당 직무 부서에서 면접을 보는 팀장들이 수군대는 말이다.

면접관들은 대단히 창의적인 답변까지 기대하지 않는다. 분석적 대답을 넘어 실천적 지능의 관점에서 대답할 수 있는 지원자에 대해 관심을 가진다. 그 관점에서 "어떤 경험이 있습니까? 직무와 관련되어 무엇을 해보았습니까?"라고 물어보게 되는 것이다. 여기서 더 나아가 창의적 지능을 발휘한 답변을 하는 지원자에게 점수를 더 주게 된다. 회사는 지원자가 어떤 역할에 대해, 그 역할을 수행하는 과정에 대해, 자신이 그 역할을 잘 수행할 수 있다는 것에 대해 무식하더라도, 다소 말이 안 되더라도 그리고 부족해 보이더라도 깊이 고민하고 생각해서 답을 내놓기를 바란다. 당연히 그런 지원자에게 더 많은 정보를 주고 싶고, 더 좋은 기회를 제공해주고 싶지 않을까? 이 점을 잊지 말자.

이제 '묻지마' 취업 전략이 왜 실패할 수밖에 없는지 그 이유가 분명해졌다. 하고 싶은 일이 무엇인지도 모르는 상태에서는 그와 관련된 직무에 대한 이해와 고민도 불가능하다. 이런 상황에서 무엇으로 인사담당자들의 눈과 귀를 사로잡을 수 있겠는가? 취업하고 싶다는 마음이 조금이라도 있다면 이제라도 직무에 대한 관심과 이해를 높여야 한다.

채용 정보,
제대로 찾아보기나 했어?

포털사이트에 올라오는 구인공고의 경쟁률은 상당하다. 그중에서 어떤 공고가 정말 알짜배기일까?

구인공고를 찾아내는 것도 운이라는 이야기가 있다. 남들은 본 적도 없는 구인공고를 잘 찾아내어 경쟁률 없이 면접 보고 취업했다는 사례를 몇 번쯤은 들어봤을 것이다. 실제로 이런 일은 공채 시즌이 지난 6~8월, 12~1월 사이에 많이 일어난다는 점에 주목할 필요가 있다. 많은 취업 준비생들이 생각하는 오류 중 하나가 공채로만 신입사원이 될 수 있다고 여기는 것이다. 이들은 공채에 합격하기 위해 스펙을 준비하고, 그러다 떨어지면 다시 스펙을 준비하는 취업 악순환을 반복하고 있다.

표 2-1 | 채용 정보 목적에 따른 분류

공채 채용 정보	수시 채용 정보
❶ 잡코리아, 사람인 ❷ 취업뽀개기, 취업의달인, 독취사, 취업뽐뿌게시판, 해커스잡, 에듀스 ❸ 네이버 카페 검색창에서 '채용 정보' 입력 후 최신 업데이트 순으로 정리 ❹ 각 기업 채용 웹사이트	❶ 서울 상위권 대학 취업정보실 게시판 ❷ 인사/총무/영업 포털사이트 카페 모임 내 구인구직 게시판(예: 네이버 카페 '인사쟁이'), 페어링HR 카페 '알짜채용정보' ❸ 개별 계열사 공지사항 게시판
석·박사	하이브레인넷
보훈/장애/기타	국가보훈처 및 한국장애인고용공단 직접 내방, 워크넷(잡매칭)

취업 준비생들이 항상 하는 질문은 "그러면 어디서 구인 정보를 찾나요?"이다. 구인 정보를 찾고자 할 때는 공고의 목적과 시기에 따라 채용 정보를 검색하는 곳도 달라져야 한다.

공채 채용 정보는 전통적으로 '잡코리아'와 '사람인' 취업 포털사이트에 가장 많고, 합격스펙 등의 내용 정리도 잘 되어 있다. 이외에도 취업 및 스터디 정보를 얻고자 가입하는 각종 인터넷 취업 카페에도 공채 정보가 포털사이트 못지않게 잘 정리돼 있어 공채에 도전할 때, 계획을 세울 때 아주 유용하다. 그러나 최종 지원은 회사의 채용 웹사이트에서 이루어지기 때문에 반드시 사전 방문하여 다른 곳에서 얻은 정보가 맞는지 다시 확인해보는 것이 좋다.

여기서 잠깐, 취업 준비생들이 수시 채용에 대해서 오해하는 부분이 있다. 먼저 수시 채용은 인원 운용 계획에 따라 이루어지므로 공채보다 낮은 대우를 받을 것이라는 잘못된 인식부터 바로잡아야 한다. 취업컨설팅을 통해 대기업에 취업하는 경우를 보면 공채와 수시 채

용이 50:50의 비율로 이루어진다. 따라서 공채와 수시 채용을 별개로 생각해서는 안 된다. 수시 채용의 경우 1년 중 7월(여름휴가 기간)과 12월(종무식, 연말연시)을 제외하고는 공채만큼이나 활발하게 채용 정보가 올라오므로 취업 준비생이라면 습관적으로 확인해봐야 한다.

[사례 1] 대학 내 취업상담회에서 원서 접수

2012년 하반기 대기업 손해보험사의 경우 별도의 공채공고 없이 취업상담회 현장에서 원서를 접수받아 신입사원을 채용하였다. 이 회사는 그룹사 공채가 끝난 10월, 서울 시내 한 대학에서 취업상담회를 개최한다고 공고한 후 상담예약을 하고 아침 일찍 내방한 취업 준비생 중 선별하여 채용원서 접수를 받았다. 그 뒤 본사 면접을 거쳐 공채를 완료하였다.

[사례 2] 자사 사이트에만 채용공고 게재

외국계나 중견기업의 경우 수시 채용공고를 내면 지원자가 몰려드는 통에 업무가 마비되곤 한다. 한 명을 선발하는 데도 하루에 1,000명 이상이 원서를 접수하기 때문이다. 그런 이유로 아주 소극적인 방법으로 지원자를 찾는다. 즉 자사 웹사이트의 게시판에만 채용공고를 게재하는 경우가 해당된다.

[사례 3] 채용 포털사이트 공고로 직원 선발

경기도 이천에 소재한 한 대기업 물류 자회사의 경우 힘들게 신입사원을 뽑았는데 다른 회사에 동시 합격하면 퇴사해버리는 사례가 빈번하였다. 결국 이 회사는 흥행을 위한 대대적인 채용공고를 내지 않고 채용 포털사이트에서 무료로 올릴 수 있는 일반 채용 정보에만 채용공고를 게재하였다.

[사례 4] 주요 대학 취업설명회 참석자에게 PIN번호 제공

백화점과 홈쇼핑을 운영하는 한 회사의 사례다. 이 회사는 온라인 채용공고는 하지 않고, 주요 대학에서 개최한 취업설명회를 통해 직원을 채용하였다. 취업설명회에 참석한 사람에 한해 입사 지원을 할 수 있는 PIN번호(등록번호)를 제공한 것이다. 즉 관심 있는 지원자만 선별해서 원서를 받았다(타 학교 학생이 내방해도 번호 발급).

[사례 5] 대학 취업정보실 게시판 활용

독일계 의료기기 회사의 사례다. 이 회사는 일반 채용 웹사이트에도, 회사 홈페이지에도 채용공고가 없었다. 그러나 서울 소재 모 대학의 취업정보실 채용공고 게시판에서 이 회사의 수시 채용공고를 확인할 수 있었다.

이와 유사한 사례는 얼마든지 많다. 여기서 수시 채용 정보는 개개인의 관심과 부지런함에 달려 있음을 깨닫게 된다. 좋은 기회를 놓치지 않으려면 적극적으로 찾아나서는 길밖에 없다.

한편, 석 · 박사급의 채용 정보는 단순히 포털사이트 검색만으로 구분해낼 수 없다. 대부분은 잘 보이지 않아서 채용공고를 찾는 데 애를 먹는다. 석 · 박사 이상의 우대 조건으로 취업을 희망한다면 하이브레인넷(www.hibrain.net)의 채용 정보 게시판을 추천한다.

또한 일정 규모를 갖춘 기업들은 의무적으로 보훈 대상자와 장애인 우대를 통해 직원을 선발하고 있다. 이 경우 채용공고를 직접 올리기보다는 국가보훈처와 한국장애인고용공단의 추천을 받아 채용하는 사례가 많으므로 직접 내방하여 구직 등록을 해두는 것이 좋다. 워크넷의 경우, 인사담당자 입장에서는 실업급여를 받기 위해 거짓으로 구직 행위를 하는 사람들이 많아 자주 활용하지는 않는다. 그러나 잡매칭 형태로 취업 정보를 제공하여 보험모집인이나 허위 채용공고는 어느 정도 걸러진다는 장점이 있다.

자기소개서,
과연 전부 읽을까?

세대는 바뀌어도 취업 준비생의 이 질문만은 계속될 것이다.

"자소서, 진짜 읽나요?"

면접을 가게 되었다면 당신의 서류는 100퍼센트 인사담당자 또는 해당 부서 팀장이 읽었을 것이다. 하지만 불합격했다면 인사담당자가 읽기도 전에 다른 방법에 의해 읽혀지지 못하고 어딘가에 내버려졌다고 봐야 한다. 왜 다 읽지도 않을 서류를 제출하라고 하는지 도통 이해할 수 없다는 생각이 들 수도 있겠지만, 입장을 바꿔보면 조금은 이해할 수 있을 것이다.

- 2012년 상장기업들의 대졸 신입사원 공채 평균 경쟁률은 88:1 (2010년 71:1)
- 580개 상장사 채용 인원은 2만 8,000명 수준이었고 지원자는 총 225만 명 수준
- 이중 한 증권사가 1,500:1로 최고 경쟁률 기록

※ 출처: 《중앙일보》 2012년 12월 20일 기사

이렇게 많은 지원자가 입사 서류를 제출하기 때문에 물리적으로 다 읽어볼 수는 없다. 일부 기업에서는 채용 인원을 배정받은 부서에서 지원자의 서류를 읽은 다음 면접 대상자를 선별해 인사팀에 통보하게 한다. 이 경우라면 일단 지원자가 제출한 서류가 조금이라도 읽혔다고 볼 수 있다. 하지만 인사팀에서 이를 선별해서 면접 대상자를 추려낼 경우라면 상황이 다르다. 이때는 좀 다른 방법이 동원된다.

취업 준비생들에게 다소 생소한 채용대행 서비스가 가동되기도 한다. 이른바 'ASP(Application Service Provider)'와 '공기업 이력서 중심평가 툴(Tool)'이다.

최근 대기업을 중심으로 인사 부서에서 신입사원의 선발과 교육을 동시에 담당하기 때문에 실제 업무 배치 전까지의 통합 업무를 수행하게 된다. 그래서 인력 소모가 많이 필요한 초기의 채용 업무에 대해서는 아웃소싱을 주는 형태로 발전하고 있는데, 이러한 인력 채용대행 서비스를 ASP라고 한다. 이 서비스는 채용대행 과정에서 채용 홍보, 채용 솔루션 기획과 설계 그리고 실행까지의 과정을 담당하는 경우가 많다. 그렇기에 연수원에 입소하기 전까지는 자신이 지원한 회

사 직원이 아니라 제삼자가 자신을 내내 평가한다는 사실을 알고 있어야 한다. 즉 서류를 제출할 때부터 면접장에서 대기하고 면접을 마친 후 회사를 떠나는 순간까지 누군가가 항상 그림자처럼 나 자신을 지켜보고 있다는 것이다.

'ASP' 한눈에 보기

온라인 채용대행을 통해 업무처리 시간 절약. 100점 만점으로 환산한 점수 제공. 서류 전형 단계를 2단계로 구분하여 1차에서 1만 명 기준으로 1분 이내에 오탈자, 자격 미달자를 제외시키고 중간

통계를 제공. 2단계에서 회사에서 지정한 학교, 학과, 경력 개수, 인재상에 대한 특정 단어, 키워드 패턴 출현분석, 종결어미 검색 분석 등을 통해 평가를 계량화하여 제공.

※ 일반적인 사항으로 업체마다 조금씩 다르다.

이렇게 제공된 대행 업무를 통해 지원자가 분류된다. 그리고 서류 합격자를 통보하기 전에 기업의 인사담당자나 해당 부서 팀장급이 1~2단계에서 통과된 서류만을 가지고 1~7분 정도 읽고 판단하여 최종 합격 여부를 심사하는 방식으로 서류합격자가 결정된다.

그룹사 간 시너지를 강조하는 한 대기업에서는 지원자의 이름과 사진, 경력사항을 먼저 확인하고 자기소개서를 읽으면서 항목별로 S-A-B-C-D-F 등급으로 점수를 매겨서 한 항목이라도 일정 점수 이하가 나오면 과락으로 처리하고, 과락이 없는 서류의 항목 점수 총점을 내서 합격자를 통보하는 방식을 사용한다.

다른 방식으로는 공기업 이력서 중심평가 툴이 있다. 최근에는 일반 기업에서 거의 사용하지 않는 방식이다. 이것은 과거 스펙 경쟁을 유발한 서류합격자 사정 방식으로, 공기업이나 정부산하단체 · 기관에서 채용의 공정성을 위한 객관적 자료로서 이력서 등을 사용하였다.

'이력서 중심평가 툴' 한눈에 보기

공기업, 공공기관, 정부산하단체의 경우 응시자격에 제한이 없어

지원자가 몰린다. 이 경우 접수된 서류를 최종 학력별로 먼저 나눈다(우선 그룹 형성). 고졸, 대졸, 대학원졸, 해외대졸로 구분한 뒤 이를 숫자화해서 표로 정리한다. 예를 들어 그룹 내에서 학교 브랜드에 따라 기본 점수를 배점하는 방식을 쓰게 된다. 해외대학의 경우 각 대학별로 점수가 매겨져 있고, 리스트에 없을 경우엔 기본 점수만 배정한다. 그다음에는 졸업 성적과 영어 성적 등 점수화할 수 있는 항목에 배점을 더하고 일부 가중치를 부여하여 점수를 계산한다. 이렇게 되면 그룹별로 점수가 매겨지므로 85점인 국내대학 졸업자가 80점인 해외대학 졸업자보다 유리하다. 이렇게 점수로 합격선을 정한 뒤 그 기준을 넘는 지원자의 자기소개서를 읽고 나서 합격자를 통보하는 방식이다.

※ 기관마다 서로 다를 수 있으며, 여기서는 그 방법을 소개한다.

결론적으로 자기소개서를 작성하기 전에 먼저 이력서에 오타나 빠진 내용이 없는지 꼼꼼하게 확인해봐야 한다. 그다음에는 자기소개서 항목별로 글을 작성하면서 어떻게 하면 인사담당자의 책상으로 자신의 서류가 갈 수 있을지 고민해봐야 한다. 중간에 채용 관련 업체 솔루션과 대행업체 등에 의해 걸러지면 안 되니까 말이다. 다른 사람의 자기소개서를 베끼거나 중복 단어를 사용하거나 종결어미의 형식이 잘못되거나 하면 걸러지기 십상이다. 마지막까지 항목별 중복 소재를 최대한 확인하는 작업을 거쳐야 한다.

서류합격률은 대기업 공채를 기준으로 보통 7~8퍼센트 정도 된다

(일반적으로 지원 가능한 스펙을 가졌을 경우). 서류에 합격했다면 다음 단계를 열심히 준비하면 되고, 만약에 서류 전형에서 불합격했다면 "나와 안 맞는 회사구나. 차라리 잘된 일인지도 몰라!"라고 생각하면서 취업에 성공할 때까지 페이스를 유지해 나가는 것이 가장 좋은 구직 활동 자세다.

대기업 공채와는 별개로 일반적인 수시 채용이나 중견 및 중소기업의 경우에는 채용 규모가 크지 않아 채용대행 등의 서비스를 이용하는 일이 거의 없다. 대부분은 채용 포털사이트의 채용지원 시스템을 이용해서 서류접수를 받는 경우가 많아 실제로 지원자의 글을 한 번이라도 훑어보고 서류합격자를 선별하는 편이다.

채용의 규모, 기업의 규모가 작을수록 실제로 제출한 글을 읽어보고 합격 여부를 판단할 가능성이 더 높다는 점을 기억하자. 구직자 중에는 시간이 흐르면서 초조한 마음에 "대기업 공채는 힘들 것 같고…. 에잇, 작은 회사라도 가야지!" 하며 서류를 대충 꾸며서 지원하는 사례가 있다. 작은 회사라고 만만하게 봤다가는 큰코다친다. 이때 더 큰 문제는 자신이 왜 떨어졌는지도 모른다는 것이다. 서류 전형을 통과하지 못한 까닭도 모른 채 구직 단념자의 길을 가는 사람들을 보면 안타까운 이유도 여기에 있다.

'눈길'을 끌고 '동감'을 얻어내라

기업의 인사담당자가 싫어하는 자기소개서 유형이 있다. 최악으로는 '너도나도 비슷한 내용의 자기소개서'가 꼽힌다. '맞춤법이 엉망인 성의 없는 자기소개서'는 읽을 의욕을 없앤다. 다른 회사에 지원할 때 작성한 것을 그대로 제출한 '복사형 자기소개서'를 보면 "우리 회사를 뭘로 보고…" 하는 마음이 절로 든다. 태어난 날짜부터 시작해 성장 배경을 구구절절 적어 내려간 '지루한 자기소개서'도 읽고 싶지 않다. 입사 후 포부 및 열정 등이 보이지 않는 관념적이고 형식적인 자기소개서, 자기 자랑 일색인 과장형 자기소개서, 개성이 강하다 못해 너무 튀는 파격적인 자기소개서도 좋은 인상을 주지 못한다. 그밖에도 자신이 어떤 실력을 갖췄는지에 대한 설명 없이 무조건 뽑아만 주면 열심히 하겠다는 읍소형 자기소개서, 상투적인 내용과 포부만 넘치는 신뢰도 0퍼센트의 자기소개서도 낙제점이다.

자기소개서는 특정한 기업에 입사하기 위해 작성하는 일정한 의도를 가진 글이다. 따라서 지원자는 무엇보다 '셀링 포인트(Selling point)'를 강조해야 한다. 회사에서 자신을 채용해야 하는 이유를 간결하고 분명하게 드러내야 한다. 그러려면 목표의식이 뚜렷해야 하는데, 하고 싶은 일이 무엇인지도 정해지지 않은 채 단순히 '붙고 보자'는 식으로 도전한다면 탈락은 정해진 수순이나 마찬가지다. 아무리 성실하게 자기소개서를 작성한들 핵심이 빠져 있다면 누가 그 글을 눈여겨보겠는가.

하지만 자기소개서에는 정답이 없다. 자기소개서를 읽는 사람에 따라 100점 만점의 기준은 모두 다르기 때문이다. 다만, 중요한 것은 인사담당자의 눈길을 끌 수 있어야 하고 동감을 얻어낼 수 있어야 한다는 점이다. 그러려면 '열심히 하겠다'는 판에 박힌 이야기나 '인자하신 부모님 슬하에서~' 같은 진부한 말, 평범하고 보편적인 내용은 모두 빼고 다음 두 가지를 반드시 의식하며 써야 한다.

- 내가 쓰는 모든 항목은 지원한 직무와 연관성이 있게 썼는가?
- 읽는 사람이 가장 궁금해하는 결론이 처음에 나오게 두괄식으로 썼는가?

보통 자기소개서에는 다음의 네 가지 내용을 담는다.

성장 과정

성장 과정은 특별히 남달랐던 부분에 대해서만 언급하는 것이 좋다. 성장 과정이 자기소개서의 대부분을 차지한다는 것은 그만큼 할 얘기가 없다는 뜻으로 비춰질 수 있다. 자기소개서는 보통 A4 용지 1~2장 이내로 제한된다. 한정된 분량에서 개인의 기술이나 능력, 지원 동기, 입사 후 포부에 대해서만 기술하더라도 1장은 쉽게 채워지므로 성장 과정은 가급적 짧게 기술하는 것이 좋다.

성격의 장단점

자신의 성향이나 성격이 지원 부문과 어떻게 맞는가? 완벽한 사람은 없으니 장점과 단점을 함께 기술한다. 단, 단점의 경우 이를 극복하기 위해 어떤 노력을 했는지 세부적으로 밝히고, 이러한 단점이 업무적인 면에서는 오히려 장점이 될 수 있음을 부각시킨다. 예를 들어 성격이 급한 것이 단점이라면, 업무 처리는 빨라서 오히려 장점이 될 수도 있다. 해당 기업의 색깔과 비슷한 자신의 성격이 있다면 적극적으로 부각시키는 것도 중요하다.

학창 시절

지원 부문과 관련된 일을 학창 시절에 얼마나 많이 해보았고 얼마나 관심을 가졌는가? 대부분의 신입사원들은 경력이 없기 때문에 수상 내역이나 아르바이트, 과외 활동 등을 무작위로 나열하기 쉽다. 하지만 인사담당자는 그런 사항을 일일이 눈여겨볼 만큼 여유롭지 못하다. 버리기엔 아까운 경력이라고 생각한다면 지원 분야와 관계있는 사항을 먼저 기술하고 나머지는 뒤에서 간단히 언급한다.

지원 동기 및 포부

이 회사를 왜 지원했고, 왜 그 일을 하고 싶은가? 지원 동기를 쓸 때는 자신이 원하는 직무에 자신의 적성과 비전이 얼마나 적합한지를 제시하는 것이 좋다.

취업하고자 하는 기업의 업종, 경영이념, 회사 문화, 성격 등을 알아서 그 기업의 특성에 맞게 지원 동기를 기술한다면 좋은 점수를 받을 수 있다. 포부는 단순히 '회사에 필요한 인물이 되겠다'는 말보다는 업무에 대한 목표 성취나 자기계발을 위해 어떤 계획을 가지고 있는지 구체적으로 언급하는 것이 좋다.

성장 과정부터 지원 동기까지 반드시 모든 부문에서 지원한 직무와 연관 지어 서술해야 한다. "이러이러한 성장 과정으로 그 일이 하고 싶어졌고, 그 일을 하기에 알맞은 성격을 지녔고, 학창 시절 그 일과 관련된 어떤 일들을 했고, 그래서 본인이 일하기에 가장 알맞은 이 회사로 지원하였다"라고 표현해야 한다.

자기소개서 쓸 때 주의할 점

이력서에서 알 수 있는 내용은 쓰지 않는다

몇남몇녀 중 몇째다, 부모님은 어떠시다, 어느 고등학교를 졸업했다, 대학에서 전공은 뭘 했다, 이런 식으로 지원자의 이력서를 읽어보면 대충 다 알 수 있는 진부하고 구태의연한 표현으로 자기소개서의 반 이상을 차지하는 건 낭비다. 예를 들어, "저는 물 맑고 공기 좋은 ○○에서 1977년 2월에 2남 1녀의 막내로 태어났습니다. 화목한 가정 환경 속에서 공무원이셨던 아버님은 엄격함으로 저희 형제들을 이끌어주셨고, 어머님은 아버님의 완고함을 부드러움으로 보완하면서…" 같은 자기소개서는 읽는 사람을 지루하게 만든다.

세련된 비즈니스 용어를 사용한다

예비 신입사원으로 준비된 모습을 보여주기 위해 서툰 학생의 모습보다는 준비된 비즈니스맨, 비즈니스우먼의 입장에서 기술한다. 서정적이고 감상적인 형용사의 사용을 최대한 자제하고 추측성 문장, 과장된 미사여구는 쓰지 않는다.

부정적인 서술을 하지 않는다

'저는 아직 많이 부족하지만', '그 부분은 잘 모르지만' 이런 식의 서술은 피한다. 굳이 자신의 흠이 될 수 있는 내용을 쓸 필요가 있을까? 또한 성격의 장단점을 표현할 때도 자신이 지원한 직무를 수행하는 데 치명적인 단점이 될 수 있는 내용은 서술하지 않는다. 단점은 아무리 잘 써도 본전이라는 사실을 명심하자. 예를 들어, 재무 직무를 지원하면서 '꼼꼼하지 못하고 좀 덤벙거린다'는 성격의 표현은 아주 치명적이다.

나열식 표현을 하지 않는다

'무엇무엇을 했다'는 식의 나열식 표현을 피하고, 대신 '어떤 활동을 통해 무엇을 배우고 느꼈다', '나는 무엇을 어떻게 성취했다', '나는 무엇을 할 수 있다'에 대해 기술하라. 자신을 알리는 데 불필요한 내용은 과감하게 삭제하라. 간결한 문체의 단문을 사용하는 것이 효과적이며, 지원 업무와 관련 없는 과외 활동 소개는 사족이다.

추상적이고 막연한 표현을 하지 않는다

추상적인 표현은 지원자의 알찬 목소리의 전달을 방해할 뿐이다. 일화, 사례 등을 중심으로 객관적이고 구체적으로 서술한다. 예를 들어, "'막히더라도 다른 관점에서 사물을 봐라!' 지금까지 저는 이러한 자세로 좌절할 상황이 되어도 항상 포기하지 않고, 무슨 일이든 적극적으로 노력해왔습니다"라는 표현은 좋지 않다.

오탈자, 잘못된 고사성어의 인용을 철저히 감수한다

빈번한 오탈자의 등장은 거의 치명적이다. 자신 없는 단어 구사는 삼가고, 사전 등을 통해 반드시 의미를 확인한 후 인용한다.

자기소개서 작성하기

이제 앞에서 설명한 주의사항을 참고하면서 자기소개서를 써보자.

제목 및 항목

- 전체 내용과 항목에 대한 내용을 잘 상징할 수 있는 헤드카피나 서브타이틀(부제)을 사용하는 것도 좋은 방법이다.
- 내용 중 강조하고 싶은 부분은 음영 처리나 볼드체를 사용해 진하게 인쇄하는 것도 좋은 방법이다(이메일 또는 직접 제출의 경우).
- 기사의 전체 내용을 파악할 수 있는 신문기사 헤드라인처럼 자신의 능력과 경력, 자질 등을 인사담당자가 한눈에 파악할 수 있도록 간략한 문장이나 재치 있는 단어를 사용하여 자기소개서 중간중간에 헤드라인을 넣는다.

성장 과정

- 성장 과정은 현재의 자신을 이루는 근본에 해당하는 것으로 자신의 이미지를 무리 없이 심어주는 대목이 되어야 한다.
- '저는…', '나는…'으로 시작한다든지, '인자하신 부모님', '화목하고 단란한 가정', '저는 ○○시 ○○에서 2남 1녀 중 막내로 태어나…' 같은 상투적인 표현을 사용함으로써 무성의한 첫인상을 심어주어서는 안 된다.
- 성장 과정 중 지금의 가치관 형성에 영향을 준 인상 깊었던 일화를 스토리텔링하는 것도 좋다.

성격의 장단점

- 긍정적인 인생관으로 적극적인 사고, 성실, 근면성, 원만한 대인관계, 미래에 대한 도전의지를 갖춘 패기 있고 활동적인 성격을

나타내는 데 유의한다.

- '외향적, 적극적, 긍정적, 낙천적' 등의 추상적이고 막연한 표현으로 끝내지 말자. 이런 식의 식상한 표현은 채용담당자의 주목을 끌지 못한다.
- 가족이나 친구의 표현을 빌려 인용하거나 자신의 성격을 나타낼 수 있는 경험이나 체험을 제시하는 간접 묘사 방법도 효과적이다.
- 구체적이고 집약적인 표현이 중요하다. 자신의 장점은 최대한 부각하고, 단점을 언급할 때는 그것을 극복하기 위한 의지나 현재 개선하기 위해 실천하고 있는 행동 등을 함께 표현해주면 좋다.

학창 시절

- 대학 졸업자의 경우 학창 시절의 경험이 곧 경력사항이다. 따라서 전공 수업, 아르바이트 경험, 동아리 활동, 여행 경험, 봉사 활동, 공모전 출품 등에 대한 소개를 잘 정리하여 자신의 특기, 적성, 소질, 소양이 드러나도록 한다.
- 학창 시절의 서술 포인트는 이러한 활동이 자신의 직업관, 지원 업무에 대한 관심도, 업무 수행 능력과 연관성을 가져야 한다는 것이다. 특히 전공에 대해 언급할 때는 지원한 업무와 밀착시켜 표현하는 것이 좋다.
- 단순히 경력 나열식의 활동사항은 관심을 끌지 못한다. 활동 동기, 배운 점, 남달리 느낀 점에 대한 구체적이고 세밀한 서술이 필요하다.

지원 동기

- 기업의 입장에서는 '이 사람이 왜 우리 회사에 지원했는지' 궁금할 수밖에 없다. 실제적인 관심사이므로 지원 동기는 자기소개서의 핵심적인 평가항목이 된다. 자기소개서 전반부에서 아무리 유능한 인재로 판단되더라도 이 부분에서 확고한 모습을 보이지 못한다면 결정적인 신뢰감을 얻을 수 없다.
- 기본적으로 강한 의지를 나타내되, 거창하고 추상적인 구호는 오히려 지원자의 인상적인 목소리를 가릴 수 있다는 점에 주의하면서 단정하고 실용적으로 마무리하는 것이 좋다.
- 지원하는 기업에 대한 사전 지식을 바탕으로 지원 업무에 대한 자신의 특기 및 직무능력을 연관 지어 밝힌다. 이를 위해서 지원 기업에 대한 사전 정보는 필수적이다.

장래계획 및 포부

- 자신이 선택한 직무의 목표 성취나 자기계발을 위한 구체적인 계획이나 각오, 인생관을 피력한다. 이때 지원 동기와의 일관성을 유지한다.
- '만약 입사가 된다면 최선을 다해 열심히…', '이 분야에서 일인자가 되겠다는 각오로…' 등과 같은 과장되고 실현 가능성이 없는 계획이나 포부 내용은 채용담당자와의 유대감을 상실케 하는 지름길임을 명심한다.

기업은 입사하자마자 바로 업무에 투입할 수 있는 인재를 원한다.

그러므로 인사담당자의 눈에 띄려면 기업에서 채용하려는 해당 업무에 자신이 최적의 인재임을 알려야 한다. 그것이 자기소개서를 쓰는 목적이다. 아무리 많은 경력과 자격증을 갖고 있어도 지원 회사의 업무와 관련 없는 것이라면 무용지물이다.

자신이 지원하는 업무와 관련 있는 자격증과 경력을 최대한 부각시키자. 그러기 위해서는 회사에서 충원하고자 하는 인력이 담당하는 일이 무엇인지 보다 구체적으로 파악해야 한다. 회사 홈페이지를 참조하거나 인맥을 동원하는 등 가능한 한 방법을 총동원해서 해당 업무가 요구하는 스킬이 무엇인지, 입사 후 어떤 일들을 하게 되는지 등에 대해 조사할 필요가 있다. 회사 홈페이지 게시판을 통해 직접 문의하거나 인사담당자에게 전화를 걸어 물어봄으로써 해당 직무에 대한 자신의 열의를 보여주는 것도 나쁘지 않다.

그렇게 발로 뛰어 파악한 업무 내용이라면 구체적으로 자신이 왜 해당 업무에 가장 적합한 사람인지, 자신의 어떤 점이 장점으로 작용하는지, 지원하게 된 동기와 앞으로 회사에 어떻게 기여할 수 있는지 등을 보다 효과적으로 설명할 수 있을 것이다. 자신의 존재감을 부각시키기도 한결 쉬울 것이다.

경험도 경력이다

자기소개서의 하이라이트는 경력을 쓰는 부분이다. 갓 대학을 졸업한 취업 준비생들은 '경력'이라는 말에 주눅부터 들겠지만 부담 가질 필요는 없다. 쉽게 표현하면 능력이나 직무 역량을 강화시켜준 자신만의 경험을 특별한 경험으로 포장하는 과정이 경력 서술이기 때문이다. 기업 역시 이 점을 잘 알기에 경력사원과 신입사원에게 요구하는 경력도, 판단 기준도 상이하다. 경력사원은 구체적인 경력과 성과를 통해 평가하지만, 신입사원은 아주 작은 경험이라도 그것을 보고 잠재가능성을 가늠하여 선발하는 것이기 때문에 자기소개서에 강조해야 할 부분도 다르다.

경력사원의 경력 쓰기

포장의 기술을 발휘하라

지원 회사에 그야말로 분명하게 자신을 세일즈하기 위한 노력을 발휘해야 한다. 그 회사 인사담당자가 도저히 거부할 수 없는 무엇인가를 언급해줘야 하는데, 그 핵심이 바로 경력이다. 자신이 지금까지 해온 업무 경력 중에서 지원하는 회사와 연관된 것을 강조한다. 또한 매력적으로 느껴질 만큼 필요한 부분을 멋지게 포장하여 기술하는 것이 좋다.

구체적인 업무 성과를 언급하라

경력기술서를 쓴다는 생각으로 이전 직장에서의 경력 중에서 성과 부분을 구체적으로 표현한다. 근무했던 회사와 그곳에서의 성과를 수치화한 데이터를 간략하게나마 첨부하여, 자신이 지원하고자 하는 직무의 전문가라는 점을 증명할 수 있다면 더욱 효과적이다.

신입사원의 경력 쓰기

평소의 관심과 노력에 대해 진정성 있게 써라

사회 경험이 없는 신입 지원자는 솔직히 경력이라고 내세울 만한 게 별로 없다. 대신 성장 과정이나 대학생활 등에 대해 기술할 때 지원 분야에 대한 자신의 평소 관심과 노력을 드러내면 된다. 자신만의 특별한 경험이나 사례를 녹여낼 수 있으면 더욱 좋다.

대학생활 중 활동을 기재하라

대학 시절에는 전공 공부 외에도 다양한 활동을 경험할 필요가 있다. 어학연수나 여행 같은 활동보다는 직무와 관련 있는 아르바이트나 인턴사원 경력이 가장 점수가 후하다. 하지만 여행이든 어학연수든 자신의 직무와 연관성을 가지고 풀어쓸 수 있는 경험이라면 구체적으로 기록해도 좋다.

그런데 이런 가이드에도 불구하고 자기소개서에 아르바이트 부분을 어떻게 써야 할지 망설여진다는 사람들이 많다. 아르바이트 경험은 많지만 그게 꼭 경력이라고 하기 어려운 단순 노동일 때도 있고, 또 너무 짧은 기간이어서 혹시 썼다가 면접 때 구체적으로 물어오면 더 당황할 것 같기도 하고, 자신이 지원하는 직무와의 연관성도 애매한 것 같고, 이래저래 따져보면 솔직히 쓸 게 거의 없는 형편일 때가 더 많기 때문이다. 사회경험란을 비워놓자니 찜찜하고, 그렇다고 별로 중요하지도 않은 아르바이트 경험을 쓰려니 낯부끄러운 것이다.

결론은 쓰는 것이 좋다. 꼭 이력서가 아니더라도 자신의 아르바이트 경험을 자기소개서에 언급하는 것은 바람직하다. 자신이 판단하지 말고 인사담당자가 지원자의 직무와 아르바이트 경험의 연관성을 판단할 수 있도록 모든 칸을 빠짐없이 채워넣자.

인크루트 알바(alba.incruit.com)가 인사담당자 234명에게 "채용 시 아르바이트 경력도 경력으로 인정하는가?" 하고 묻자, '인정한다'는 답변이 82.0퍼센트에 이르렀다. '인정하지 않는다'고 답한 이들은 17.9퍼센트뿐이었다. 실제로 인사담당자들은 아르바이트 경력을 높이 평가하고 있었는데, '채용 시 자사 아르바이트 경험이 있는 지원자에게 가산점을 주거나 우대한 적이 있다'는 이들이 66.7퍼센트나 되었다. 또한 '아르바이트 경력이 있는 신입사원이 그렇지 않은 사원에 비해 조직 적응력이 높은 편(64.1%)'이라고 평가하는 이들도 많았다. 그리고 "정직원 외에 아르바이트생을 채용해본 경험이 있냐?"라는 질문에 66.9퍼센트의 인사담당자가 '있다'고 답했다. 인사담당자들은 아르바이트생을 정직원으로 채용했을 때의 장점으로 '업무나 조직에 대한 적응이 빠르다(53.0%)'와 '별도의 업무 교육이 필요하지 않다(41.0%)'를 크게 꼽았다. 아무래도 익숙한 만큼 적응이 쉽다는 것이다.

하지만 학창 시절 아르바이트가 자신이 지원하고자 하는 회사의 직무와 관련 있어 경력으로 인정받을 수 있기란 사실 어렵다. 학생들이 손쉽게 구할 수 있는 일이란 게 보통 편의점이나 패스트푸드점 같은 곳의 서비스직이나 단순노무 아르바이트인 경우가 대부분이기 때문이다. 그렇다면 이런 일천한 아르바이트 경력을 어떻게 자신의 경력으로 풀어쓸 수 있을까? 이때는 자기소개서 경력사항에 '어떤 일을 했느냐'보다 '어떻게 일을 했느냐'에 초점을 맞추는 것이 좋다.

한 자기소개서 경력사항의 예를 들자면, "저는 패스트푸드점 아르바이트를 했지만 한 번도 지각하지 않았고, 고객분들에 의해 '칭찬하고 싶은 직원'으로 선정되기도 했고, 서툴지만 열심히 하는 모습에 함께 일했던 점장님이나 선배들의 칭찬을 많이 받았다"라고 기록하는 것이다. 즉 자기소개서 경력사항 사례를 제시하되, 업무에 대한 언급보다 당시 어떤 마인드, 어떤 자세로 일했는지에 대해 쓰는 것이 효과적이다. 성실성이나 도전정신, 창의성을 강조할 수 있는 부분이 있으면 이 내용을 경력사항 사례로 쓰면 더욱 좋다. 또 학창 시절 경험에 대해 적을 때 학업 관련 부분에서 경력이 될 만한 것을 추가할 수 있다. 학생회나 동아리 활동 등이다.

동아리 활동도 경력이다

사람들과 교류하는 것을 좋아하고 새로운 환경에 대한 호기심이 많아 여행 동아리에서 활동했습니다. 여행 동아리에서 활동하면서 전국 곳곳을 다닌 것도 큰 보람이지만, 특히 동아리 친구들과 무전여행을 하면서 농촌에서 일도 하고 함께 걸으면서 고생했던 여행이 기억에 남습니다. 저는 이런 여행 경험을 통해 문제해결 능력과 커뮤니케이션 능력을 키울 수 있었습니다.

자기소개서는 자신을 파는 광고 문구와 같다. 어디서나 볼 수 있는 비슷비슷한 광고는 사람들이 눈여겨보지 않는다. 이처럼 차별화된 자기광고가 되어야 하는 게 자기소개서다. '나는 남들과 이렇게 다르다'는 것을 보여주는 글이기 때문에 자신의 경험을 가지고 그것이 하나의 경력이 될 수 있는 차이점을 써야만 한다.

자기소개서를 쓰기 전에 취업 사이트에서 자신이 지원할 직종의 사람들이 올려놓은 자기소개서를 충분히 읽어보자. 베끼지는 말고 벤치마킹하자. 맛있는 음식을 만들기 위해 다양한 음식을 먹어봐야 하듯, 자기소개서를 잘 쓰기 위해서는 다른 사람들이 어떻게 썼는지 읽어보는 것이 좋다. 자신이 인사담당자라면 어떤 인재를 뽑을 것인지 생각하고 약 50여 건 이상의 자기소개서를 읽다 보면, 최소한 이렇게 자기소개서를 쓰면 안 되겠구나 하는 감이 생길 것이다. 어떻게 쓸지는 막막해도 남이 잘 쓴 자기소개서의 어떤 부분이 자신의 마음을 건드리는지는 알 수 있을 것이다. 그런 부분을 체크해두었다가 자기소개서를 쓸 때 참고하면 요긴하다.

어울러 자신감 있게 작성했다는 느낌이 들도록 쓰자. 강한 자신감은 지원자에 대한 신뢰와 더불어 인사담당자의 호기심을 자극할 수 있다. 따라서 '나를 뽑아주세요' 하는 부탁형 서술보다는 자신을 잘 어필함으로써 인사담당자가 호기심을 느낄 수 있도록 자신감이 흘러넘치게 서술하는 것이 좋다. 아무리 능력이나 기술이 뛰어나더라도 자신감이 없는 사람은 주목받지 못한다. 능력과 열정 중 인사담당자들은 자신감이 느껴지는 열정에 더 높은 점수를 준다.

기업에 '통하는' 자기소개서 '힌트'

자기소개서는 이력서에서 표현하지 못한 부분을 좀 더 자세히 소개할 수 있는 기회이므로 과정 중심으로 서술해야 한다. 그냥 단순히 열거만 하지 말고 자신이 지원한 분야와의 연관성을 구체적으로 서술하는 게 좋다. 또한 성과나 경험을 간략하게 쓰면서 그 직무에서 꼭 일해야 하는 당위성을 일관성 있게 보여주는 것이 효과적이다.

비록 이력서에는 한 줄로 써 있지만 그것을 자기소개서로 옮길 때는 자세한 설명이 필요하다. 그 일을 왜 시작하게 되었고, 어떻게 진행되었으며, 어떤 성과를 거두었고, 그것으로 어떤 영향을 받았는지 등 자신만의 경험을 전달할 수 있도록 노력해야 한다. 그러려면 자신의 성장 및 학업 과정 속에서 뚜렷한 자기 소신과 성실성, 노력의 흔적 등이 일정한 방향성을 가져야 한다.

그전에 생각해야 할 것은 기업마다, 그리고 같은 업종의 기업이라도 기업이 원하는 인재상이 전부 다르다는 사실이다. 자기소개서를 작성하기 전에 반드시 지원 기업과 직군에서 원하는 인재상과 그 특징을 정확히 파악하는 것이 필요하다. 지원하고자 하는 기업 웹사이트에서 그 특징을 명확히 인지한 후 자기소개서 작성 방향과 포인트를 잡아야 한다.

기업별, 직군별 인재상을 확인했다면 자기소개서의 전체 흐름을 이끌 주제와 키워드를 설정해야 한다. 이것이 명확하게 설정되지 않은 상태로 자기소개서를 작성하면 글 속에서 길을 잃고 만다. 자신이 강조하고 싶은 점이 모호해져버리고 일관성을 잃으며, 이 말 썼다가 저 말 썼다가 횡설수설할 가능성이 높다. 전체 주제가 명확해지면 그에 따라 자신의 경험과 경력을 선별해서 문항별로 주제와 키워드를 설정한다. 명확한 키워드가 있어야 임팩트가 강하고 진실한 '나만의 자기소개서'를 작성할 수 있다.

커리어포털 인크루트(www.incruit.com)가 100인 이상 기업의 인사담당자 126명을 대상으로 지원자들의 자기소개서 문구에 대한 호감도를 조사하였다. 그 결과 '긍정적이고 밝은', '팀워크', '책임감과 협동심이 많은', '성실하고 근면한', '열정적인', '○○분야의 전문가가 되고 싶습니다.', '친구가 많은', '○○한 경험을 통해 ○○를 키웠고', '독립적인' 등이 호감형 문구로 조사되었다.

이를 곰곰이 곱씹어보면, 기업에게 '먹히는' 자기소개서에 대한 힌트를 얻을 수 있다. 조직에 잘 융화될 수 있는 인재인가, 뚜렷한 지원 동기와 목표가 있는가, 지원하는 회사에 대한 관심과 하고자 하는 열정이 있는가 등에 대한 답변이 진정성 있게 잘 드러날수록 합격할 가능성은 높아진다는 점이다.

반면, 부사와 형용사가 난무하는 두루뭉술한 수식어, '나는', '저는'으로 시작하는 군더더기 표현, '뽑아만 주신다면'으로 시작하는 무대포 정신, '준비된 인재'와 같이 틀에 박힌 진부한 표현, '일류 최고의', '우등생', '1등', '반장', '○○업무를 전담했습니다' 이런 식으로 자신을 자랑하는 표현, 명언이나 명구의 인용, '적응이 빠른', '잡초 같은', '묵묵히 나 홀로', '적성에 안 맞아', '일하면서 열심히 배우겠습니다', '맞춤법 오류', '신세대 용어' 문구가 포함된 자기소개서에는 호감을 느끼지 못한다고 답했다.

키워드를 작성하는 요긴한 팁

1. 문장보다는 똑떨어지는 단어로 작성한다.

예) 어학 실력과 서비스 마인드로 ○○기업의 빛이 되다.

→ 나의 영어 실력과 뛰어난 고객 응대법

2. 추상적이거나 관념적인 서술은 버리고 구체적이고 선명한 표현을 쓴다.

예) 별을 손에 쥐다.

→ ○○항공에서 절실한 인재

3. 키워드 작성을 하지 않을 경우에는 자기소개서 내용에 일련번호를 매겨서 일목요연하고 명쾌하게 작성한다.

예) 지원한 동기는 첫째…, 둘째… 지원하였습니다.

워낙 많은 사람들이 자기소개서를 보게 되고 기업이나 산업의 측면, 경영이나 고객의 측면에서 쓰다 보면 겹치는 키워드가 많을 것이다. 그렇기 때문에 인사담당자들이 선호하는 키워드를 중심으로 어떤 것이 지원하는 회사의 인재상이나 직무에 가장 잘 맞는지 주목할 필요가 있다. 지원하는 분야에 따라 구체적으로 선호하는 단어는 조금씩 달라질 수 있기 때문이다.

영업 분야를 지원하는 자기소개서에서 빠질 수 없는 키워드는 '숫자'다. 회사는 숫자에 민감한데, 특히 영업이나 마케팅, 유통 분야를 지원하는 자기소개서에서는 숫자가 빛을 발해야 한다. 신입사원 지원자든 경력사원 지원자든 '판촉 아르바이트 몇 달', '가게 운영 몇 년' 같이 경험의 나열로 끝날 것이 아니라 '그때 매출이 얼마 늘었다', '얼마나 짧은 시간에 얼마의 매출을 올렸다'처럼 숫자로 표현된 금액이 들어가면 더욱 좋다. 기술영업을 지원하는 구직자라면 이런 숫자 말고도 그 분야의 전문지식을 잘 알고, 그 기술에 대한 이해와 영업 노하우에 대한 아이디어 같은 것을 드러낼 수 있으면 효과적이다.

항공사의 서비스 분야를 지원하는 자기소개서엔 리더십이 강한 사람도 중요하지만, 일단 신입사원의 경우 혼자서 잘하는 것을 강조하기보다는 동료들과 어울려 협동하고 팀워크에 도움이 되는 화합형 인재임을 강조해야 한다. '친구가 많은', '원만한 대인관계', '너그럽고 온화한 성격', '침착한 위기대처 능력' 같은 표현의 키워드가 호감을 살 수 있다.

자기소개서를 쓸 때는 늘 인사담당자의 입장이 되어야 한다. 짧은 시간에 많은 것을 파악해야 하는 그들에겐 고만고만한 문장이나 단어를 읽는 일이 지루하다. 자연히 시간이 갈수록 변별력도 떨어지고 피로감이 몰려든다. 그렇기 때문에 분명하고도 호감 어린 키워드로 내용을 구성하여 그 사람을 직접 만나보고 싶다는 생각이 들도록 해야 한다. 문장을 풀어가는 키워드는 나무의 가지와 같다고 생각하자. 커다란 나뭇가지를 세우고 그곳에 나풀나풀 흔들리는 풍성한 잎을 붙여나가다 보면 내용에 반짝반짝 설득력이 생길 것이다.

시선을 확 끄는 포장지,
'스토리텔링'

하루에도 수십 통씩 쏟아지는 이력서와 자기소개서 속에서 자신이 선택되기를 바란다면 남들과는 다른 개성 있는 어떤 무기가 필요하다. 특히 IT기업, 광고, 영업, 판매직 등에 도전한다면 개성만점 자기소개서는 커다란 무기가 된다. 그렇다고 무작정 튀는 자기소개서를 쓸 수는 없는 노릇이다. 너무 튀어 눈살을 찌푸리게 하지도 않으면서 자기만의 개성을 잘 드러낼 수 있는 방법은 무엇일까?

그것은 스토리텔링에서 찾을 수 있다. 세상에 이야기를 싫어하는 사람은 별로 없을뿐더러 이야기에는 사람을 집중시키는 힘이 있기 때문이다. "어, 이거 뭐지? 재미있네" 하고 좀 더 읽어보게 만들고, "재 물건이네!" 하며 귀 기울이게 만드는 힘이다. 이 힘은 내가 하는 말이

나만의 스토리로 풀 수 있을 때 가능하다.

스토리텔링은 신문지로 둘둘 싸여 있는 나를 남들의 시선을 확 끌어당길 포장지로 감싸주는 것과 같다. 시선을 끌어야 선택이 되고, 선택이 되어야 비로소 나의 진가를 보여줄 수 있다. 어떤 포장지로 어떤 스타일을 만들어나갈지에 대한 고민이 스토리텔링의 전부다. 고민이라고 해서 너무 진지하거나 심각하게 하지 말고 가볍고 즐거운 방향으로 해보자. 원래 스토리는 재미있고 흥미로운 것 아닌가.

어떤 재질의 포장지를 선택할까: 스토리의 뼈대 만들기

자기 경험 발굴에 집중하라

기업 인사담당자나 면접관들은 지원자의 다양한 경험 속에서 잠재 역량을 파악하려고 한다. 실제 자기소개서의 작성 항목이 경험 중심으로 바뀌었고, 면접에서도 지원자의 경험에 대한 질문들을 끊임없이 반복하고 있다. 그렇기 때문에 다양한 경험을 지속적으로 반복해서 자신만의 스토리를 만들어내야 한다.

평소 많은 경험을 쌓고 이를 잘 정리해두자. 무턱대고 경험만 많이 한다고 해서 유리한 건 아니다. 다른 지원자들이 가지지 못한 독특한 경험, 지원 직무와 연관된 현장 경험이어야 제대로 인정받을 수 있다. 스스로 저질 스펙이라며 열등감을 보인다면 누가 눈여겨봐줄 것인가. 부족한 스펙을 뛰어넘을 자신만의 경험이 곧 인사담당자나 면접관이 가장 선호하는 진정한 스펙이다.

경험을 통한 자기 노력과 역할을 표현하라

다양한 경험을 단순히 나열해서는 효과가 없다. 아무리 직무와 관련 있고 썩 괜찮은 경험이라 할지라도 말이다. 이 경험과 스토리에는 결과나 상황을 단순히 설명하는 것이 아니라 본인의 노력과 역할에 보다 많은 분량을 집중해야 하며, 이 노력과 역할이 창의적이고 도전적으로 기술되어야 한다. 이것을 좀 더 효과적으로 진행하기 위해 종이에 주요 키워드를 먼저 적어 다양한 경험을 도출하는 마인드맵 방식으로 활용하면 좋다. 누구나 인정하는 큰 경험이어야 한다고 생각하면 마인드맵의 가지가 풍성해질 수 없다. 아주 작은 경험, 아주 작은 역할이나 노력일지라도 모두 적어보자. 그것을 하루에 다 끝내려 하지 말고 2주에서 한 달 정도 생각날 때마다 메모하며 기록하고 수정을 거쳐 알짜배기로 만들어나가야 한다.

자기 경험의 과대포장을 조심하라

입사 지원서에서 인사담당자의 눈길을 끌기 위한 구직자들의 치열한 경쟁은 종종 과장과 허위사실 등으로 변질되기도 한다. 하지만 앞으로 계속되는 공채에서는 진심과 솔직함으로 다가가야 취업에 성공할 수 있다.

취업 포털 '사람인'이 인사담당자 275명을 대상으로 '최고의 자기소개서 유형'을 조사한 결과, 솔직하고 진솔한 자신만의 이야기를 서술한 '솔직담백형'이 28.4퍼센트로 1위를 차지했다. 따라서 구직자들은 기업에서 선호하는 인재상에 맞춰 솔직한 경험을 토대로 작성한다면 좋은 평가를 받을 수 있을 것이다.

스스로에게 자신이 없으면 과대포장의 유혹에 빠지기 쉽다. 하지만 베테랑 인사담당자들은 지원자의 경험이 있는 그대로인지, 과대포장인지 바로 눈치챈다. 작은 경험이지만 이를 통해 큰 소득을 얻었다면 이를 구체적으로 밝히는 게 바람직하다.

어떤 패턴을 그릴까: 스토리에 살을 붙이고 온기를 불어넣기

자신의 마음이 긍정적일 때를 기다려라

아무리 좋은 경험이라도 자기 마음이 부정적일 때 쓴다면 좋은 이야기가 나오기 어렵다. 아무래도 마음의 영향을 받기 마련이다. 스토리를 쓸 때 어떤 마음 상태였는지에 따라 글의 분위기가 많이 달라진다. 차분하고 컨디션이 좋은 상태에서 쓰는 것이 아니라 "허구한 날 집에서 이렇게 놀기만 할 거냐?"라고 타박하는 엄마의 잔소리를 듣고 마음이 상한 상태에서 쓰기 시작한다면 "이 경험이 대단한 것은 아니지만", "귀사가 보기에 부족한 점이 많겠지만" 같은 표현들이 자기도 모르는 사이에 들어가서 부정적인 글을 만들 수 있다.

별것 아닌 이야기도 재미있게 말하는 사람을 벤치마킹하라

모방은 창조의 어머니라고 했다. 도저히 스토리를 만들 수 없다면 다른 방법을 찾아야 한다. 머리를 쥐어짠다고 없는 이야기가 나오는 것도 아니고, 이럴 때는 다른 사람의 스토리를 참고할 줄도 알아야 한다. 커닝도 하고, 벤치마킹도 하고, 정 안 되면 그대로 베낀 다음 자기에게 맞도록 고치는 연습도 해보자. 별것도 아닌 이야기를 재미있게 잘 전달하는 능력을 가진 사람을 관찰하고 따라해보는 것도 좋다. 잘 쓴 스토리를 되도록 많이 읽고, 재미있는 이야기를 자주 들으며, 자기 특성에 맞게 글을 써보는 연습을 하면 언젠가는 자신만의 스토리가 완성될 것이다.

화자나 시점으로 스타일을 바꾸어라

문장의 개성은 화자(話者)나 시점(視點), 용어, 문체 등을 통해 드러나기 마련이다. 이중에서 시점은 가장 손쉽게 '개성만점' 자기소개서로 가는 지름길이다. 보통 자기소개서는 1인칭 시점, 즉 '나' 스스로 화자가 되어 이야기를 풀어나가는 방식으로 서술된다. 가장 평이하고 무난하지만 그만큼 튀는 맛은 덜하다. 공무원이나 금융권 등 다소 보수적인 회사에 지원할 경우 적절한 시점이다.

그러나 자기소개서를 통해 신선한 느낌을 전달하고 싶다면 3인칭 시점을 추천한다. 특히 3인칭 시점은 1인칭 시점에 비해 객관적이고 치우침이 없다는 느낌을 줄 수 있고, 그만큼 자기소개서의 내용을 인사담당자에게 설득력 있게 전달하는 데 유리하다.

첫 문장에서 승부하라

면접장에서 답변할 경우, 처음부터 결론을 지으면서 명쾌하게 시작하라고들 권한다. 자기소개서도 마찬가지다. 더 읽고 싶다는 생각이 들게 하려면 첫 세 줄에서 승부를 걸어야 한다. 10명 중 9명은 자기소개서의 첫 세 줄, 즉 첫 문단을 성장 과정에 대한 이야기로 시작한다.

"저는 어려서부터…"라든지, "저는 평온한 가정에서 인자하신 부모님 아래…" 정도다. 몇 백, 몇 천통이나 되는 자기소개서 더미에 묻혀 사는 인사담당자에게 이런 스타일의 글은 식상함 그 자체다. 대부분은 읽지도 않고 그냥 넘길 것이다.

만약 첫 세 줄, 첫 문단이 전혀 다른 방식이라면 어떨까? 아마도 인사담당자는 그 신선한 표현에 마음을 뺏겨 가뭄에 단비라도 만난 듯 반가워할 것이다. 그만큼 인사담당자에게 좋은 인상을 줄 수 있다. 자기소개서의 첫 문장을 평범하지 않은 자신만의 경험으로 시작해보자. 아니면 가장 감명 깊게 읽은 책이나 감동받은 영화의 인상적인 장면에서 시작하는 방법도 있다. 상상력을 발휘하여 자기소개서의 첫 문장을 멋지게 장식한다면 인사담당자의 시선을 붙들 수 있을 것이다. 그것만 해도 절반은 성공한 셈이다.

톡톡 튀는 개성 있는 소제목을 달아라

자기소개서는 보통 성장 과정, 성격, 특별한 능력, 생활신조, 지원 동기, 장래희망이나 포부 등으로 구성된다. 그것은 문단으로 구성될 수도 있고, 각각을 작은 항목으로 나누어 서술할 수도 있으며, 하나의 글 속에 흩어져 있을 수도 있다. 인사담당자는 이 각각의 내용들을 자기소개서의 곳곳에서 발견해내고 머릿속에 정리한다.

수백, 수천 개의 자기소개서 속에서 자신의 개성을 드러내며 살아남는 방법은 인사담당자에게 자신을 나타낼 수 있는 작은 제목, 자신만의 헤드라인을 만들어내는 것이다. 무난한 성장 과정, 무난한 성격, 근면성실한 생활신조로 기억되는 자기소개서는 인사담당자의 손을 벗어나자마자 서류 더미 속으로 사라질 것이다. 자기소개서를 읽는 사람의 머릿속에 오랫동안 남을 수 있는 키워드로 정리된 성장 과정, 성격, 능력은 은연중에 주목을 끌게 된다. 잊지 마라. 무난함은 곧 탈락이다.

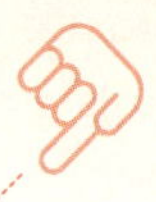

버림받지 않으려면 '1사 1자소서'

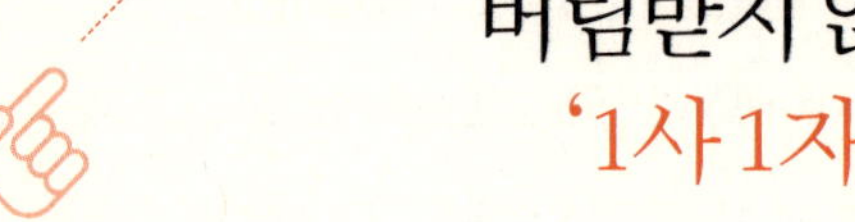

내 서류가 인사담당자의 책상 위에 또는 컴퓨터 화면에 놓일 경우, 그는 과연 어떻게 나의 서류를 읽어서 판단할까? 인사담당자마다 서류를 걸러내는 비법이 있다고 한다.

인사담당자들에게는 지원자의 자기소개서를 읽는 일이 매우 중요하지만, 이로 말미암아 유발되는 스트레스도 상당하다. 입장을 바꾸어 중학교에 다니는 친척 동생이 자기가 쓴 독후감이라며 한 번 읽어달라고 하면 어떤 기분일까? 인사담당자도 같은 입장에서 글을 볼 수밖에 없다. 흔히 취업 준비생들이 잘못 알고 있는 상식 중 하나가 "내 자기소개서를 읽는 사람이 설마 스펙이 좋겠어?"이다. 인사담당자라고 하면 일반적으로 인사실무를 맡고 있는 사람이고, 또 내가 지원하는 회사에 이미 다니고 있는 사람이다. 지금 나보다 그의 입사 당시 스펙이 당연히 좋을 거라고 추측해볼 수 있다.

최근 신입사원 선발 방식에 변화가 생겼다. 채용의 타당성을 증빙하기 위해 정량적 평가를 우선으로 하던 채용채점 방식에서 정성적 평가를 우선으로 하는 방향으로 변화하고 있는 것이다. 자기소개서를 쓸 때는 지원 회사의 인재상에 맞추어야 한다는 말은 옛날에나 하던 조언이다. 이제는 나의 경험이 경력으로 인정받을 수 있고, 과거의 경험을 통해 이전에 가지고 있던 생각이 어떠한 태도 또는 삶에 변화를 이끌어냈으며, 입사 후 해당 직무에서 어떤 역할을 하겠다고 작성하는 것이 숫자 스펙보다 더 좋다는 것을 받아들여야 한다.

다음은 경쟁기업에 비슷한 서류를 제출해서 불합격한 사례다. 지원 동기 항목을 보고 각자 판단해보자.

표 2-2 | 경쟁기업에 제출한 지원 동기 사례

지원 동기 1	지원 동기 2
BGF리테일은 유통업계, 특히 편의점 업계에서 당당히 1위를 고수하고 있습니다. 이는 단지 좋은 상품, 좋은 기획만으로 이루어지는 것이 아니라, 하나의 CU 점포와 다수의 고객분들과의 믿음으로 이루어지는 것이라고 생각합니다. 제가 알고 있는 고객과의 약속, 그리고 믿음을 통해 BGF리테일의 발전에 도움이 되고자 지원하게 되었습니다.	GS리테일은 유통업계, 특히 편의점 업계에서 당당히 1위를 고수하고 있습니다. 이는 단지 좋은 상품, 좋은 기획만으로 이루어지는 것이 아니라, 하나의 GS25 점포와 다수의 고객분들과의 믿음으로 이루어지는 것이라고 생각합니다. 제가 알고 있는 고객과의 약속, 그리고 믿음을 통해 GS리테일의 발전에 도움이 되고자 지원하게 되었습니다.

⇒ 기업 이름만 바꿔도 글이 읽힌다. 당연히 좋은 결과를 받을 수 없다!

유통업계 지원 시 경쟁기업인 두 회사 모두에 지원서를 제출하는 경우가 많다. 일반적으로 취업 준비생들이 많이 하는 실수가 "비슷한 업종끼리는 같이 쓴다"라는 생각으로 시간을 절약하기 위해 경쟁기업에 동시에 서류를 제출한다. 실제로 경쟁기업의 해당 업무담당자들끼리는 서로 친하기도 하고, 업무에 대한 모니터링도 한다. 물론 경쟁도 한다. 따라서 "지원서를 여기만 냈겠어? 상대 기업에도 냈겠지"라는 생각이 들면 경쟁기업에도 제출할 법만 자기소개서가 눈에 거슬린다. "이 사람은 우리가 합격시켜도 다른 데서 오라고 하면 갈 수도 있겠네"라고 판단하는 것이다.

입사 지원서를 작성할 때는 여기저기 다 통하는 범용서류를 작성하지 말고 시간이 들더라도 해당 기업에만 통하는 맞춤형 내용을 담아야 한다. 해당 기업에서 자주 사용하는 목표나 단어, 용어 등을 파악한 후 직무에 대한 관심을 중심으로 서류를 작성할 필요가 있다. 각 기업의 스타일에 적합할 때 인사담당자도 "이만한 노력을 기울인 지원자라면 믿어도 좋겠군" 하지 않겠는가.

여기까지 읽으면서 문뜩 "시간이 부족한데 그걸 언제 다 쓰나?" 하는 의문이 생긴다면 아직 취업할 때가 안 된 것이다. 앞으로 나 자신과 10~30년을 함께하고 의지할, 자신의 미래를 함께할 직장을 선택하는 일인데 이 정도 노력과 시간을 투자하지 못하겠다면 분명 스스로에게 문제가 있는 것이다.

자기소개서는 서류합격자를 선별하는 과정에서 큰 역할을 하며, 면접 전형에서도 면접관이 지원자를 대면하기 전에 정보를 습득하는 유일한 수단이기 때문에 매우 중요하다. 면접관 앞에서 좀 더 편안

표 2-3 | 1기업 1자소서 체크리스트

체크리스트
• 기업에서 제시하는 비전(중장기 목표)을 보고 용어를 선정하라. • 잘 읽히게 글을 써야 한다. • 경쟁기업에서 쓰는 용어나 표어는 중복해서 사용하지 않는다. • 회사 이름과 직책 또는 직무 이름이 회사마다 다르다는 점을 기억하라. • 인사담당자가 네이버에서 뉴스 읽듯 나의 자기소개서를 선택해서 읽는다면 성공한 것이다. • 무엇을 했다고 나열하는 것이 아닌, 어떻게 해왔는지를 적어라. • 형용사, 부사 등 글을 읽을 때 본질 파악을 방해하는 요소를 최대한 줄여라. • 구어체를 다시 한 번 찾고 고쳐라.

한 마음으로 대답하기 위해서는 '1기업 1자소서'의 원칙을 지키는 게 좋다.

인적성 검사, 검사의 의미를 기억하라

공채 시즌 A매치의 분수령인 대기업 인적성 검사. 차근차근 책을 보면서 준비하는 사람도 있지만 인적성 검사 학원까지 다니면서, 이른바 족집게 강의까지 듣는 취업 준비생들도 있다. 시험도 아닌 인적성 검사에서 만점을 받는다고 합격 통지를 받을까?

인적성 검사는 상장기업의 경우 42퍼센트 이상, 대기업의 경우 80퍼센트 이상이 실시하고 있을 정도로 취업 준비생들에게는 필수 관문이다. 아마 취업 준비생들이 원하고 꿈꾸는 직장이라면 빠짐없이 인적성 검사를 실시한다고 해도 틀리지 않을 것이다. 인적성 검사의 취지는 신입사원들의 조기 퇴사를 방지하고, 다른 사람들과 조화되어 잘 일할 수 있는 인재를 선발하는 데 있다. 과학적 선발방법 중 하나인 인적성 검사를 통해 문제가 있을 법한 사람을 사전에 탈락시키는 게 원래 의도인 것이다.

그런데 최근 판교에 입주한 IT벤처기업 인사담당자들의 이야기를 들어보면, "인적성 검사를 실시하지 않으니 지원자들이 회사를 우습게 보는 듯해서 사실 별 이유 없이 인적성 검사를 실시하고 있다"라고 한다. 원래 의도와는 거리가 있어 보인다.

인적성 검사는 지원자의 직무능력과 성격을 평가하는 것으로, 검사의 특성상 결과값에 타당성만 있으면 되는 것이다. 더욱이 시험이 아니기 때문에 점수를 알려주지도 않는다. 취업 준비생들에게는 이런 점이 불만이다. 기업들이 왜 떨어졌는지 결과를 알려주지도 않고 결론적으로 불합격 통보만 하기 때문에 여기저기서 불만이 표출되기도 한다.

실제 인적성 검사의 경우 고득점자라고 해서 무조건 합격시키지도 않으며, 인재상에 관련된 질문 하나만 다른 답을 체크해도 점수와 상관없이 불합격시키는 사례도 많다. 일부 기업에서는 서류 합격을 많이 시켜서 좋은 인상을 준 뒤 인적성 검사를 통해 지원자의 대부분을 탈락시키기도 한다. 즉 소수의 지원자만 면접 전형에 부르는 것인데, 이 경우 어떻게 합격을 하는지 정확하게 답을 찾기란 쉽지 않다. 그렇다면 기업의 인재상과 인적성 검사의 상관관계를 살펴보자.

글로벌 경쟁 시대, 기업들의 인재상은 무엇인가?

시대 트렌드의 변화가 매우 빨라지는 환경 속에서 시장을 리드하는 국내 기업들이 늘고 있다. 이에 기업들도 전문지식과 프로정신 그리고 창의성과 도전정신을 바탕으로 다른 직원이나 협력사와 조화롭게 일을 수행할 수 있는 능력을 가진 글로벌 인재를 선발하는 데 총력을 기울이고 있다.

국내 주요 기업의 글로벌 인재상을 보면 개인 역량, 글로벌 역량, 조직 역량, 태도 및 가치관으로 구분하였을 때 전문적인 지식과 소통 그리고 다른 사람과 공감하는 능력을 가진 창의력 있는 인재를 선발한다는 것을 알 수 있다. 이런 인재상을 바탕으로 기업들은 취업 준비생

그림 2-1 | **글로벌 시대 인재상**

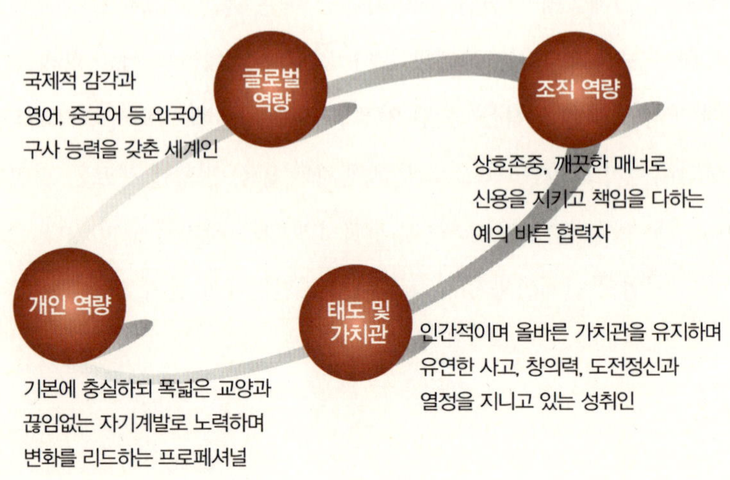
국제적 감각과
영어, 중국어 등 외국어
구사 능력을 갖춘 세계인
글로벌
역량
조직 역량
상호존중, 깨끗한 매너로
신용을 지키고 책임을 다하는
예의 바른 협력자
개인 역량
태도 및
가치관
인간적이며 올바른 가치관을 유지하며
유연한 사고, 창의력, 도전정신과
열정을 지니고 있는 성취인
기본에 충실하되 폭넓은 교양과
끊임없는 자기계발로 노력하며
변화를 리드하는 프로페셔널

※출처: 전국경제인연합회 자료

표 2-4 | 국내 주요 기업의 글로벌 인재상

	개인 역량	글로벌 역량	조직 역량	태도 및 가치관	기타
삼성	전문지식, 끊임없는 학습, 폭넓은 교양	국제 감각, 능력	협력, 에티켓	유연한 사고, 창의력, 도덕성, 자기 표현 능력 등	시장경제에 긍정적인 시각
LG	기본에 충실	넓은 시야, 외국어 실력	협조, 양보	창의력, 개성, 올바른 가치관 등	-
SK	경영지식, 기획력, 과학적 지식	국제 감각	사교성	적극성, 진취성, 도전정신 등	가정중시 및 건강관리
현대차	학습하는 전문인	국제 감각	더불어 사는 사회 구성원	창의력, 인간미, 유연한사고 등	정직, 근면
포스코	프로정신, IT 능력	국제 감각, 외국어 실력	신용	창의력	-
롯데	자기계발	국제화 능력	협력과 양보	패기, 투지, 도전정신, 인내 등	-

들의 능력과 성향이 해당 기업에 적합한지를 알아보기 위해 인적성 검사를 실시하는 것이다. 그리고 특정 유형의 인성이 있거나 일정 점수 이하의 적성 검사 결과자에 대해서는 불합격시키는 방법으로 채용 단계에 반영하고 있다.

삼성직무능력검사 SSAT, 한 번에 8만 명 가까이 응시한다는 SSAT 시험에 대한 오해는 바로 "수능처럼 풀면 된다"이다. 직무능력을 검사하는 것인데 수능처럼 공부하고 풀어야 한다니, 이는 분명 잘못된 생각이다. 만약 SSAT 모의 족집게반에 들어가서 열심히 공부한다고 가정했을 때 강사가 이 시험을 보면 붙을 수 있을까? 그건 아무도 모른다. 그렇기 때문에 수능처럼 공부하기보다 전공 상식과 시사 상식 위주로 문제풀이 유형에 익숙해지도록 준비하면 되는 것이다. 한때 모의 SSAT에서 우수한 성적을 거두고 업체 장학금까지 받았던 사람이 실제 SSAT에서 떨어졌다는 사례를 접한 적이 있다. 이 웃지 못할 이야기만으로도 수능처럼 인적성 검사를 공부할 필요가 없다는 것을 확인할 수 있다.

어느 한 대기업이 작년도 신입사원들 중 인적성 검사에서 상위 5퍼센트의 등급을 받은 직원들을 서울 시내 한 호텔에 모았다. 그렇다면 왜 이 사람들을 모았을까. 바로 예비 신입사원들이 치르게 될 검사지를 이들에게 먼저 풀어보게 해서 어떤 결과가 나오는지 알아보기 위함이었다. 다시 말해 이 검사 결과를 가지고 상위등급의 1년 전 입사자들과 비슷한 능력과 성향을 가진 신입사원을 선발하기 위한 자료를 만들기 위해 이들을 불러 모은 것이다.

표 2-5 | 인적성 검사 주요 항목

	주요 항목
인성 검사	인성 테스트 • 가치관, 인성, 태도, 자세, 성격, 대인관계, 조직적응력 등 • 기업별 자체 개발한 검사방식 도입
적성 검사	직무능력, 자질, 적성 테스트 • 판단 능력, 창조 능력, 수리 능력, 응용 능력, 지각인지 능력, 문제해결 능력 등 • 기업별 자체 개발한 검사방식 도입

인적성 검사, 두 가지만 알고 준비하자!

시험 전 직무능력 검사 관련 유형에 익숙해져라

기업별로 직접 개발하거나 외부에서 용역을 통해 직무능력 검사를 실시하므로 유형이 다를 수밖에 없다. 대기업을 기준으로 두 기업의 문제지를 풀어보면 대부분의 유형에 익숙해질 수 있으며, 더 풀어보는 것은 의미가 없다. 유형에 익숙해져서 문제풀이 시간을 줄이는 데 중점을 두고 준비해야 한다.

인성 검사 시 일관성을 유지하라

답변의 일관성이 없으면 신뢰도가 낮아져서 탈락할 수 있다. 1번, 9번, 21번 문제를 유사하게 출제하여 신뢰도를 묻거나, 앞의 문제를 못 풀면 뒤의 문제를 찍을 수밖에 없도록 출제하여 신뢰도를 측정하는 방법을 많이 사용한다. 특히 허위답변으로 판단되는 연관 질문에서 자신에게 유리한 방향으로만 답을 선택한다면 탈락하기 십상이다.

표 2-6 | 인적성 검사 유형 소개

추론 능력 평가

- 귀납 추론 능력: 주어진 자료를 바탕으로 적용 규칙을 귀납적으로 추론하여 주어진 상황에 적용할 수 있는 능력을 측정함
- 도식 추론 능력: 주어진 규칙을 이해하고, 이를 적용하여 제시된 상황이 어떻게 변화되는지를 추론하는 능력을 측정함

직무 지식 평가

- 공통 지식 검사: 신입사원으로서 기본적으로 갖추어야 할 직무 관련 지식 수준을 측정함
- 전공 지식 검사: 신입사원으로서 직무 수행과 관련된 해당 전공 영역의 지식 수준을 갖추고 있는 정도를 측정함

언어 능력 평가

- 언어 이해력: 다양한 종류의 문장이나 논쟁들의 논리를 평가하는 능력을 측정함
- 언어 논리력: 주어진 논리적 가정으로부터 체계적으로 문제에 접근해 나가는 논리적 분석 능력을 측정함

수리 능력 평가

- 수리 자료 해석력: 수치 자료로부터 정확한 의사결정이나 추론을 이끌어내는 능력을 측정함
- 응용 수리력: 기본 수학 지식을 실제 비즈니스 상황과 관련된 문제에 응용하여 해결하는 능력을 측정함

공간 지각 능력 평가

- 입체적 사고 능력: 공간에 대한 이해를 바탕으로 도형이나 모양의 보이는 공간뿐만 아니라 보이지 않는 부분까지 심상 추론을 통해 문제를 해결하는 능력을 측정함
- 공간 활용 능력: 심적 추론을 통해 공간을 활용하는 능력을 측정함

행동 평가 검사

- 기업의 인재상과 관련된 성격적 특성을 파악하여 지원자의 인재상 부합도, 직무 적합도 등을 평가함
- 예시: 나는 새로운 일을 추진하는 것을 즐긴다.

정서 평가 검사

- 반사회성, 불안, 우울, 정서불안, 허위반응 등 조직 부적응 요인을 측정함
- 예시: 나는 누군가를 죽이고 싶을 만큼 증오한 경험이 있다.

취업 성공을 위한 핵심 포인트

1. 채용 정보가 있는 곳이라면 어디든 찾아가라.
2. 뻔한 대답은 금물, 자신의 경험으로 면접관을 사로잡아라.
3. 관련 업종에서 일하는 선배와 지인을 적극 활용하라.
4. 인사담당자의 책상으로 직행할 수 있는 자기소개서를 작성하라.
5. 자기소개서의 오타나 중복 단어는 불합격의 지름길, 중간에서 걸러지지 않도록 주의하라.
6. 판에 박힌 자기소개서로는 취업의 빗장을 열 수 없다. 자신이 지원하는 업무와 관련 있는 자격증과 경력을 최대한 부각시켜라.
7. 아르바이트도 경력이다. 감추지 마라.
8. 인사담당자의 호감을 부추기는 키워드를 사용하라.

⑨ 개성만점 스토리로 호기심을 자극하라.

⑩ 검사는 어디까지나 검사일 뿐, 인적성 검사를 두려워하지 마라.

⑪ 저질 스펙을 무마할 수 있는 나만의 전략을 세워라.

⑫ '1기업 1자소서'의 원칙을 지켜라.

3장

벼랑 끝에서도 선택받는 사람은 있다

면접 대비 119

구직자들이 겪은 재미있는 리얼 면접 스토리

"무슨 이런 면접이 다 있어?"라는 생각이 들 정도로 정말 특이한 면접이 있다. 지난 몇 년간 실제로 구직자들을 컨설팅하면서 경험한 특이한 면접 사례를 소개한다. 어떻게 진행될지도 모르는 면접을 예상해보면서 면접 합격의 포인트가 어디에 있는지 한번 찾아보자. 절대 스펙 좋고 대답 잘한다고 합격하는 것은 아니라는 점도 명심하자.

유통서비스, 1차 면접이 커피 주문?

2010년 1월, 지금은 대기업 중장비 영업관리직에 수시 채용으로 합격한 한 구직자는 특이한 면접을 경험했다고 한다. 이른바 카페 면접. 그는 대기업 공채에서 '광탈[입사 지원서를 넣는 곳마다 빛(光)의 속도로 탈락한다는 의미]'을 겪은 후 유통 영업관리직을 선발하는 몇 안 되는 대기업의 계열사에도 무작정 원서를 넣었다. 그러고는 이번이 마지막이라는 생각으로 최선을 다해 면접을 준비하였다. 마침내 유통서비스 관련 기업 중 한 곳에서 면접을 보러오라는 통지가 왔고, 그는 함께 합격한 친구와 더불어 면접을 준비하게 되었다.

함께 면접 보는 친구의 면접 시간은 아침 9시 15분, 그는 친구보다 30분 늦은 9시 45분이었다. 면접 장소는 서울 강남구에 위치한 프랜차이즈 카페였다. 카페로 오라는 말에 두 사람은 큰 부담 없이 면접장으로 향하였다. 먼저 친구가 카페 안으로 들어가 젊은 남자와 악수를 하고 자리에 앉아 커피를 주문하였다. 두 사람은 커피를 마시며 평범하게 대화를 나누는 듯하였다. 그 모습이 창밖에서도 보였다. 10분도 채 지나지 않아 친구가 면접을 끝내고 나왔다. 그는 친구와 함께 자기 차례가 오기를 기다렸다.

9시 40분, 그가 카페 안으로 들어가자 "정혁 씨 맞으신가요?"라는 소리가 들렸다. 그는 먼저 깍듯이 인사를 하고, 취업 코칭 때 받은 조언대로 '처음부터 끝까지 태도!'라는 마음으로 면접을 시작하였다. 주문은 물론이고 자리에 앉으라고 할 때까지 그는 기다렸다. 편안한 대화를 유도하는 젊은 면접관의 회유에도 그는 '지금 난 면접을 보고 있는 중이다'라는 생각을 놓치지 않았다. 10분쯤 지났을까, 갑자기 2층으로 올라가라는 안내를 받았다. "어, 친구는 분명 그냥 밖으로 나왔는데 왜 나는 2층으로 올라가라는 걸까?"

2층에 올라가자 전형적인 면접장 분위기가 느껴졌다. 면접 대형으로 세팅된 의자에 5명의 신사가 앉아 있었다. 그리고 가운데에 다소 불편해 보이는 의자가 하나 놓여 있었다. 그가 그 자리에 앉자마자 갑자기 질문이 쏟아졌다. "자기소개 해보세요." "지원 동기가 무엇입니까?" "다른 회사에도 지원하셨습니까?"

이 면접에서 중요한 포인트는 1층에서 만났던 젊은 면접관이다. 나이 차이가 적은 면접관이 편하게 하라면서 면접자의 긴장을 풀어주고, 대화하듯 진행하면서 평소의 대인 친밀도가 높은지를 판단한 것이다. 유통서비스업이기 때문에 기본적으로 서비스 마인드가 필요한데, 이것은 이론으로 무장해서 될 일이 아니다. 애초에 성격이 좋고 친절한, 즉 태도가 좋은 사람을 골라야 하는 것이다. 대부분의 면접에서는 면접자 스스로 예의바르게 행동하고 실수를 안 하려고 조심하기 때문에 진짜 성격을 파악하기가 어렵다. 깍듯하고 예의바른 말투와 자세, 이것이 가장 중요한 합격 포인트였다.

법무법인 비서직, 1차 면접이 취소되었다고요?

2011년, 국내 TOP 5에 드는 법무법인의 비서직 1차 면접에 지원한 한 여성 구직자 이야기다. 그녀는 아무래도 여성 지원자가 대부분이고, 업무 특성상 외부에 사무실이 있으니 가급적 면접 전에 머리 손질과 메이크업을 받으라는 스타일링 조언을 받았다. 더불어 법무법인의 특성상 직원이 법무담당과 스태프로 구분되어 있으므로 무엇보다 태도가 중요하며, 지원자의 스펙은 비슷비슷할 거라는 조언도 들었다.

면접 당일, 그녀는 성의껏 미용실에 들러 스타일을 만들고 면접장으로 향하였다. 그런데 면접장 입구에서 "면접 오셨죠? 오늘 법무장님이 급한 용무가 있으셔서 면접을 연기하셨어요. 이곳에 이름과 전화번호를 적고 돌아가세요"라고 하는 것이 아닌가. 그 순간 화도 나고 얼굴도 빨개질 법한데 그녀는 침착하게 대응하였다. 그리고 웃으면서 "친절하게 안내해주셔서 고맙습니다"라는 말도 잊지 않았다(그 이유는 합격하면 자신의 선배가 되는 사람이니까). 그렇게 건물 밖으로 완전히 나올 때까지 이미지 관리를 하다가 지하철역 앞에서 소리를 확 질렀다고 한다. 준비하느라 애쓴 게 억울해서. 그날 저녁, '1차 면접 합격'이라는 문자 메시지와 함께 다음 날 최종 면접에 참가하라는 전화 안내가 왔다.

법무법인 비서직의 경우 고객사를 만날 일도 많고, 또 내부에서도 자격 여부에 따라 직위가 달라지는 회사 구조상 어떤 일이든 수용하는 태도를 가진 사람이 필요할 것이다. 그 법무법인은 1차 면접에서 스펙과 외모(면접 옷차림 등)만으로 판단하지 않고, 짜증이 날 수 있는 환경을 설정해서 아주 간단하게 불필요한 사람을 불합격시킨 것이다. 접수담당자가 합격을 좌지우지할 수 있다. 면접장에서의 태도와 얼굴표정도 평가될 수 있다는 점을 기억해야 한다.

대기업 공채, 최종 면접 현장에서 1시간 연기?

2011년, 기계업종의 라이벌인 대기업 두 곳의 최종 면접이 같은 날이었던 적이 있었다. 대신 면접 시간은 서로 달랐다. 면접 당일, 시간만 잘 맞추면 '두 탕'도 가능했기에 중복 합격자들은 "제발 제 시간에 끝나라" 하는 마음으로 면접장에서 대기하고 있었다. 그때 갑자기 등장한 CEO의 말 한마디로 면접 대기장은 술렁이기 시작했다. "점심 약속 관계로 면접을 1시간 연기합니다." 이곳 면접이 끝나자마자 다른 면접 장소로 가려고 대기하던 사람들은 면접 진행요원에게 이 상황에 대해 물어보거나 항의하고, 급기야 몇몇은 아예 면접장을 나가 버렸다.

취업 코칭을 받은 면접자 역시 이들 중 한 명이었는데, "여기서 기다려야 할지, 경쟁기업의 면접에 가야 할지 모르겠어요"라며 전화로 다급한 마음을 전해왔다. 결론은 "몇 명 나갔으니 경쟁자가 줄었지 않느냐? 그냥 기다렸다가 면접을 봐라. 경쟁기업의 면접에 대해서는 그곳 면접이 끝날 때까지 신경 쓰지 마라"였다. 결국 그는 아쉽지만 한 회사의 면접에만 참가할 수 있었다.

당시 상황은 다른 경쟁기업의 면접 시간을 알고 있던 기업이 입사할 마음이 확실한 면접자를 가리기 위해 벌인 쇼(?)였다. 경쟁기업보다 면접 시간이 2시간 빨랐던 기업이 갑자기 1시간을 연기함으로써 "이중에서 진짜 우리 회사로 올 사람은 누구일까?"라고 실험한 것이다. 실제로 면접 대기장에서 불량한 태도를 보이거나 따져 물은 면접자, 심지어 그냥 가버린 면접자는 자동으로 탈락하였고, 이 회사밖에 없다는 마음으로 조용히 대기한 면접자들만 평가 대상이 되었다. 사실, 최종 면접까지 올라온 면접자의 스펙은 거기서 거기다. 최종 면접에서 떨어진 것은 분명 면접자 자신에게 문제가 있는 것이다. 그런 경험이 있다면 반드시 무엇이 문제였는지 찾아보기 바란다.

엔지니어링 상장기업, 왕을 깼는데 또 왕이 나와?

1차와 2차 면접으로 직원을 선발하는, 다소 평범한 회사였다. 여대 졸업 후 이곳을 지원한 P는 1차 면접을 통과해 2차 면접까지 가게 되었다. 2차 면접은 예고된 대로 사장 면접이었다. 그녀는 다른 여자 지원자들보다 '목소리는 크게, 태도는 당당하게' 하라는 조언을 그대로 따랐다. 면접이 끝나자 바로 합격자 발표가 이어졌고, 인사팀에서 합격자들을 따로 불렀다. 합격자 명단에 이름을 올린 그녀는 "고용계약서를 쓰지 않을까" 하는 기대감으로 인사담당자 앞에 섰다. 그는 A4 한 장을 주면서, "여기에 있는 주제를 골라서 PPT(파워포인트) 파일 형태의 보고기획서를 만들어 이틀 후 제출하세요. 사장님께서 이것을 검토하신 후 최종 합격자를 통보하겠습니다" 하는 것이 아닌가.

아직 다른 회사의 면접 일정이 남아 있는 데다 대기업 서류 마감일도 코앞이라 그녀는 이런 상황이 당황스러울 수밖에 없었다. 취업 코칭담당자는 "다른 회사보다 이 엔지니어링 회사의 입사일이 가장 빠르니, 이제 시작하는 다른 회사는 접고 2차 면접에 붙은 이 회사에 집중하라. 딴마음 품지 말고 일단 PPT를 잘 만들어 제출하라"라고 조언하였다.

이에 그녀는 이틀 동안 자신이 알고 있는 모든 기술을 동원하고 회사의 제품과 연관성을 잘 살펴서 보고기획서를 만들었다. 그리고 그것을 인사담당자에게 이메일로 제출하였다. 최종 합격 후 인사담당자와의 식사 자리를 통해 기업이 왜 이런 면접을 실시했는지, 그제야 까닭을 알았다고 한다.

일반적으로 대기업에 비해 중견기업에 들어가기가 훨씬 쉬울 거라고 오판하는 취업 준비생이 많다. 한마디로 대기업보다는 아무래도 대충 뽑지 않을까 하는 것이다. 하루를 일하든 한 달을 일하든 어쨌든 직원을 뽑은 회사에서는 인건비가 들 테고, 그 직원이 중간에 그만두면 AOP(연간계획)에 문제가 발생하여 난처해질 수 있다. 그래서 최근에는 오히려 중견기업에서 사람을 더 재보고 채용하는 추세다. "대기업 지원하다가 안 되면 작은 회사라도 가야지" 하는 생각은 이제라도 버려라.

제약회사, 최종 발표 주제를 현장에서 바꾸다니

해병대 전역, 지방대 졸업이라는 타이틀을 가진 J. 그는 창틀공사 영업관리 경험도 있던 터라 제약회사 영업관리직에 관심을 갖고 취업을 준비하였다. 그러던 중 규모가 큰 제약회사의 최종 면접까지 가게 되었다. 이미 1차와 2차에서 압박 면접을 당했기에 상당히 홀가분한 마음이었고, 더욱이 최종 3차 면접의 주제가 미리 주어져 1주일가량 연습할 시간도 있었다. 회장 앞에서 3분 이내로 발표하는 게 부담스럽긴 했지만, 무조건 외우면 되겠지라는 마음으로 최종 면접에 임했다. 그런데 면접장에 들어선 순간 생각지도 못한 날벼락이 떨어졌다. "다들 잘 외워왔어요? 김 과장, 주제 다시 나누어주게." 회장의 말에 정신이 혼미해졌지만 물러설 곳은 없었다. 준비 시간도 없이 무작위로 한 명씩 발표가 시작되었다. J는 당황해서 무슨 말을 하고 나왔는지 기억도 안 나지만, 그래도 목소리만은 자신이 1등이었다고 말했다.

면접자들이 갑자기 바뀐 주제에 어떻게 대처하는지, 즉 평소 어느 정도 순발력이 있는지 알아보기 위해 일부러 주제를 바꾼 경우다. 이때 면접관은 발표 내용보다는 끝까지 하려는 의지와 태도를 주로 평가한다. 면접 질문에 대해서 단답형으로 대답하거나 잘 몰라서 쉽게 포기한다는 인상을 주는 순간 불합격이다. 면접도 시험이다. 시험문제를 잘 풀기 위해 끝까지 노력하는 모습을 보여주는 것이 신입사원다운 모습임을 기억하기 바란다.

외국계 보험회사, 면접 당일 아침 문자 "오늘 면접 일정 변동 있습니다"

한 외국계 보험회사의 면접 사례다. 면접 당일, 전날까지 긴장을 놓지 않고 철저하게 준비한 내용들을 되새기며, 마지막으로 다른 보험회사에서 했던 인턴 경험도 다시 한 번 머릿속으로 정리한 H. 면접 시간은 오전 9시였지만, 8시 30분까지 입실하겠다는 마음으로 서둘러

집을 나섰다. 그런데 지하철에 타자마자 휴대전화로 문자가 왔다. "오늘 면접 일정 변동 있습니다. 연락바랍니다." 전화를 걸자, 건물 승강기 문제로 면접을 1시간 늦췄으니 천천히 오라는 답변이 돌아왔다.

면접자는 이 상황에 대한 조언을 구하고자 취업 코칭담당자에게 전화를 걸었다. 결론은, 예정된 시간에 가는 것이 좋으니 계단을 걸어서 올라가더라도 무조건 9시 전에 가라는 것이었다. 처음 계획한 시간에 면접 장소에 도착한 면접자는 뜻밖의 상황과 마주하였다. 승강기 이상은커녕 건물 안은 출근하는 보험회사 직원들로 상당히 분주한 것이 아닌가. 면접은 원래 예정대로 진행되었다. 최종 면접이었기에 면접자가 몇 명 되지도 않았는데, 그마저도 오지 않은 사람들이 많아서 단 한 차례의 면접만 진행할 수 있었다. 9시 50분쯤, 뒤늦게 도착한 면접자들이 당황한 듯 주변을 살피고 있었다. 그 모습을 본 순간 '아차' 하는 생각이 들었다.

보험회사는 약속을 가장 중요하게 생각한다. 이날 보험회사는 영업사원이 아닌 프로젝트관리(Project Management) 팀에서 일할 일반 사원을 채용하기 위해 면접을 실시하였다. 이 회사가 이 같은 방법을 선택한 것은 면접 당일 아침에 갑자기 주어진 상황에 면접자가 어떻게 행동하고 대처하는지 알아보기 위해서였다. 평소 아침 일찍 일어나서 규칙적인 생활을 하는 사람이라면 이러한 상황에서도 흔들림이 없을 것이다. 면접 당일, 회사에 사정이 생겼다는 연락을 받더라도 반드시 면접 장소까지 가서 확인해보는 것이 좋다. 그 연락조차도 일종의 시험일지도 모른다.

금융지주사, "언니 오빠라고 생각하고 편하게 하세요"

8명씩 프로젝트로 면접을 보는 한 금융지주사의 경우, 면접 전형 때마다 반복되는 한마디가 있었다. "편하게 하세요." 그룹 안내요원으로 참가하는 직원부터 면접장에 있는 면접관까지 모두 이 말을 반복하였다. 정말 언니, 오빠라고 생각하고 편하게 면접을 보라는 의미일까?

서울의 한 명문대학 통계학과를 나온 여성 구직자는 이 면접에 참여해서 상당한 혼란을 겪었다고 한다. 면접장에 들어선 그녀가 처음 들은 말은 "편하게 하세요"였다. 처음부터 끝까지 '편하게 하라'는 이야기에 몇몇 여성 구직자들은 '해요체'를 써가며 정말로 편하게 말하였고, 시간이 좀 지나자 남성 구직자 중 일부도 합세해 편하게 앉아서 이야기하는 분위기가 조성되었다.

면접자들에게 주어진 과제는 종이에 자신을 표현할 수 있는 그림을 그려서 자기소개 시간에 발표하라는 것이었다. 잠시 뒤 한 명씩 발표에 나섰다. 첫 발표자는 "저는 고양이를 그려서 저를 표현했어요"라는 말로 시작하였다. 그 순간 그녀의 머릿속에는 "어, '표현했습니다!'라고 해야 하는 거 아닌가?"라는 생각이 들었다. 다섯 번째 차례인 그녀의 발표까지 계속 편한 분위기가 이어졌다. 그녀는 취업 코칭 조언을 받은 대로 큰 소리로 "~했습니다! ~하겠습니다! 감사합니다!"라는 말로 발표를 마쳤다. 그녀 뒤에서 발표를 기다리던 3명은 극도로 혼란한 듯 보였고, 그중 2명이 그녀처럼 발표를 하였다. 며칠 뒤 그녀는 합격 통보를 받고 최종 면접장을 찾았다. 신기하게도 그곳에는 그녀처럼 발표한 2명도 함께 있었다.

면접은 일종의 시험이다. 언제 단 한 번이라도 시험 보면서 편한 적이 있었는가? 시험 자체를 포기한 게 아니라면 편한 기분을 가질 수가 없다. 면접은 어느 정도 불편한 자리일 수밖에 없다. 사회인으로서 지켜야 할 매너란 것을 생각하지 않을 수 없는 자리이므로 편하게 하라는 악마의 속삭임에 결코 넘어가서는 안 된다. 최근에는 대부분의 구직자들이 면접 전에 준비를 철저히 하고 오기 때문에 그들 중 누구를 뽑을지 고심하게 된다. 그래서 회사는 그들의 진짜 모습을 보기 위해 '편하게 하라'는 말로 긴장을 풀어준다. 그러면서 그들의 모습을 주의 깊게 살핀다. 회사는 여러분을 면접 외적인 부분으로도 평가한다는 사실을 잊지 말기를 바란다.

외국계 회사, 영어 질문이 아닌 영어 학습법을 소개하라?

강남에 위치한 한 일본계 외국기업에서 수시 채용 형태로 직원을 선발하였다. 외국 어학연수 경험이 있는 사람을 우대한다는 공고에 지원자들이 몰려들었고, 곧이어 실무진 면접이 진행되었다. 이 자리에 참가한 면접자들은 스펙도 좋고 외국생활의 경험도 좀 있었지만, 대학을 졸업한 지 몇 년 되어 공채 합격은 물 건너갔다는 분위기가 있었다. 게다가 모든 지원자가 남성이어서 대기실 분위기가 상당히 굳어 있었다. 그들의 눈빛이나 대화에서 "여기가 마지막이다"라는 각오가 느껴졌다.

외국계이지만 일본계 회사이기 때문에 면접은 한국 기업들처럼 줄을 세우는 방식으로 진행되었다. 면접관이 영어로 무엇을 물어볼 것인지 잔뜩 긴장하고 있는데, 갑자기 "영어 잘하세요?"라는 질문이 들어왔다. 이제 준비해온 자기소개를 영어로 잘 대답해야지 하는 순간 "영어는 잘했으리라 믿고, 어떻게 공부해서 영어를 잘하게 됐어요?" 라는 질문이 다시 들어왔다. 영어 질문이 아닌 영어 공부를 어떻게 했냐고 물어보는데, 순간 면접자는 아무 말도 할 수가 없었다.

어학연수 경험과 높은 토익 점수는 이제 취업 준비생에게 특별한 조건이 못된다. 다들 점수를 높이기 위해 영어 공부를 해왔지, 다른 의사소통이나 업무상 편의를 위해 영어를 공부한 구직자는 거의 없을 것이다. 그래서 면접장에서 영어 잘하는 방법을 알려달라는 질문을 듣는 순간 구직자들은 허를 찔린 기분일 것이다. 이것은 어떻게 공부했는지 술술 말한다면 분명 영어도 잘할 것이고, 다른 업무를 가르쳐줘도 잘 배울 것이라는 추측까지 한 번에 가능한 평가 방식이다. 어학연수 경험에 토익 및 스피킹 점수가 높은 구직자라도 회사는 더 많은 것을 바란다. 단순히 영어 수준을 파악하는 데서 그치지 않고 실제 활용 능력까지 더 알아볼 수 있는 질문으로 면접자를 평가한다는 사실을 명심하기 바란다.

소개팅과 면접은 만나야 결론이 난다

지금 이 시간 서울 시내 한복판을 활보하고 다니는 직장인, 넥타이를 매고 명품가방을 들고 다니는 직장인이라면 모두 자기소개서를 썼었고, 면접을 보고 합격해서 일을 하고 있는 것이다. 즉 스펙이 월등하고 든든한 후원자가 있을지라도 결론적으로는 면접은 반드시 봤다는 것이다. 그 누구도 취업 앞에서 면접 전형을 피할 수는 없다. 그렇기 때문에 면접에 대한 사전 준비가 철저하고 정확하게 자신의 생각과 의지를 피력할 수 있는 사람만이 합격의 기쁨을 누리게 되어 있는 구조다.

면접을 보는 이유는 무엇인가?

대학 시절 한 번쯤 소개팅을 해본 경험이 있을 것이다. 취업도 이런 소개팅과 체제가 거의 같다. 처음에는 이름과 학교 그리고 어디 사는지 정도만 알고 소개팅을 할 것인지 말 것인지 정한다. 기업의 인사팀에서도 먼저 지원자의 이력서에 기재된 이름과 학교 그리고 어느 지역에 살고 있는지부터 확인한다. 소개팅 주선자에게 오케이 사인을 보내면 전화번호를 받고 그 사람에 대한 대강의 이야기를 듣게 되는데, 보통 좋은 이야기만 해주고 나쁜 이야기는 빙 돌려서 말해준다. 키랑 얼굴 빼고 다 괜찮다는 소리는 절대 하지 않는다.

상대방과 전화나 카톡을 하기 전에 페이스북, 카카오스토리 등에 올라온 사진 등을 열심히 찾으며 정보를 탐색하고 상대방이 써놓은 글들을 보며 어떤 사람일까 계속 판단하고 연락한다. 인사팀도 지원자의 이력을 확인한 후 사진과 자기소개서를 읽어보면서 직무를 잘 수행할 사람인지, 그만두지 않고 회사를 계속 다닐 거라는 믿음을 주는 사람인지 계속 판단하며 면접을 보자고 연락한다.

소개팅 자리에서 상대를 보자마자 몇 초 만에 판단이 서는가? 불과 몇 초도 걸리지 않을 것이다. 이것이 바로 첫인상이다. 면접에서도 면접관이 지원자의 첫인상을 보고 몇 초 안에 판단을 내린다. 첫인상이 좋지 않으면 바로 그 자리에서 끝이다. 소개팅 상대가 그다지 나쁘지 않다면 그다음 단계는 대화다. 처음에는 그냥 그랬는데 대화를 해보니 의외로 괜찮다는 느낌이 들 수도 있다. 면접 역시 질문을 몇 개 해 대답을 들어보니 괜찮다는 생각이 들어서 처음에 내렸던 결정을 뒤집

는 경우도 나온다.

면접의 진짜 의미는 단순히 사람과 사람과의 만남으로 끝나는 것이 아니라 만나서 대화를 나누는 것이다. 사람과 사람 사이의 일은 직접 대면해야 결정할 수 있기 때문에 기업에서도 면접 전형을 통해 지원자와 직접 대화를 나누고 질의응답을 하면서 함께 일할 사람을 결정한다. 인사담당자들이 공통적으로 하는 이야기 중 하나는 "자기소개서를 읽고 나서 얼굴 한 번 볼까?"라는 생각이 들면 연락을 한다는 것이다. 그렇다면 이러한 대면을 통해 그들이 알고 싶은 것은 무엇일까?

지원자의 성격과 성향 파악

모든 자기소개서에 성격의 장단점이 적혀 있기는 하지만, 글만으로는 이를 제대로 판단하기 어렵다. 그래서 면접관은 지원자의 실제 성격을 알아보기 위해 과거 행동을 중심으로 질문을 함으로써 성격에 대한 정보를 얻고, 이때 답변을 하는 모습에서 태도도 파악한다. 이렇게 성격과 태도를 보는 한편 미래지향적 질문 등에 대한 답변 내용을 들으면서 지원자의 실제 모습에 가까이 다가간다. 이때 면접관은 과거에 대한 경험과 성격적 특징이 미래에 대해 이야기하는 부분과 일치하는지 판단하여 지원자를 평가한다.

취업 열의 파악

주변 분위기에 등 떠밀려서 취업의 문을 두드리는 사람들이 많다. 고등학생 이후 제대로 된 인성교육을 받지도 못했을뿐더러 철학이나 인문학에 대한 접근조차 하지 않아 취업할 나이가 되었음에도 자신이 어리다고 생각하는, 즉 현실 인식 코드가 고장난 사람을 골라내고자 면접관은 최선을 다한다. 취업에 대한 충분한 고민과 인성을 갖춘 사람은 나이에 따른 책임감도 느낄 것이다. 그런 사람이라야 취업이라는 인생의 큰 변화를 받아들일 준비가 되어 있다는 확신을 줄 수 있다. 면접관은 지원자가 얼마나 취업을 간절하게 원하는지, 그 열의를 보고 싶어한다.

직무에 대한 관심과 전문지식에 대한 수준 파악

직무에 대한 관심은 자기소개서 글로는 파악하기 어렵다. 과거 경험 위주로 작성되기 때문에 실제 지원 직무에 대한 관심이 어느 정도인지 파악하기 위해서는 면접이 필요하다. 그래서 인사담당자는 면접 전형에서 지원자의 직무에 대한 관심을 확인하는 시간을 가진다. 이를 통해 직무에 적응하지 못하거나 불만을 품고 조기 퇴사하는 사례를 미연에 방지한다. 또 해당 직무에 대한 용어나 업무 분위기에 대해 지원자가 어느 정도 알고 있는지를 파악하기도 한다.

사회인으로서의 언어구사력과 교양 수준 파악

책을 멀리하는 것은 어제 오늘의 일이 아니다. 책을 통 읽지 않으니 면접관의 질문을 받고도 비유나 예시를 들어 설명하는 능력이 현저히 떨어진다. 단어의 선택이나 답변의 구성 방식이 "과연 이 사람이 대학을 졸업하고 직장에 다닐 만한 수준인가"라는 생각이 들 정도다. 대화를 해보면 상대방의 지식이나 교양 수준을 가늠할 수 있는데, 정작 취업 준비생들은 자신의 답변 정도가 어느 수준인지 파악하지 못하는 경우가 많다. 가볍게 신문으로 시작해서 경제 주간지, 자기계발서 등을 읽으면서 점진적으로 자신의 표현 능력이나 단어 수준 그리고 언어구사력까지 높이려는 노력이 필요하다.

사회적 성격 파악

개인마다 성격이 다르지만 사회에서 요구하는 성격은 거의 비슷하다. 우리 사회는 협동적이고 지도력이 있으며 진취적인 성격을 바란다. 즉 매사에 적극적인 성격을 요구하는데, 이것을 사회적 성격이라고 한다. 흔히들 집 안과 밖에서의 성격이 다른 경우가 많다. 친구들의 성향이나 모임의 목적에 따라 성격이 달리 나타나는 경우도 많다. 회사에서도 요구하는 사회적 성격이 있다. 그래서 면접관은 자신의 회사에 적합한 성격인지를 파악하고자 관련 질문을 만들고 면접 방식에 변화를 주는 것이다. 토론 면접이나 합숙 면접 같이 지원자들 간의 상호작용이 필요한 면접 등이 대표적인 예다.

면접에 합격하면 무엇이 좋은가?

이제 막 취업 준비를 시작했거나 면접장에 처음 가본 사람에게 "면접에 합격하면 무엇이 좋은가?"라고 물어보면 아무 대답도 못한다. 상상도 해본 적이 없다는 대답뿐이다. 일단 면접만 합격하면 험난한 고지는 다 넘은 것이라고 봐도 무방하다. 가끔 신체검사나 서류 미비 등으로 탈락하는 경우가 있으나 대부분은 면접 합격 후 출근하는 기쁨을 누린다. 그렇다면 취업에 성공한 사람들에게 "면접에 합격해서 좋은 점이 무엇인가?"라고 물어보면 다음과 같은 대답이 돌아온다.

"더 이상 자소서 안 써서 너무 좋아요."

"돈 벌어서 좋아요."

"오늘은 또 어디에 가야 하나, 고민하지 않아도 되니 좋아요."

취업의 기쁨이나 성취감, 미래에 대한 자신감 등은 실제하고는 거리가 먼 듯하다. 하지만 시간을 필요로 하는 커리어패스에 대한 고민이나 사회를 배워나가는 과정 모두 면접 합격 후 입사를 확정지어야 비로소 시작되는 다음 단계의 일이다. 면접에 합격한 이후의 마음이 궁금한가? 그렇다면 지금부터 면접에 꼭 합격할 수 있도록 준비하고 노력하자.

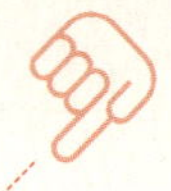

면접 준비에도 기본이 있다

면접 전형에 대한 준비는 해도 해도 끝이 없다. 한정된 시간 동안 최대한 성의 있게 준비하려면 무엇부터 해야 하는지, 하나씩 짚어보자.

예의는 기본, 옷차림을 점검하라

먼저 면접을 보기 전에 자신의 옷차림과 액세서리 등 복장을 살펴보고 점검 또 점검해야 한다. 남성이든 여성이든 면접 전에 꼭 갖춰야 할 것들이 있다.

표 3-1 | 면접용 옷차림

남성 지원자	여성 지원자
짧은 헤어스타일+스타일링	올림머리 or 뒤로 묶은 머리+검정 머리
검정 양복+회사 대표색 넥타이+흰색 셔츠+검정 양말+검정 구두+검정 벨트 +가죽가방	어두운 색의 투피스 정장+계절 블라우스 +살색 스타킹+큰 가방
시계(정장용 아날로그 손목시계)	시계+귀걸이+목걸이(여름철)
BB크림 정도만 발라주는 아침 화장	메이크업(미용실 수준)
반짝반짝 구두	무광 구두+굽
정장 코트(겨울철) 착용	색깔 있는 네일(네일아트) 금지

남성 지원자의 면접 차림

남성 지원자의 경우, 가장 실수하는 것이 바로 흰색 와이셔츠를 입지 않은 차림이다. 파란색 등의 남방셔츠를 입는 경우가 많은데, 빳빳한 흰색 셔츠는 비즈니스맨의 기본이다. 다음으로 구두와 벨트와 가방인데, 이것들은 원래 같은 계열의 색상으로 맞춰주는 것이 바람직하다. 흔히 말하는 '깔맞춤'이다.

또 검정 계열로 색을 맞춘 뒤 뉴요커 스타일이라며 백팩(Backpack)을 메는 경우가 있는데 면접을 보러 가는 사람에게는 적합

지 않다. 남자의 첫인상은 구두의 상태가 결정한다는 점도 명심하자. 삼성그룹의 창업주인 고 이병철 회장은 사람들을 볼 때 구두가 얼마나 깨끗한지 살폈다고 한다. 면접 전에 구두를 반짝반짝 윤이 나도록 닦아두자.

최근 아웃도어 룩이 유행하면서 겨울철 등산 점퍼를 입고 면접장에 가는 취업 준비생도 의외로 많다. 면접자의 기본자세가 아니다. 면접관의 눈살을 찌푸리게 만드는 복장은 좋은 결과를 기대하기 어렵다.

한 가지 Tip!

기업에서 채용공고를 낼 때, 법적으로 여성 지원자의 조건에 '용모단정' 등의 단어만 넣어도 위법이다. 하지만 남성 지원자의 경우 '키 180센티미터 이상에 연예인급 외모만 지원 가능, 루저 지원 금지'라고 노골적으로 표기해도 법적으로 아무 문제가 없다.

여성 지원자의 면접 차림

여성 지원자들이 가장 많이 하는 말이 "전 이런 헤어스타일이 좋아요. 올림머리는 별로예요"이다. 누가 어떤 헤어스타일을 좋아하는지 물어봤는가? 면접에 오는 다른 여성 경쟁자들은 전문가 수준의 메이크업을 받고 머리도 한껏 치장하고 왔는데 자신은 그냥 평소 스타일대로 간다면 결과가 어떨까? 면접에서 만난 경쟁자보다 절대 더 나아 보일 수가 없다. 또 대부분의 면접관들은 여성 지원자의 이목구비를 살펴보려고 한다. 결과적으로 머리로 얼굴을 가리고 가는 것은 좋은 방법이 아니다. 아예 단발머리로 스타일을 바꾸면 모를까. 머리를 올리거나 묶을 수 있으면 미리 준비를 해두는 것이 좋다.

여성 지원자는 결국 다른 여성 지원자와 비교했을 때 경쟁에서 뒤지지 않게 스타일을 꾸미고 간다는 마음으로 준비하는 것이 맞다. 그래서 약간의 액세서리와 귀금속 그리고 서류를 넣을 수 있는 다소 큰 가방을 가지고 가는 것이 좋다. 구두는 무광으로 선택하고 굽이 조금 있는 것을 신어서 서 있을 때의 자세가 좋아보이게 한다. 스타킹의 경우 늘씬하게 보이려고 검정색을 선호하는데, 이는 잘못된 생각이다. 면접에서 검정색 스타킹을 착용하지 않는 이유는 원래 여성 클래식 정장에는 검정색이 없어서다. 겨울철이라도 격식에 맞추는 것이 좋다는 점을 기억하자.

또 면접장에 갈 때는 손톱에 아무것도 칠하지 않는 것이 좋다. 최근 네일아트에 대한 관심이 높아지면서 손톱을 알록달록 치장하는 대학생들이 늘고 있다. 예쁘게 보이는 것은 좋으나 면접관들의 생각은 다를 수 있다. 매니큐어를 칠한 손톱을 보고 열심히 일하지 않을 거라는 선입견을 줄 수 있기 때문이다. 면접에 가기 전이라면 작은 부분까지도 신경 써야 한다.

스피치와 질의응답을 구분하라

기본적으로 면접에 앞서 '스피치(Speech: 언어 능력, 화법)'와 '면접 질의응답'을 먼저 구분해야 한다. 그런 다음 스피치에 해당하는 내용부터 준비한다. 그 과정이 끝나면 자신이 준비한 면접 콘셉트에 맞춰 질의응답 때 어떻게 일관성 있는 답변을 할 것인지 고민한다.

그렇다면 스피치를 포함하는 면접 준비는 어떻게 해야 할까?

- 스피치 스크립트(Script)를 작성한다.
- 구어체 단어를 형식에 맞게 바꾼 다음 '~같습니다', '~생각입니다', '~일 것입니다' 등의 표현을 더 강한 어조로 끝낼 수 있도록 고친다.
- MS워드 글씨크기 10포인트, 맑은 고딕체로 200글자 작성, 50초 안에 읽을 수 있도록 분량을 맞춘다.
- 주변 사람들에게 자신이 스피치하는 모습을 봐달라고 부탁해서 어색한 부분을 바로잡는다(친구들이 다 읽은 후 '오그라든다'고 표현

표 3-2 | 스피치와 면접 질의응답 구분

스피치	면접 질의응답
1분 자기소개 지원 동기 지방 근무 가능 여부 직업관 마지막으로 하고 싶은 말	자기소개서에 적은 내용에 대한 질문 과거 행동에 대한 질문 직무 관심에 대한 질문 미래지향적 질문 경험에 근거한 확인 질문 구조화된 질문

하면 잘 쓴 것이다).

- 소리 내어 읽으면서 철저하게 외운다. 면접 현장에서는 무조건 머뭇거리고 더듬거리는 등 소위 '버퍼링'이 생긴다. 눈으로 외우는 것은 말하는 연습이 되지 않아 실전에서 아무 소용없다.

비언어적인 감점을 잡아라

누구나 버릇 한두 개는 있다. 일상생활에서 흔히 접하는 사람들이 대개 가족이나 친구이기에 버릇이 특별히 문제되지 않지만, 면접 시에는 다르다. 가장 많이 나타나는 버릇이 고개가 삐뚤어져 있거나 똑바로 서 있지 못하고 흔들흔들하는 것이다. 면접 자리에서는 모든 눈과 귀가 지원자에게로 집중된다. 당연히 작은 것 하나까지도 자세하게 보인다. 이때 고개가 삐딱하거나 흔들거리며 이야기한다면 듣는 사람에게 좋은 인상을 줄 수 없다. 그리고 외국어를 하듯이 말끝마다 '어… 어… 어…'를 붙인다거나, 답변을 마친 뒤 혀를 내민다거나, 스스로 답변을 평가하는 듯한 표정을 짓는 것은 면접에서 감점을 받는 대표적인 비언어적 표현이다.

면접 전에 반드시 스피치와 비언어적인 감점 요소를 바로잡자. 그리고 질의응답에 대한 대비책도 세우자. 면접 스터디나 면접 지도를 통해 자신의 면접 스타일을 평가하고, 고칠 부분이 있다면 서둘러 바로잡자. 이 같은 피드백을 통해 실제 면접장에서 보다 좋은 모습을 보여줄 수 있을 것이다.

면접에서 좋은 점수를 얻는 스피치 기술

글을 통해 스피치와 면접 기술을 알려주는 것이 쉽지만은 않다. 그래도 면접에서 점수를 얻는 스피치 기술은 분명 존재한다. 지금부터 소개하는 몇 가지 기술을 잘 연습해 면접에서 응용해보자.

처음 영어를 배우던 시절을 떠올려라

중학교 시절 영어 교과서에는 항상 본문 다음에 '억양(Intonation)' 관련 문제가 나왔다. 그만큼 억양이 중요한 부분이었다. 영어는 억양이 있어서 말할 때 높여주거나 낮춰주어야 그 의미가 제대로 전달된다. 우리말 발표에도 당연히 이러한 억양이 존재한다. 발표하는 데 있어 정확한 발음은 기본이고, 말하고자 하는 문장이나 상황에 따라 발표자가 억양을 적절하게 조절해야 듣는 사람 귀에 내용이 쏙쏙 들어갈 수 있다. 억양이 없는 발표는 자칫 지루하기 십상이다.

일반적으로 처음 면접 연습을 할 때는 자신이 외운 것을 잊어버리기 전에 서둘러 말하려는 성향이 강하다. 자연히 억양도 살리지 못하고 마치 기계가 읽는 것처럼 무미건조하게 내뱉는다. 외워서 하는 발표는 누가 들어도 자연스럽지 못하고 의미도 잘 전달되지 않는다. 면접장에서 발표할 때는 억양에 각별히 신경을 쓰자.

스마트폰으로 촬영해서 스스로를 살펴보라

요즘에는 스마트폰이 대세다. 취업 준비생 중에도 하루 종일 스마트폰을 손에서 떼놓지 못하는 이들이 많다. 그런데 스마트폰을 잘 활용하면 스피치 기술을 향상시킬 수 있다. 동영상 촬영이나 녹음 기능을 사용해서 자신의 발표 모습을 직접 보거나 들을 수 있다. 남이 봐주는 것과 자신이 직접 보는 것은 다르다. 자신의 발표 모습이 어떤지 냉정하게 살펴보면 고칠 곳도 보일 것이다. 자신의 목소리를 녹음해서 들어본 적이 있다면 아마도 많이 낯설 것이다. "내 목소리 같지 않아요" 할지도 모른다.

스마트폰으로 자신의 발표 모습을 본다면 "이 정도밖에 못하나?" 하는 생각이 들 수도 있다. 이런 과정을 여러 번 거치면서 "내가 면접관이라면 나를 뽑겠다"라는 생각이 들 정도면 충분히 연습을 한 것이다. 어떤 면접 자리에서도 자신 있게 발표하거나 답변할 수 있을 만큼 말이다. 스마트폰 속 자신의 모습이 어떤지, 한번 들여다보자.

눈을 마주쳐라

어른의 눈을 똑바로 쳐다보면서 말하는 것은 우리 예절에 맞지 않는다. 하지만 면접 자리에서는 어른(면접관)의 눈을 똑바로 보며 확신에 찬 목소리로 답변하는 것이 합격의 정석이다. 말할 때 앞에 있는 사람을 보지 않고 다른 곳에 시선을 두면 맞은편에 앉아 있는 사람은 오해할 수 있다. 말하는 사람의 눈동자의 위치에 따라 여러 생각이 드는 것이다.

예를 들어 말할 때 눈을 위로 치켜뜨면 외운 것 같은 느낌을 주고, 반대로 눈을 내리깔면 자신 없어 보인다. 면접관의 느낌을 중립적으로 만드는 것은 어디까지나 면접자의 몫이다. 실제 면접 전형 자리에 가면 눈을 아예 못 마주치는 지원자와 잠깐은 마주치지만 금세 시선을 돌리는 지원자가 절반이 넘는다. 이 문제를 해결하는 방법은 오로지 연습밖에 없다. 친구들과도 눈을 보며 말하는 연습을 하자. 연습 시간이 길수록 면접 자리에서 실수할 확률은 적어진다.

얼굴과 입술을 스트레칭으로 풀어주라

면접에 앞서 얼굴과 입술 스트레칭은 필수다. 살짝 미소 띤 얼굴과 정확한 발음을 위해서는 근육을 풀어주는 스트레칭이 꼭 필요하다. 미소도 연습이 필요하다. 또 정확한 발음 역시 그날 컨디션에 따라 변수가 있기 때문에 평소에 연습을 해둬야 한다. 소리 내어 '아-, 이-, 우-, 에-, 오-' 하면서 얼굴 근육도 늘려보고, 마음속으로 "나는 잘한다!"라고 말하면서 자신감을 높여주자. 이렇게 매일 자기 최면을 걸어두면 면접장에서도 그것이 드러날 것이다. 미소 띤 당당한 모습으로 답변하는 자신의 모습도 발견할 수 있을 것이다.

답변 시간을 조절하라

면접관은 자신의 질문에 면접자가 어떤 식으로 답변할지 미리 생각해본다. 내용도 내용이지만 답변 길이에 대해서도 예상해본다. 면접자의 답변이 자신이 예상한 시간에 미치지 못할 경우, 또는 너무 장황하게 늘어놓을 경우에는 마이너스 점수를 주거나 실격 처리할 수도 있다. 면접관도 사람이기 때문에 자신이 던진 질문에 면접자가 당황해하면 "내가 이 질문을 잘했구나. 무슨 말을 할지 궁금하네" 하고 생각하게 된다.

이런 면접관의 심리를 제대로 알면 오히려 점수를 얻을 방법이 보인다. 즉 면접자의 답변 길이에 따라 면접관의 판단이 달라질 수 있는 것이다. 일반적으로 긍정적인 대답을 요구하는 질문에는 20~30초 정도의 답변을 하고, 야근이나 회식 또는 개인의 약점(예를 들어 공백 기간 등)을 물어보는 부정적인 질문에는 15~20초 이내로 짧게 답변하는 것이 좋다. 안 좋은 이야기를 굳이 길게 하는 건 여러 모로 마이너스다. 면접관은 긍정적인 답변에 대해서는 좀 길게 들어도 잘 들었다는 판단을 내리며, 부정적인 답변에 대해서는 상대적으로 짧게 잘 들었다는 인상을 가진다. 답변 시간만 잘 조절해도 면접관과의 심리 싸움에서 이길 수 있다.

연습, 또 연습만이 실전에서 통한다

"저는 한 번을 웃기기 위하여 100번을 연습합니다." 세계적인 희극 배우 찰리 채플린이 한 말이다. 천부적인 재능을 가졌다는 사람들의 말에 그는 자신의 웃음이 연습의 결과라고 말한다. 면접도 그렇다. 면접 잘 보는 기술을 타고났다는 취업 준비생들은 아마도 없을 것이다. 면접은 연습을 얼마만큼 하는가에 따라 그 실력 차이가 상당히 큰 기술 영역이다. 면접 연습은 혼자서는 못하지 않냐고, 누가 봐줘야 하지 않냐고 묻는다면 지금부터 알려주는 방법을 기억하자. 스스로 연습하기 위해 어떤 것들을 준비해야 할까?

스마트폰 녹화 기능 활용

스마트폰은 누구나 가지고 있는 IT기기다. 여기에 기본적으로 제공되는 애플리케이션만 있으면 언제 어디서든 실전 같은 면접 연습을 할 수가 있다. 사진을 촬영하거나 동영상을 찍을 수 있는 기능만 알면 된다. 먼저 자신이 있는 곳에서 2미터 정도 떨어진 곳에 스마트폰을 설치한다. 이때 카메라 렌즈를 면접관의 눈처럼 느낄 수 있도록 높이를 맞춰야 한다. 그런 다음 실제로 면접을 보고 있다는 마음으로 답변을 시작한다. 녹화가 끝난 뒤 재생해보면 자신의 면접 모습을 눈으로 확인할 수 있다. "과연 내가 면접관이라면 이렇게 대답하는 사람을 뽑을까?"라는 관점에서 개선점을 찾아간다면 가장 좋은 면접 연습 방법이 될 것이다.

면접 준비, 항목당 시간 배분

면접을 연습하면서 지켜야 할 규칙이 있다. 바로 정해진 시간 안에 대답하는 것이다. 너무 길거나, 질문의 취지에 맞지 않게 길거나 혹은 너무 짧게 대답하면 감점을 당할 수 있다.

자신의 대답이 표 3-3에 제시된 시간을 잘 지켰는지 확인한 다음 면접 스크립트와 예상 질문에 대한 답변을 준비한다. 실제로 면접장에 들어서면 당황해서 말이 많아지는 등 준비한 시간보다 길어질 수 있기에 연습할 때 이 점을 충분히 반영해야 한다. 조금 짧은 느낌으로

표 3-3 | 면접 항목당 시간 배분

면접 항목	시간
자기소개	50초 이내
스피치(미리 준비 가능한 질문)	40초 이내
미래지향적 질문	25~40초
부정적 상황 질문	20~30초
마지막으로 하고 싶은 말	15초 이내

연습해야 실제 면접 자리에서 적당하게 답변할 수 있다. 자신의 답변이 몇 초 이내에 끝나는지 꼭 시간을 재서 확인하자. 예상치 않은 질문에도 시간을 지켜 답변할 수 있도록 말이다.

대기 자세, 앉은 자세 연습

면접관 앞에서는 누구나 긴장한다. 더욱이 대기실에서도 누군가가 지켜보고 있다는 생각에 자세를 흩뜨릴 수 없다. 당연히 꽤 오랜 시간을 불편한 자세로 앉아 있게 된다. 긴장감이 더해질 수밖에 없다. 평소에 자주 입지 않은 정장도 불편함을 가중시킨다. 낯선 곳, 낯선 사람 앞에서 자신의 이야기를 하는 자리이기 때문에 심리적 불편함도 상당히 크다.

일상에서 이러한 경험을 해볼 기회가 없는 취업 준비생에게는 면접 시간이 불편함을 넘어 고통스러울 것이다. 그래서 실제 면접 전형에 소요되는 시간만큼 불편한 자세로 앉아 있는 연습이 필요하다.

남성 지원자의 경우, 의자를 조금 빼고 앉은 다음 가볍게 쥔 두 주먹을 허벅지 위에 살짝 올리고, 허리를 똑바로 세운 자세로 답변하는 연습이 필수적이다. 다리를 떨거나 꼬고 앉는 습관이 있다면 얼른 고치자. 무릎을 적당히 벌리고 똑바로 앉는 연습을 하는데, 보통 이 자세로 20~30분 정도는 앉아 있어야 한다.

여성 지원자의 경우, 일반적으로 서 있는 자세를 좋게 하기 위해 굽 있는 구두를 신고 면접에 참석한다. 굽이 높은 구두를 신은 채 다리를 가지런히 모아서 옆으로 두고 앉는 자세는 상당히 불편하다. 미리 연습해두지 않는다면 자세가 신경 쓰여서 답변을 제대로 못하고 나올 수도 있다. 면접용으로 준비한 구두를 미리 신고 바른 자세로 앉아 있는 연습을 반드시 하자. 아예 치마 정장까지 갖춰 입고 연습한다면 더 효과적일 것이다.

자기소개서 반복은 면접 탈락의 지름길

자기소개서에 자신의 모든 경험을 털어놓았는데, 면접에 가서 이 이야기를 다시 해도 되는지 헷갈린다는 사람들이 있다. 새로운 경험을 만들 수 없는 이상 자신의 이야기를 재구성하여 사용하면 된다. 면접관의 관심을 받을 수 있는 경험담이라면 말이다.

경험을 재구성해야 하는 이유

면접관은 사전에 면접자에 대한 정보를 어느 정도는 알고 있다. 블라인드 면접이라 하더라도 기본적인 인적 사항만 모를 뿐 자기소개서 등의 내용에 대해서는 웬만큼 숙지하고 면접관으로 참석하게 된다. 보통 기업은 여러 명의 면접관과 면접자가 한 공간에서 질의응답을 하는 '다대다 면접' 전형을 치른다. 이 경우 면접자 한 명이 대답하는 동안 다른 경쟁자들은 조용히 경청하면서 자신의 순서를 기다리고, 면접관들은 면접자의 이야기를 들으면서 다음 사람에게 질문할 내용의 순서와 유형을 선택한다. 면접관의 눈과 귀는 쉴 틈이 없다. 답변을 듣는 중에도 다른 사람의 자기소개서를 계속 훑어보고 있다.

그렇기 때문에 자기소개서에 적힌 내용을 그대로 이야기하면 면접관들에게 점수를 얻기 어렵다. 방금 스키밍(Skimming: 훑어보다가 필요한 부분을 접하면 거기에서 정보만 얻는 읽기 방법)한 내용과 겹치는 면접 답변을 들으면 어떤 면접관이 솔깃하겠는가. "어라, 좀 전에 본 이야기네" 하면서 식상해할 것이다. 그래서 같은 경험이라도 재구성하여 조금은 새로운 답변을 만들어야 한다.

주목받고 싶다면 식상한 표현부터 버려야

면접에서 자신의 경험을 재구성하여 답변하려는 노력은 결론적으로 주목을 받기 위해서다. 그저 그런 평범한 답변은 수많은 지원자들의 답변 속에 묻히기 십상이다. 당연히 면접관들의 외면을 받는다. 다음은 한 식품회사의 영업직에 합격한 신입사원의 자기소개서 중 성장 과정 부분이다.

자기소개서 중 성장 과정: 리더십, 열정 그리고 성취감

저는 농구 동아리에 대한 헌신과 열정으로 팀을 키웠습니다. 2006년, 학부 내에 없던 농구팀을 창단시키고 주장을 2년 동안 하면서 두 가지 목표를 세웠습니다. 첫째는 인원 확보였습니다. 단체 농구 관람, 술자리, MT 등을 통해 친목, 결속을 다졌으며 인원을 늘리기 위해 홍보를 하고 교내에 있는 다양한 자리에 참석했습니다. 교내에 손수 제작한 대자보를 붙이고 모임에 참석하며 홍보한 결과, 창단 당시 11명으로 시작해 2010년 현재 130명이 넘는 회원을 지닌 큰 모임이 되었습니다. 두 번째 목표는 실력 있는 팀을 만들어 인정을 받는 것이었습니다. 일대일로 코치를 해주는 멘토를 도입하고 온라인상에서 대화를 공유함으로써 창단 첫해에 교내 리그 준결승까지 진출하는 결과를 이룰 수 있었습니다. 이렇듯 저에게는 한 단체에 대한 정성과 관심뿐만 아니라, 우수한 결과를 이끌어내는 리더십과 열정이 있습니다. 영업관리는 사람들과 잘 지내는 것도 중요하지만, 그보다 더 중요한 것은 뛰어난 성과를 이루어내는 것입니다. 목표를 향한 열정과 리더십을 갖춘 저는 기업의 최전방에 있는 영업직에서 앞장서겠습니다.

다음에 보여주는 사례는 자기소개서를 작성한 후 맞이한 첫 면접 당시 이 신입사원의 자기소개 문구다.

[Before] 첫 면접 시 자기소개 문구

안녕하십니까? 리더십과 열정을 가진 인재 이○○입니다. 제가 농구 동아리를 창단하여 동아리원을 모집하고 경기를 하면서 많은 인맥을 쌓았습니다. 처음 시작하는 동호회였지만 지금은 중앙 동아리로서의 면모를 가지게 되었고, 전문적인 농구 기술을 습득함으로써 좋은 성적을 거두는 쾌거를 이룩한 경험이 있습니다. 이러한 리더십과 열정을 바탕으로 성과를 뚜렷하게 이루어낼 수 있는 영업관리 사원이 되겠습니다. 감사합니다.

어떤가? 얼핏 보기에는 자신의 경험을 잘 풀어낸 듯하지만, 자기소개서를 한 번 읽어본 사람이라면 식상하다는 느낌을 지울 수 없을 것이다. 이러한 문제점을 바탕으로 다음과 같이 수정하였다.

[After] 수정 후 면접 시 자기소개 문구

안녕하십니까? 성과를 반드시 보여주는 영업관리 전문가로 성장할 신입 지원자 이○○입니다. 저는 사람을 만나고, 사람들과의 대화에서 중심에 서기 위해 노력해왔습니다. 학창 시절, 제가 가장 즐겨했던 농구를 같이할 사람들을 만나기 위해 노력했고, 동아리를 만들고자 했던 작은 결심이 지금은 선후배가 같이 즐기고 이야기를 많이 나눌 수 있는 모임으로 성장하는 모습을 볼 수 있게 되었습니다. 아르바이트를 하면서 자연스럽게 일을 같이하는 다른 사람들과도 잘 어울리고 예의가 바르다는 평가도 받을 수 있었습니다. 앞으로 영업관리 전문가로 성장하기 위한 열정을 실력으로 보여드리겠습니다. 감사합니다.

비슷한 내용에서 출발했지만 느낌은 많이 달라졌다. 먼저 면접 시 자기소개의 초점을 영업관리직에 필요한 역량 중 하나인 대인관계 부분에 맞추었다. 그리고 업계 특성상 선배에게 도제식으로 배우는 업무 시스템을 의식하여 예의가 바르다는 이야기를 넣음으로써 성장 배경을 작성한 자기소개서에 기본을 두고 있더라도 전혀 다른 느낌을 줄 수 있도록 재구성한 것이 특징이다.

중복 소재는 한 번만, 재탕 삼탕은 불합격의 지름길

대학에 다니면서 어떤 일을 해보거나 사회를 경험한 적이 거의 없는 취업 준비생들이 많아진 반면, 기업들은 역량기반 면접을 개발하여 면접자의 과거 행적을 계속 물어봄으로써 행동 패턴을 파악하는데 온 힘을 쏟고 있다. 면접의 중점 방향이 변화하고 있는 것이다. 취업 준비생들 중에는 "처음에는 괜찮은데 어느 정도 이야기가 길어지면 답변거리가 없어요"라고 면접 시 고충을 털어놓기도 한다.

실제로 면접 현장에서는 면접관이 다른 내용의 질문을 했는데도 불구하고 학교 프로젝트나 자원봉사 같은, 그다지 매력 없는 소재를 가지고 지루하게 답변하는 모습을 종종 접한다. 이런 소재는 면접장에서는 너무도 흔해서 면접관의 관심을 얻지 못한다. 특히 남성 지원자보다 여성 지원자가 이러한 경향이 더 뚜렷하다.

여러 명의 가수가 같은 노래 하나를 계속 반복하여 부른다면 듣는 입장에서는 처음에는 색다를 수 있지만 어느 정도 반복되면 더 이상 듣지 않게 된다. 면접 자리에서도 마찬가지다. 하나의 경험에서 여러 답변을 뽑아내어 면접을 보는 것은 면접관을 전혀 배려하지 않은 태도다. "또 그 이야기, 이제 그만 듣고 싶어!" 면접관에게 잘 보이고 싶다면 남들 이야기와는 뭐가 달라도 달라야 한다. 만약 면접 자리에서 눈에 띄고 싶지 않다면 중복 소재를 사용해도 좋다. 그 대신 불합격이다.

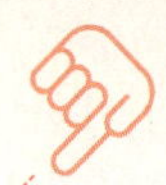

면접 유형도 가지가지 합격 요령도 제각각

기업들마다 맞춤 인재를 선발하기 위해 최선을 다하고 있다. 획일화된 면접 전형 방법을 다양하게 바꾸기도 하고, 실험적인 방법을 도입하는 등 매년 조금씩 변화를 주고 있다. 취업 준비생이라면 이미 대기업의 면접 방법에 대해서도 잘 알고 있을 것이다. 그런데 조금이라도 특이한 면접 방식이 공지된다면 당황스러울 수밖에 없다. 준비한 게 모두 허사가 될 수도 있기 때문이다. 지금부터 각 기업이 실시하는 다양한 면접 방법에 대해 알아보자. 많이 알수록 면접 합격률은 높아질 것이다.

표 3-4 | 면접의 종류

종류
프레젠테이션 면접, 일대일 면접, 다대일 면접, 토론 면접, 업무시뮬레이션 면접(영업스킬 면접), 전화응대 면접, 부정적 상황 면접, 식사 면접, 날씨 면접(일상생활 대화 면접), 영업스킬 면접, 대기실 면접, 합숙 면접, 구조화 면접

면접 방법을 소개하기에 앞서 그림을 하나 살펴보자. 다음의 그림 3-1은 세계적인 HR컨설팅 그룹인 '머서(Mercer)'가 정리한 자료로, 기업의 인사팀에서 다양한 면접 방식을 개발할 때 면접 평가에 대한 성과 측정을 얼마나 용이하게 할 수 있는가를 알려준다. 개발 난이도가 높을수록 성과 측정이 정교해지지만 시간과 비용이라는 측면을 무시할 수 없기 때문에 채용의 목적이나 직무에 따라 상이한 면접 방법이 사용되는 것이다.

프레젠테이션 면접(PT 면접)

대학에서 과제 발표나 조별 프로젝트 발표를 하면서 다른 사람들 앞에 서본 적이 있는 사람이라면 프레젠테이션 면접을 잘 볼 수 있을 것으로 짐작되는데, 취업 준비생들 중에는 의외로 발표 경험이 별로 없는 이들이 많다. 이들 중 대부분은 소극적으로 자료 조사나 정리, PPT 만들기에 열중했고 발표는 다른 사람에게 떠넘겼던 경험을 가지고 있다. 따라서 지금 누가 발표를 더 잘하고 못한다는 얘기는 별 의

그림 3-1 | 면접 평가에 대한 성과 측정

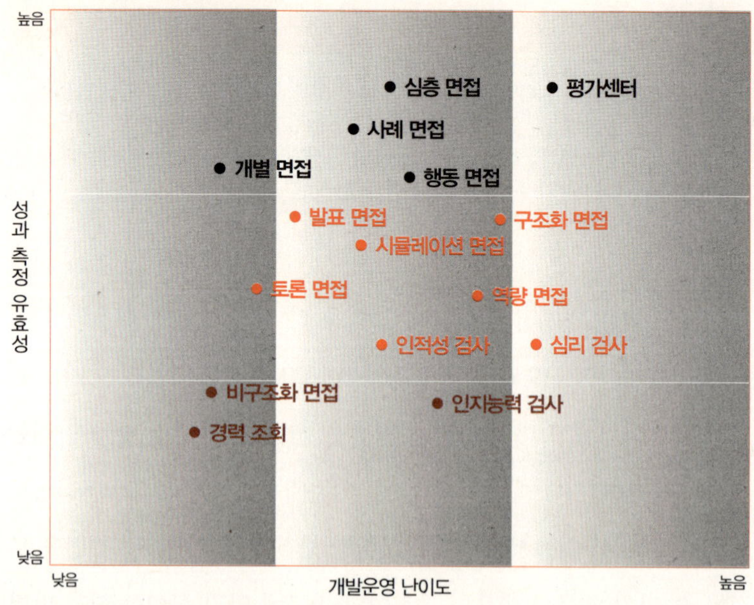

※출처: Mercer Human Resources Consulting, 2001 April
Adapted from a meta-analysis conducted by Hunter, Psychological Bulletin, Vol. 96, 1984

미가 없다. 이제라도 정신을 차리고 면접일까지 남은 기간 동안 잘 준비해야 한다. 프레젠테이션 면접을 준비하는 최선의 방법은 오로지 실전 같은 연습뿐이다.

프레젠테이션 면접은 크게 두 가지 방식으로 나뉘고, 그것은 다시 일곱 가지 유형으로 구분된다.

기업에서 프레젠테이션 면접을 실시할 경우 표 3-5처럼 일곱 가지 유형 중 하나를 선택해서 진행한다. 프레젠테이션 면접을 준비하면서 가장 중요하게 생각해야 하는 부분은 단연코 '시간'이다. 아무리 발표

표 3-5 | 프레젠테이션 면접 유형

사전에 PPT 준비, 발표 주제를 주는 경우	현장에서 발표 주제를 주는 경우
〈유형 1〉 자기소개를 포함한 파워포인트 슬라이드 3장 분량의 발표 자료를 사전에 인사담당자에게 제출하고, 면접 당일 5분 이내 발표. 〈유형 2〉 주제를 사전에 제시하고 파워포인트 제출 없이 면접 당일 10분 내로 발표 준비(스피치만 실시). 〈유형 3〉 자신이 참가했던 프로젝트나 공모전 등에서 다루었던 주제 중 직무와 가장 적합한 것을 선정하여 파워포인트 10~15장 이내로 제출하고 30분 발표 준비. 〈유형 4〉 면접자들끼리 동일 주제를 가지고 파워포인트 자료와 발표 내용을 준비해서 면접 당일 20~30분 발표 후, 다른 경쟁자들로부터 질문을 받아서 답변(토론 방식).	〈유형 5〉 면접장에서 제공받은 보도자료(지문)를 보고 지원자들은 자신의 의견을 정리한다. 그 내용을 1시간가량 종이에 적은 다음 면접관 앞에서 5분 이내 발표. 〈유형 6〉 현재 비즈니스 상황(지문)을 주고, 미래 상황의 예측에 근거한 문제해결 질문 1개와 지원자의 선택을 반영한 의견 기술 질문 1개를 제시한다. 지원자는 이것을 종이에 적어서 제출하고, 면접관 앞에서 5분 이내 발표. 〈유형 7〉 그룹별로 과제를 제시하여 3~4시간가량 토론 후 결과를 제출하게 한다. 중간에 개인 과제도 부여하는데, 시간 종료 후 개인별로 면접관 앞에서 발표 및 질의응답.

내용이 좋아도 제한 시간을 지키지 못하면 100점 만점에서 50점 이상 감점받을 수도 있다.

그다음으로 중요한 부분은 줄임말을 쓰면 안 된다는 것이다. "지금부터 PT를 시작하겠습니다"라고 말하는 순간 면접관의 눈살을 찌푸리게 만들 수 있다. 또 발표는 설득을 위한 행동이므로 듣는 사람 입장에서 말해야 한다. 즉 면접관이 알아듣기 쉬운 단어를 선택해서 스피치를 해야 한다. 집에서 자신이 1분 동안 어느 정도 말하는지 확인해보자. 발표 시간을 조절하는 연습을 반드시 해보고 시간을 잘 지켜야 한다는 점을 꼭 기억하자.

다대일·다대다 면접

우리나라와 일본은 주로 다대일(多對一) 면접을 선호한다. 보통 면접관이 2~6명 정도 들어오고 면접자는 한 명 또는 여러 명이 들어가는 방식으로 전형이 이루어진다. 면접의 평가 방식은 기업과 면접관의 성향에 따라 상이하지만 비슷한 부분도 많다. 그들의 공통점을 유심히 들여다보면 의외로 쉽게 대비할 수 있을 것이다.

다대일 면접 전형의 경우, 면접자 입장에서는 심리적으로 기댈 곳이 없어서 초반에 상당히 당황하는 모습을 보인다. 이때 면접관들은 편안한 분위기를 만들어주면서 면접 자리가 아닌 평상시 지원자의 모습을 알아보기 위한 질문을 던진다. 그러면 어떤 사람이 떨어질까? 불합격자는 만장일치 의견을 취합하여 면접관 중 누군가가 반대를 한 사람이다. 즉 다대일 면접에서는 모든 면접관이 OK 사인을 주어야 합격할 수 있다. 그래서 면접 초반 분위기가 무척이나 중요하다. 첫인상에 따라 면접 분위기를 좌지우지할 수 있기 때문이다. 목소리 크기나 자기소개를 잘 준비했을 때 좋은 첫인상을 남길 수 있다.

다대다(多對多) 면접의 경우, 다른 면접자들과 같이 들어가서 면접을 보게 된다. 당연히 비교당할 수밖에 없다. 다른 면접자들이 자신을 보면서 "오~ 대단하다, 내공이 있다, 면접 좀 다녀봤나 보다"라는 느낌이 들 정도라면 승산이 있다. 면접 평가 후, 여러 지원자 중에서 순위를 매길 가능성이 높기 때문에 상대적으로 잘 보이는 것이 포인트다.

만약 경쟁자들이 답변을 길게 늘어뜨린다면 자신은 간단명료하게 대답하고, 반대로 다른 사람들이 간단하게 대답한다면 자신은 좀 더 구체적으로 설명하는 방식으로 차별화를 둔다. 어찌됐든 경쟁자들보다 준비가 잘되어 있다는 느낌을 줄 수 있도록 노력해야 한다. 특히 "목소리 하나만은 1등으로 하고 나온다!"라는 마음가짐으로 큰 소리로 답변한다. 이는 여성 면접자들에게도 예외가 아니다. 여성 구직자들 중에는 목소리를 크게 내는 것이 어색하다고 하는 경우도 있는데, 이를 극복하고 적극적인 목소리 톤으로 면접에 대응하는 것이 다른 지원자들을 이길 수 있다는 점을 기억하자.

일대일 면접

경력직 면접 또는 사장이나 대표가 단독으로 최종 면접을 보는 경우 일대일(壹對壹) 면접을 진행하기도 한다. 이것은 다대일이나 다대다 면접처럼 줄지어 세워두는 방식이 아닌 대화 형식의 면접이 진행된다는 점에서 차이가 있다. 만약 최종 면접에서 사장과 함께 다른 면접관이 들어오더라도 사장 혼자 질문을 하거나 면접을 주관한다면 일대일 면접으로 봐야 한다.

이 면접의 특징은 단 한 사람의 판단에 의해 합격과 불합격이 판가름 난다는 것이다. 주로 구조화된 질문을 통해 판단하는 다대다 면접과 달리 일대일 면접은 면접관의 성향이나 주요 관심사에 따라 결과가 달라질 수 있다. 따라서 평소 나이 지긋한 부모님 연배의 어르신이나 선배들과 이야기를 많이 나누어본 사람이 상대적으로 유리하다. 처음에 가벼운 주제로 이야기를 시작해서 결론을 빨리 짓는 직장인들의 대화법에 관심을 갖자.

대기실 면접(면접 대기 자세 평가)

면접장 밖은 자신의 이름이 호명되기를 기다리는 지원자들로 가득하다. 여기서도 지원자를 지켜보면서 평가하는 사람이 있을까? 대답은 '예스'다. 일반적으로 면접 장소인 회사 건물에 들어가는 순간부터 다시 건물 밖으로 나올 때까지 자신을 지켜보는 수많은 눈과 귀가 있다는 사실을 명심해야 한다.

면접의 당락은 첫인상을 어떻게 주는가에 따라 결정난다. 그런데 면접 대기실에서의 자세도 중요한 평가 요소 중 하나여서 신경을 많이 써야 한다. 기업들은 실제로 서류상에는 나타나지 않는 지원자의 장애 여부나 문제점을 찾기 위해 면접 대기 장소에서 그들을 눈여겨보고 기록하는 데 많은 노력을 쏟는다. 이때 지원자의 걸음걸이, 말투, 주의력, 사전 준비 자세 등을 종합적으로 보기 위해 노력한다. 일부 대기업과 금융권에서는 대기 장소에 1~2년차 선배 직원을 투입하여 지원자의 정보를 수집하기도 한다. 힘든 점이나 다른 회사 지원 여부 등을 자연스럽게 물어봐서 솔직한 대답을 유도하는 것이다.

면접을 기다리는 중에는 스마트폰 사용을 자제하고, 다른 경쟁자들

면접 대기 자세도 점수에 반영된다. 다리를 쩍 벌리고 앉아 있거나 휴대전화로 수다를 떠는 행동은 감점 대상이다. 누가 지켜보고 있음을 명심하고 바른 자세로 자기 순서를 기다리자.

을 응시하며 미소를 짓는다. 자리를 비울 경우엔 면접 진행자에게 반드시 알리고, 자신의 이름이 불리면 가장 큰 소리로 대답할 준비를 하고 있어야 한다. 절대 한눈팔지 말고 바른 자세를 유지해야 한다.

한 가지 Tip

면접 진행자(1~2년차 선배)가 "편하게 있어라~, 편하게 해라~" 하면서 자유로운 분위기를 조성할 때 가장 조심하라!

전화응대 면접

ERP(Enterprise Resources Planning: 전사적 자원관리 또는 기업자원관리) 시스템을 도입한 기업은 업무에 있어서 자동화를 선호하며, 채용에 있어서도 컴퓨터를 이용한 관리를 실시하고 있다. 다시 말해 채용 진행도 포털사이트를 이용해서 이전에 비해 상당히 효율적으로 채용과 지원자 관리를 하고 있다. 이 경우 이메일 공지와 SMS 문자를 이용해 합격과 불합격 소식을 통보하는 방식을 가장 많이 사용한다.

그런데 서류 전형과 인적성 검사 합격 후 느닷없이 낯선 번호로 전화가 오는 경우가 있고, 회사의 인사담당자가 전화를 하는 경우도 있다. 이 경우, 무조건 해야 하는 대답 중 하나는 '감사합니다'이며, 절대 해서는 안 되는 대답은 '누구시라고요?'이다. 인사담당자가 할 일이 없어서 전화를 하겠는가. 유통이나 서비스 관련 회사들은 이런 전화를 걸어 불시에 지원자의 응대 태도를 점검해봄으로써 평소 어떤 태

도를 견지하고 있는지 평가하고 있다.

구직 기간에는 모르는 번호, 070으로 시작하는 번호도 무조건 받아라!

구직 기간에 전화번호를 공개해두면 보험회사나 다른 판매직, 학원 등 취업과 관련 없는 곳에서도 전화가 많이 걸려온다. 이 전화를 피하려다가 인사담당자의 중요한 전화를 놓친다면 얼마나 억울하겠는가. 조금만 참는다는 생각으로 모든 전화를 친절하게 받자. '감사합니다!' 이 한마디를 꼭 기억하기 바란다.

토론 면접

토론 면접은 면접자보다는 면접관의 채점을 용이하게 하기 위해 실시하는 면접 방법 중 하나다. 면접 당일의 대진운이나 특정한 주제 선정에 따라 합격자의 판도가 좌지우지되는 단점 때문에 면접자의 성향 파악이 쉽고 말하기 능력을 시험해볼 수 있는 장점에도 불구하고 최근 면접 전형에서는 점차 사라지는 추세다. 일반적으로 면접관이 찬성과 반대편을 지정해준 다음, 상대편과 자신의 주장이 다르더라도 충분히 설명하고 설득할 수 있는지를 평가한다.

토론 면접은 정답을 찾는 것이 아니라 양쪽의 의견을 가지고 타협안을 도출해내는 것이다. 감정적으로 특정 지원자를 지목하거나 상대의 주장에 반박하여 싸움을 일으키거나 규칙에 어긋나는 행동을 하지 않는다면 결정적 실수는 피한 것이다. 평소 시사 상식과 관련된 주제를 많이 다루어보고, 여럿이 모인 상황에서 주어진 역할(찬성 또는 반

대)에 따라 자신의 의견을 조리 있게 이야기하는 연습을 많이 해본다면 충분히 토론 면접에 대비할 수 있다.

업무시뮬레이션 면접(영업스킬 면접)

업무시뮬레이션 면접은 금융권을 중심으로 주로 실시된다. 면접관을 고객으로 놓고 실제 세일즈 면접을 진행하는 경우가 많다. 대졸 채용에서 고졸 채용으로 이러한 면접 방법이 확대되고 있다. 이외에도 영업 직무를 지원한 사람들을 대상으로 일부 기업에서 영업스킬 면접을 실시하고 있다. 또한 인성 면접 중 어떤 업무 상황을 주고 "이 경우 어떻게 하겠느냐?"라고 질문하는 것도 이에 해당된다.

영업스킬 면접에서 평가하고자 하는 것은 "영업을 얼마나 잘하는가"가 아니고 "낯선 환경에서 얼마만큼 상대방을 편하게 해주는가?"이다. 신입사원을 선발하는 자리니만큼 높은 수준의 영업스킬을 요구하는 것은 아니다. 기본적으로 영업이란 것이 상대방의 마음을 얻는 것이므로 다음과 같은 사항을 숙지하고 영업스킬 면접에 대비해야 한다.

- 시작하면서 바로 "제가 안내해드릴 상품은…" 하면서 본론으로 들어가면 불합격
- 손님(면접관)맞이는 인사와 미소가 기본
- 실마리 풀기(Ice breaking)! 넥타이 색깔, 안경 착용이나 날씨 등 가

벼운 주제로 대화 시작

- 대화를 하면서 오늘 이 자리에 온 목적을 물어보고 관련 상품도 간단하게 안내
- 곧장 손님(면접관)에게 사라고 하지 말고, 시간을 두고 생각해보라는 느낌으로 설명
- 현장에서 무조건 팔려고 계속 손님(면접관)을 압박하면 불합격
- 판매 상품에 관심을 갖도록 유도하는 것이 목표

부정적 상황 면접

면접관 앞에서는 항상 웃으면서 좋은 모습을 보여주고자 하는 것이 면접자들의 한결같은 마음이다. 이를 역으로 이용해서 화가 치밀어 오르거나 짜증이 날 수 있는 상황을 일부러 만들어놓고 이때 면접자가 어떻게 반응하는지 살펴보는 방식이 바로 부정적 상황 면접이다. 기업들 중에는 면접 과정에서 이 방식을 일부 도입하여 면접자를 평가하는 경우가 많다.

부정적 상황의 예로는 면접 시간을 고의로 변경하거나 대기 시간을 일부러 지연시키는 방법 그리고 면접 후 정규직이 아닌 형태로 채용될 수도 있다는 식으로 면접자의 눈높이보다 낮은 조건을 제시하는 방법 등을 사용하는 것이 일반적이다.

기업의 채용공고는 법률적 심사를 거쳐 게재하는 만큼 갑자기 채용 조건을 변경하는 일은 거의 없다. 면접의 한 방식으로 이러한 상황을

연출하는 것이니만큼 순간적으로 당황하거나 화를 내지 말고 차분하게 대응해야 한다.

식사 면접

수시 채용을 하는 대기업이나 제조업을 기반으로 상장한 중견기업을 중심으로 식사 면접이 많이 실시되고 있다. 면접 전형의 특성상 비용이 많이 발생하기에 대개는 인사팀 직원이나 실무팀장이 최종 면접자 4~5명과 함께 식사하는 선에서 면접을 진행한다.

식사 면접의 경우 특별한 평가 방식이 있는 건 아니다. 주문을 하거

나 수저를 놓고 물을 따르는 모습에서 면접자의 식사 예절이 어떤 수준인지 파악하고, 또 밥 먹고 대화하는 모습에서 "같이 일하고 싶은 사람인가, 회사와 어울릴 수 있는 사람인가?"를 판단한다. 평소 어른들과 함께 식사하는 것이 익숙지 않은 면접자에게는 상당히 당황스런 면접 방식이다. "식사 맛있게 하십시오", "감사히 먹겠습니다" 등 밥 먹기 전에 으레 하는 행동들이 바로 면접의 포인트라는 점을 기억해야 한다.

날씨 면접(일상생활 대화 면접)

면접 전형을 하루 종일 진행하거나 합숙 면접이 있을 경우, 면접자들의 심리적 상황을 이용해서 날씨 면접을 진행한다. 이것은 평소 대화를 할 때 어떤 성향인지 파악하기 위해 많이 사용하는 면접 방식이다. 보통 장시간 면접을 진행하는 경우, 대부분의 면접 참가자들은 일정표에 나와 있는 상황에서만 자신이 준비해온 이미지를 유지하려고 노력한다. 이 같은 심리를 적극 이용해서 면접자를 평가한다.

일반적으로 쉬는 시간이나 잠시 면접 일정이 바뀌는 전환 시간(Transition time)을 이용해서 가벼운 주제의 대화, 예를 들어 날씨나 기분 상태 등을 물어본다. 이때 돌아오는 대화의 반응에 대해 피드백을 남겨두는 방식으로 면접 아닌 면접을 진행하는 방식이다. 면접 장소에 들어가서 완전히 나올 때까지 "모든 게 평가받을 수 있다"라는 긴장감을 유지해야 한다.

합숙 면접

전문직이면서 고용 안정성이 높은 직업일수록 합숙 면접을 실시하는 경우가 많다. 주로 금융업계와 광고업계, 제약업계 등에서 많이 사용한다. 합숙 면접은 면접자들을 2~3일간 관찰할 수 있을뿐더러 단체생활 적응력이 얼마나 뛰어난지 평가할 수 있으므로 특히 공채 전형에서 많이 사용된다.

합숙 면접의 경우, 일정과 프로그램이 전부 사전에 기획되었기에 기업 입장에서는 면접 전형에 이용되는 방법을 모두 활용할 수 있다는 장점이 있다. 따라서 어느 하나가 뛰어나거나 말만 잘해도 합격할 수 있는 면접 전형이 아니다. 면접과는 별도로 진행되는 식사나 아침 구보, 등산, 저녁 레크리에이션 등도 결코 무시해서는 안 된다. 단체생활에서 얼마나 잘 어울리고 참여하는지 관찰하는 것도 면접 평가 요소 중 하나이기 때문에 일정표에 없는 행사도 적극적으로 참여하겠다는 의지를 갖고 있어야 한다.

더욱이 어느 한 면접을 기대 이하로 보더라도 다음 기회가 있으므로 잃은 점수를 만회할 시간이 충분하다. 만약 실수를 하거나 실력을 제대로 보여주지 못했다면 빨리 잊고 새로운 면접을 준비하는 것이 현명하다. 간혹 "합숙 면접에 갔더니 다들 물을 따르고 무슨 일이든 서로 하겠다고 난리더라. 오버액션이 난무해"라고 말하는 이들이 있다. 그들에게 묻고 싶다. "여러분이 그런 상황이라면 어떻게 할 것인가, 어떤 행동을 할 것인가?" 비록 오버액션처럼 보일지라도 합숙 면접, 즉 단체생활에서는 그렇게 행동하는 게 맞다. 과연 어떻게 하는 것이 행사 주최자들에게 부각될지 생각해보고 행동한다면 좋은 평가를 받을 수 있을 것이다.

구조화 면접

현대자동차에서 구조화 질문 면접을 도입한 이래로 대기업에서 이 방식은 이제 거의 일반화되었다고 봐도 무방하다. 불과 4~5년 전까지만 해도 "과거에 ○○○한 경험이 있습니까? 그러면 거기에서 무슨 일을 했습니까?"로 이어지는 압박 면접 형식의 행동중심 역량 면접이 대세였다. 이러한 면접은 "과거 경험이 없는 사람은 미래의 경험도 없다"라는 논리로 면접자들의 경험과 경력을 계속적으로 물어보는 방식이었다. 이 때문에 많은 구직자들이 인턴-공모전-프로젝트-자원봉사로 내몰리는 상황이 벌어졌다.

이러한 문제점을 개선하기 위해 도입된 면접 방식이 바로 구조화 면접(Structured Interview)이다. 면접 평가의 항목과 평가 방식을 미리 정한 다음에 평가 항목(평정 요소)에 따라 면접 질문의 유형과 내용을 준비하는 방법이다. 즉 모든 것이 구조화되어 있다.

2013년도 삼성전자 영업마케팅의 면접 질문

Q1 지원자는 약속이 무엇이라고 생각하십니까?

Q2 그러면 지원자는 약속을 잘 지키는 편인가요?

Q3 그러면 가장 약속을 잘 지켰던 본인의 경험을 하나 소개해보세요.

Q4 그 경험에서 얻은 경험이 영업마케팅 직무에 어떤 도움을 줄 수 있나요?

위의 상황은 일반적으로 평이한 질문을 하다가 갑자기 툭 던지듯 시작하는 구조화된 면접 형식을 보여준다. 단순히 질문만 읽어봐도 Q1에서 대답한 내용이 Q4의 답변까지 영향을 미친다는 사실을 한눈에 알 수가 있다. 여기서 우리는 첫 단추를 잘못 끼울 경우 뒤로 갈수록 불리해진다는 것을 알아야 한다. 그리고 "약속을 잘 지키지 않는다"라는, 다소 상식에서 벗어난 답변으로 주의를 끌고자 한다면 이는 잘못된 선택이다. 또한 처음 대답에서 지나치게 빈말(경청의 자세, 소통, 공감 등 누구나 할 수 있는 단어로 말하는 것)을 많이 구사했을 경우 나중에 마땅히 할 말이 없을 수도 있음을 알아야 한다. 면접관의 질문에 어떤 대답을 내놓을지 미리 생각해두자. 구조화된 질문에는 구조화된 답변이 가능하다. 이 면접 역시 충분한 연습만이 가장 좋은 준비 방법이다.

프레젠테이션 면접, 당황하면 끝이다

프레젠테이션 면접, PT 면접, 발표 면접 등 명칭은 달라도 다 같은 면접 유형이다. 취업 준비생들이 가장 어려워하는 면접 유형이기도 하다. 프레젠테이션 면접을 실시하는 경우, 합격을 위해서는 무조건 잘해야 한다. 당락을 결정짓는 중요한 면접이므로 준비에 앞서 자신의 생각을 전달하는 기술을 다시 한 번 점검해보자.

프레젠테이션을 하는 이유부터 알아라

취업 준비생에게 프레젠테이션 면접에 대해 물어보면 "발표하는 거

아닌가요?" 정도의 대답을 할 뿐 왜 기업에서 프레젠테이션 면접을 실시하는지 모르는 경우가 많다. 기업이 프레젠테이션 면접을 실시하는 이유는 지원자가 자신의 생각을 논리적으로 이야기하여 상대방을 설득할 수 있는지를 보기 위함이다. 자신의 이야기를 논리적으로 잘 전달하지 못하는 사람은 조직 내에서 협업이나 소통을 할 때 오해가 일어나기 쉽고 업무 진행이 원활하지 못할 소지가 높기 때문이다. 또한 최근 기업들의 신제품 발표회를 보면 개발자나 엔지니어가 직접 나와서 제품의 기능을 설명하는 경우가 많다. 기자나 소비자의 궁금증을 직접 해소시켜 주는 것이다.

자신의 주장을 논리적으로 설명할 수 있는 능력은 직장인에게 요구되는 필수 역량이다. 기업은 다른 사람이 알아들을 수 있도록 쉽게 설명하고 논리적·이성적·감성적으로 잘 설득하는 능력을 가진 인재를 원한다.

며칠이든 몇 시간이든 주어진 시간 안에 준비를 끝내라

일반적으로 프레젠테이션 면접을 실시하는 기업에서는 사전에 면접 주제를 알려준 다음 면접자로 하여금 PPT 파일을 만들어 제출하게 한다. 미리 알려주지 않을 경우에는 면접 당일 30분~1시간가량의 발표 준비 시간을 준다. 앞에서 기업이 업무의 전문성을 높이기 위해 부단히 노력하는 사람을 원한다고 했듯이, 기업은 정해진 시간 동안 얼마만큼 자신의 역량을 최대한 투입하여 결과물을 만들어내는지 보고 싶어한다. 만약 미리 주제를 알려주지 않는 상황에서 프레젠테이션 면접을 안내받았다면 사전에 만반의 준비를 하고 면접장으로 가야 한다. 현장에서, 그것도 주어진 시간 안에 발표 준비를 마치려면 그 방법밖에 없다.

시간 엄수가 총점의 50점, 절대 초과하지 마라

기업은 프레젠테이션 면접 전에 몇 분 동안 발표를 해야 하는지 알려준다. 일반적으로 5분 이내 발표가 가장 많다. 사전에 PPT 파일을 제출하는 경우에는 10~15분 이상을 주기도 한다. 일부 IT기업에서는 기술 면접을 더해서 30분 정도를 배정하는 경우도 있으나 대부분의 취업 준비생은 5~10분 이내에 발표하는 면접에 응시하게 된다. 시간 엄수를 위해서는 실제 발표 시간을 미리 알아야 한다. 만약 5분의 발표 시간이 주어진다면 다음과 같이 3분 30초 분량으로 준비하자.

20초 이내 자기소개 → 10초 질문 발표 →
2분 50초 발표 → 10초 마무리

이 순서대로 발표 준비를 하면 주어진 시간 안에 프레젠테이션을 마칠 수 있다. 만약 5분이라는 시간에 딱 맞춰서 준비한다면 실제 프레젠테이션에서 시간을 초과할 수 있다. 머뭇거리거나 다른 이야기를 할 수 있기 때문에 실제로는 20~30초 정도를 넘기게 된다. 프레젠테이션 면접에서 중요한 것은 시간을 지키는 것이다.

만약 10분의 발표 시간이 주어진다면 어떻게 준비할까? 그때는 5분 정도로 준비해서 연습하면 된다.

30초 이내 자기소개 → 20초 질문과 현안 발표 →
4분 발표 → 10초 마무리

먼저 30초 정도 자기소개를 한 다음 질문에 대한 발표와 함께 왜 이런 질문을 했을지에 대해 이야기하면서 문제 제기를 한다. 그리고 자신의 생각을 4분 정도 발표하고 마무리 짓는다. 10분 안에는 질의응답 시간까지 포함돼 있으므로 발표는 5~6분 정도로 끝내는 것이 가장 좋다.

기승전결을 버리고 '결-승-전'으로 하라

프레젠테이션 시작 후 본격적으로 자신의 생각과 의견을 발표하게 되면 대부분은 '기-승-전-결' 구조를 적용한다. 이러한 방식으로는 몇 분 만에 상대를 효과적으로 설득할 수 없다. 이때는 과감하게 '결-승-전' 구조로 만들어 발표하는 연습이 필요하다. 먼저 결론부터 이야기한 다음, 이러한 결론에 도달하게 된 배경과 여러 가지 현안들을 2~3개 정도 이야기하면서 마무리 짓는다. 그리고 마지막으로 다시 한 번 자신의 생각과 결론을 강조한다.

이 같은 구성의 장점은 면접자가 하고자 하는 이야기가 무엇인지 면접관이 빨리 알 수 있다는 점이다. 장시간 여러 면접자의 발표를 접하는 면접관 입장에서는 당연히 이런 구성이 끌릴 것이다. "계속 들어봐도 무슨 이야기를 하는지 도통 모르겠는데, 이번 발표는 확실히 다르네"라는 생각이 들도록 프레젠테이션을 구성하자. 분명 좋은 점수를 얻을 수 있을 것이다.

현장에서 문제를 받는 경우 생각부터 정리하라

프레젠테이션 면접 전형에 앞서 기업이 준비한 문제를 현장에서 나눠주는 경우가 있다. 이 경우 기업은 면접자들에게 종이와 펜을 제공한 후 20~40분 정도 자신의 생각이나 발표할 내용을 정리해서 기록할 시간을 준다. 면접자는 이 종이를 가지고 면접장에 들어갈 수 있다

(일부 기업에서는 걷어가서 복사 후 다시 돌려준다). 이때 종이를 받자마자 정신없이 쓰기 시작하는 다른 경쟁자들을 보고 적잖게 당황할 수 있다. 하지만 자세히 보면 그들은 인사 문구나 질문을 쓰고 있지 실제 발표 내용을 적고 있는 경우는 거의 없다.

먼저 본격적으로 기록하기 전에 종이에 표를 그려서 각각의 칸에 어떤 내용을 담을지 자신의 생각부터 정리하자(그림 3-2 참조). 다음의 순서를 기억해두면 도움이 될 것이다.

- 결론 부분을 쓰기 위한 생각 정리 시작
- 결론이 나오면 결론을 적고 세부 내용을 순서대로 작성
- 결과에 해당하는 부연 설명과 강조점을 다시 확인 후 작성
- 반드시 해당 부분에서 이야기해야 하는 주요 핵심 키워드를 5~10개 이상 뽑아서 표 왼쪽에 정리

이렇게 정리해야 하는 이유는 대기 시간 동안 자신이 발표하고자 하는 내용의 스크립트를 전부 다 쓸 수는 없기 때문이다. 그런데 스크립트를 쓰다 보면 외울 시간이 따로 없어서 글쓰기만 하다가 면접장으로 불려 들어갈 수도 있다. 이때 표를 그려서 정리해본다면 키워드 위주로 쏙쏙 생각이 정리되면서 프레젠테이션 면접의 합격률도 높여줄 것이다.

그림 3-2 | 프레젠테이션 연습지

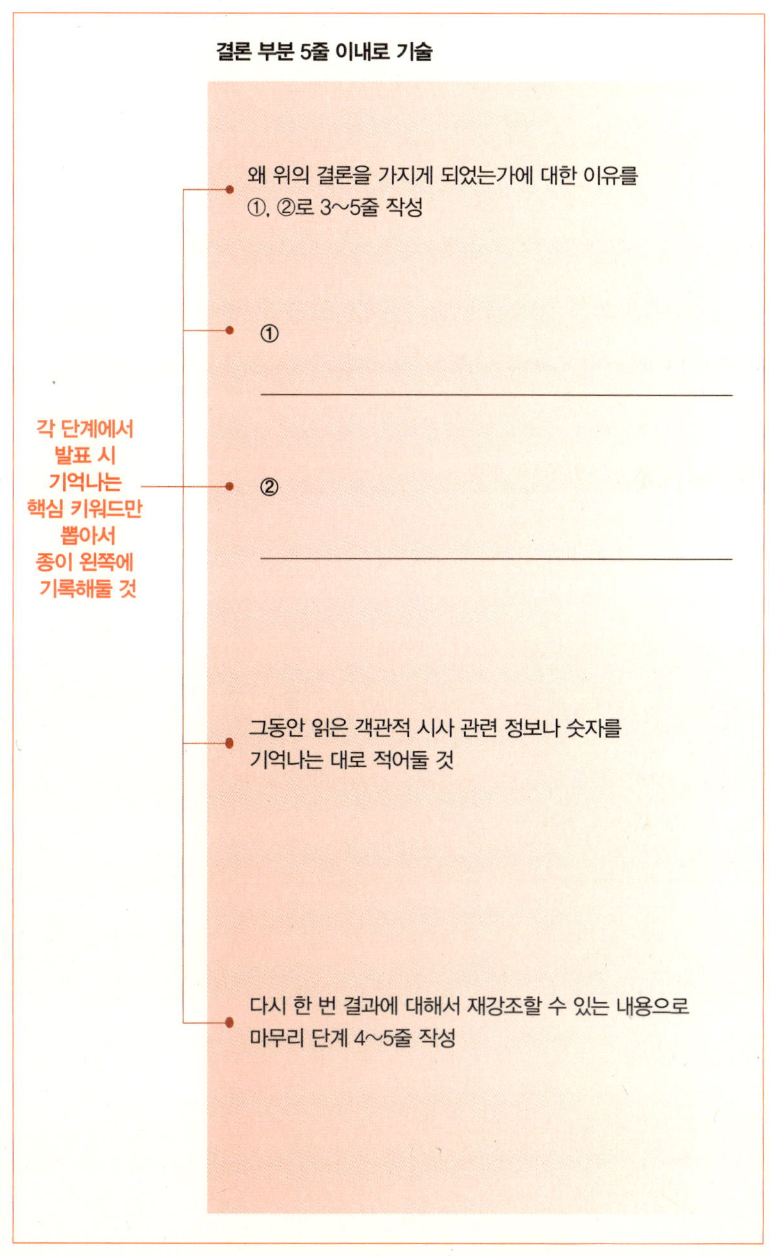

결론 부분 5줄 이내로 기술
왜 위의 결론을 가지게 되었는가에 대한 이유를
①, ②로 3~5줄 작성
①
②
각 단계에서
발표 시
기억나는
핵심 키워드만
뽑아서
종이 왼쪽에
기록해둘 것
그동안 읽은 객관적 시사 관련 정보나 숫자를
기억나는 대로 적어둘 것
다시 한 번 결과에 대해서 재강조할 수 있는 내용으로
마무리 단계 4~5줄 작성

화이트보드에 썼다면 반드시 지우고 나와라

프레젠테이션 면접장에 처음 들어선 면접자들을 당황시키는 것이 몇 가지 있는데 그중 한 가지가 화이트보드다. 순간 판서를 해야 할지, 말아야 할지 고민하게 될뿐더러 어떤 것이 점수를 더 받을지 판단이 서질 않을 것이다. 결론부터 말하면 설득에 필요하다면 화이트보드에 쓰고, 아니면 쓰지 않아도 된다. 만약 판서를 할 경우에는 사전에 면접관들에게 양해를 구하는 것이 좋다. 끝난 뒤에는 반드시 화이트보드를 지우고 나오자. 판서를 하느냐 안 하느냐가 중요한 것이 아니라 깨끗하게 지우는 것이 중요하다.

면접관 수가 다르면 평가방식도 다르다

면접 전형마다 면접관과 면접자의 수가 일정치 않다. 한 명의 면접관 앞에서 혼자 면접을 치르기도 하고, 여러 명의 면접관 앞에서 혼자 또는 여러 명이 면접을 보기도 한다. 상황이 다른 만큼 평가 방법도 다르다.

면접관 한 명 vs 지원자 다수(3명 이상)

질문을 하는 실질적인 면접관은 한 명이고 다른 면접관들은 가만히 앉아서 채점지에 체크만 하고 있다면, 이 상황은 가운데 앉아서 질문을 던지는 면접관이 '합격' 아니면 '불합격'을 단독으로 결정하는 면접 전형이다. 보통 중견기업의 최종 면접이나 외국계 기업의 면접에서 쉽게 볼 수 있는 방식이다.

check Point

- 목소리는 다른 지원자들보다 커야 한다.
- 다른 지원자들의 답변에 추가적으로 대답하거나 다른 의견을 제시하라는 질문을 받을 수 있다.
- 면접 시작하고 절반 정도 지나면 합격자의 윤곽이 드러난다. 한 명이 판단하기 때문에 점수를 얻고 잃고의 개념은 존재하지 않는다. 오직 합격과 불합격만 존재한다.

면접관 2명 vs 지원자 다수 또는 단독

실무팀장 한 명과 인사팀 소속 한 명이 참가하여 면접을 보는 방식으로, 저경력자 채용 면접에서 많이 사용된다. 실무팀장이 주로 면접을 진행하고 인사팀 소속 면접관은 가부 결정만 내린다. 실무팀장이 강력히 채용을 희망할 경우 면접자에게서 특별한 결점이 발견되지 않는 이상 채용이 이루어진다.

Check Point

- 실무팀장은 업무와 직무에 관련된 질문만 한다.
- 인사팀 소속 면접관은 복리후생, 급여 수준, 업무 형태 등에 관해서만 질문을 한다.
- 실제 채용 결정까지는 실무팀장 80%, 인사팀 20% 정도 영향을 미친다.

면접관 다수(3명 이상) vs 지원자 단독

최종 면접이나 대기업의 조별 면접의 경우 여러 명의 면접관 앞에 혼자 들어가 면접을 볼 때가 있다. 이 방식은 옆에 다른 지원자들이 없기 때문에 긴장이 덜 된다는 장점이 있지만, 여러 명이 질문하는 바람에 생각을 정리할 여유 없이 계속 답변을 이어가야 한다는 단점도 있다. 어찌 보면 가장 어려운 면접 유형이다. 면접 후에도 잘했는지, 못했는지 비교할 대상이 없어서 최종 합격자 발표까지 불안한 마음으로 기다리기도 한다. 이 면접 역시 합격의 지름길은 철저한 '준비'뿐이다. 대답거리를 잘 정리해서 면접관 앞에 서는 것 말고는 다른 대안이 없다.

check Point

- 면접 평가는 만장일치로 정한다. 첫인상과 태도가 가장 중요한 판단 요소다.
- 면접관이 여러 명이라 지원자가 답변하는 동안 다른 면접관은 자기소개서를 읽고 있을 가능성이 높다. 자기소개서에 기재한 소재는 가급적 이야기하지 않는 것이 좋다.

면접관 다수(3명 이상) vs 지원자 다수(3명 이상)

일반적인 실무진 면접에서는 면접관도 여러 명, 지원자도 여러 명인 경우가 많다. 조별로 여러 명이 함께 들어가서 면접을 볼 경우 일단 한 명씩 자기소개를 하게 한 다음 각자의 등급을 매긴다. 그런 다음 각자에게 적합한 질문들을 추려내서 지원자에게 물어본다. 예를 들어, 면접 초기에 낮은 등급으로 판단했다가 어려운 질문에도 척척 대답하는 모습에 등급이 올라가기도 하고, 반대로 초기 등급은 높았는데 답변이 시원치 않아 낮은 등급이 되기도 하는 구조다. 최소한 2등 안에는 들겠다는 생각으로 면접에 임해야 한다.

check Point

- 질문 개수를 세어본다. 질문 개수가 상대적으로 적은데 쉬운 질문이 들

어오면 합격에서 멀어졌다고 판단해야 한다.

- 위와 반대로, 질문 수는 적지만 질문 내용이 업무와 상당히 연관되어 있어 미래지향적이라면 합격권에 들었다고 볼 수 있다.
- 자기 차례 바로 앞의 경쟁자가 길게 대답하면 자신은 상대적으로 짧게 대답하고, 반대로 짧게 대답하면 자신은 다소 길게 대답하여 차별성을 주도록 노력한다.

맨투맨(일대일)

국내 기업 면접에서는 흔치 않은 방식이다. 지원 부서의 실무팀장이 일대일로 면접을 보는 방식으로 자기소개나 형식적인 대답보다는 실질적인 문제해결 능력이나 경험을 위주로 질문을 던진다. 외국계 기업의 전문 직종에서 한 명을 채용할 때 주로 사용한다.

Check Point

- 목소리 크다고 뽑히지 않는다.
- 자기소개 등의 형식적인 스피치가 없는 편이다.
- 면접 직후 합격 여부를 바로 알 수 있다.

여성은 차분함과 미소로 어필하라

기업의 채용공고만 봐서는 남성과 여성을 각각 몇 명씩 선발하는지 알 수 없다. 그런데 최종 합격자 명단을 보면 남성 합격자가 더 많다. 여성 지원자는 상대적으로 합격 기회가 더 적다는 의미다. 여성 지원자만을 위한 면접 조언에 귀 기울여보자.

여성의 차분한 이미지를 이길 스펙은 없다

여성 취업 준비생 중에는 외모에 대한 고민을 상담하는 경우가 종종 있다. 아무래도 외모도 스펙인 시대를 살다 보니 자신의 외모가 합격에 어떤 영향을 미칠지 궁금한 것이다. 물론 일부 업종이나 직업에 따라서는 외모가 합격의 당락을 결정지을 수도 있다. 그러나 대학 졸업장을 갖고 정당한 노력을 통해 직업을 갖고자 하는 사람이라면 이렇게 외모를 따지는 직업에 별 관심이 없을 것이다. 결과적으로 외모보다는 다른 조건이 취업하는 데 더 큰 영향을 발휘한다.

여기서 그 다른 조건은 바로 '차분한 이미지'를 말한다. 차분하다는 뜻은 마음이 가라앉고 조용하다는 의미다. 차분한 이미지를 싫어하는 사람은 거의 없다. 입사 후에도 호불호가 없어 남성이든 여성이든 모든 직원에게 인기가 높다. 소위 안티(anti)가 없는 것이 바로 차분한 이미지며, 면접에서도 상당한 효과를 발휘한다.

면접장에서는 복장과 어투 그리고 단어의 선택에 상당한 주의를 기울여야 한다. 얼굴표정이나 습관 등의 비언어적인 요소들을 모두 제어하여 최대한 억제함으로써 차분한 이미지를 상대방에게 줄 수 있어야 한다.

남성보다 자연스러운 웃음이 최고의 무기다

면접 전형에서 자신의 장점을 100퍼센트를 다 발휘하는 지원자는 거의 없을 것이다. 인사담당자들의 이야기를 들어봐도 이 점을 지적한다. 답변 내용이 부족하거나 실수했을 때도 이를 극복하려는 노력 없이 그냥 포기하고 나간다는 것이다. 이것이 최근 취업 준비생들의 특징인 '아님 말고'를 대표하는 행동이다.

면접관이 지원자가 100퍼센트 자신의 모습을 잘 드러냈는지 판단할 때는 크게 세 가지를 보게 된다.

- 끝날 때까지 웃는 표정을 지으려고 노력하는가?
- 답변할 때 20~30초 이상 큰 소리로 말하려고 노력하는가?
- 답변 후 얼굴표정 등으로 자신을 판단하는가?

웃는 표정이란, 자신감과 여유 있는 모습을 나타내는 무기이면서 면접에 적극적으로 참여하고 있다는 메시지를 주기에 가장 좋은 방법이다. 특히 남성 지원자들에 비해 여성 지원자들이 자연스럽게 잘 웃는다. 미소 띤 환한 얼굴로 답변한다면 면접관에게 좋은 인상을 줄 수 있다. 분명 여성 지원자들에게 웃는 표정은 강점 요소다.

긍정의 에너지를 전달한다면 취업할 수 있다

사람들과 함께 있다 보면 여러 유형의 사람을 만나게 된다. 그중 어떤 사람은 상당히 긍정적인 에너지를 주변에 전달한다. 이런 사람들의 특징은 상대방의 말을 잘 들어주는 표정을 지으며, 자신이 말할 때에는 부정적인 단어를 쓰지 않고 집중하는 모습을 보여준다는 점이다. 그리고 휴대전화로 카톡을 하거나 다른 행동을 하는 등 대화를 방해하는 산만한 행동을 하지 않는다. 대화에 몰입하면서 그때그때 필요한 말을 잘하고, 끝까지 적극적인 태도를 잃지 않는다.

면접 전에 이러한 모습을 가지도록 매일매일 생활 속에서 연습해야 한다. 이것이 가능하다면 어떤 면접 자리에서도 점수를 딸 것이다. 면접관에게 전달되는 긍정의 에너지로 인해 질문에 대한 대답이 다소 부족하더라도 이를 만회할 수 있다. 면접관은 답변 내용도 보지만 면접자의 답변 자세도 유심히 살핀다. 단, 너무 연기하는 것처럼 행동하지는 말자. 티 나면 곤란하다.

남성도 머리부터 발끝까지 첫인상을 관리하라

첫인상으로 사람을 판단하는 데 불과 4초면 된다고 한다. 그리고 4분 정도 대화해보면 "아, 이 사람은 이러이러한 사람이구나" 하고 생각을 굳힌다고 한다. 이 생각을 바꾸기까지는 대략 60번 정도의 만남이 필요하다고 한다. 그만큼 첫인상이 중요하다.

"저 넥타이 살 돈 없는데요"

취업의 문을 열기 위해 대학 시절부터 많은 시간과 노력, 비용을 들여 스펙을 쌓고 힘들게 자기소개서를 쓰고, 그러고도 몇 번의 고배를

맛본 끝에 드디어 면접의 기회가 왔는데 정작 하는 말이 넥타이 살 돈이 없단다. 과연 취업할 마음이 있기나 한 걸까? 지금까지 지불한 돈이 얼마인지를 생각한다면 면접을 위해 넥타이 한 개쯤 투자하는 것은 당연하다고 느껴야 한다.

최근 '청년유니온'에서 발표한 자료를 보면, 취업할 때까지 1인당 평균 4,269만 원을 쓴다고 한다. 현대자동차의 최신형 제네시스 자동차 가격이 4,338만 원 정도이니 취업 준비생이라면 이미 상당한 비용을 지출한 셈이다. 더 쉽게 비교해본다면 대기업 공채 전형에 5만 명의 지원자가 서류를 제출했다고 가정하면 사회적 비용이 무려 2조 1천억 원 넘게 투입된 셈이다.

42,690,000원×50,000명 = 2,134,500,000,000원

성의껏 면접 준비를 했음을 겉으로 보여주는 수단이 바로 면접 복장과 비주얼이다. 자기소개며 질의응답이며 다른 준비는 다 잘해놓고 복장에서 점수가 깎인다면 말이 안 된다. 면접관이 보는 것은 새 넥타이가 아니라 넥타이 하나까지 세세하게 신경 쓴 지원자의 자세다. 다음에 소개하는 사례는 국내 편의점 업계 1위 기업의 1차 면접에 지원한 어느 취업 준비생의 이야기다.

보라색 넥타이가 가져다준 합격 통지서

경기도 소재의 대학을 졸업하고도 30세가 되도록 취업이 안 돼

걱정이었다. 눈을 낮춰 어디든 가야 하나 생각하고 있을 때 마지막 희망이 보였다. 서류 전형에 합격했다는 문자가 도착한 것이다. 유통 분야의 대기업으로 최근 상호까지 변경하며 많은 노력을 하고 있는 회사여서 꼭 입사하고 싶었다. 이번이 마지막 기회일지도 모른다는 생각도 머릿속을 떠나지 않았다. 다만, 창원에서 올라와 자취생활을 하던 터라 면접 준비를 혼자 해야 하는 상황이 부담스러웠다.

나는 마지막일지도 모를 이 기회를 어떻게든 잡고 싶어서 전미옥, 신현종 코치님에게 조언을 구했다. 두 분은 내가 스펙에서 다른 지원자들보다 나을 것도 없고 나이도 많은 편이니 면접관 앞에서 가장 큰 목소리로 더 이상 물러설 곳이 없음을 잘 어필하고 다른 지원자들보다 깔끔한 인상으로 승부하라고 조언해주셨다. 큰 소리로 말하고 몇 시간 동안 마네킹처럼 서 있는 것은 자신 있었다. 그때 갑자기 신현종 코치님께서 면접 당일 입고 갈 양복을 한번 입고 오라고 했다. 나는 졸업식 사진을 찍을 때 샀던 양복을 꺼내 주름을 펴는 등 공들여 손질하고, 유일하게 가지고 있던 파란색 넥타이를 매고 다시 찾아갔다. 나름 신경 쓴 차림이었다. 그런데 들려온 첫마디는 "보라색 넥타이 없어?" 나는 자신있게 "없어요"라고 대답했다. 그러면서 보라색은 건방져 보이지 않냐는 식의 황당한 괴변을 늘어놓았지만, 보라색 넥타이를 안 매면 더 이상의 조언이나 지도는 없다는 말에 항복할 수밖에 없었다.

나는 부랴부랴 백화점에 가서 지원하는 회사의 로고 색깔과 비슷한 진한 보라색 넥타이를 구입했고, 면접 당일에 그것을 매고 면접장으로 들어갔다. "뭐야, 전부 파란색 넥타이잖아!" 그 순간 돈 쓴 게 너무도 아까웠다. "잘 펴서 환불해야지"라는 생각까지 하며 면접관 앞에 섰다. 1차 면접 방식이 바뀌어 임원 한 명, 팀장 한 명, 현장 영업관리 사원 두 명, 이렇게 총 네 명이 면접관 자리에 앉아 있었다. 당황스럽고 어려운 질문이 이어졌다. "떨리는 마음이 들켰을까" 걱정될 정도로 면접을 엉망으로 봤다.

면접이 거의 끝나갈 무렵 임원 한 분이 갑자기 질문을 던졌다. "개인적인 질문 하나 해도 되겠지? 그 넥타이 일부러 매고 온 겁니까?" 나는 "어머니께서 회사를 상징하는 색깔의 넥타이를 매고 가야 면접을 잘 본다며 직접 골라주신 겁니다"라고 답변했다. 내 말에 면접관은 웃으면서 나가보라고 했다. 집으로 돌아오는 내내 면접을 완전히 망친 것 같아서 괴로웠다. 하지만 결과는 '합격'이었다.

남성 취업 준비생에게 필요한 잇 아이템

헤어스타일

면접관들은 머리가 긴 지원자를 본 순간 "아직 학생이구먼" 하고 생각한다. 면접장에 갈 때는 가급적 머리를 짧게 손질하고 헤어왁스로 스타일을 만드는 것이 좋다. 최근에는 남성 지원자들도 면접 전에 머리 손질과 메이크업을 전문적으로 받고 가는 경우가 많아졌다. 지

그림 3-3 | 남성 지원자의 헤어스타일

나친 머리 손질은 오히려 마이너스가 아니냐고 묻는데, 절대 아니다. 거리에서 흔히 만나는 30대 직장인들도 다들 깔끔하게 머리를 손질하고 다닌다. 단정하고 깔끔한 첫인상을 주고 싶다면 머리에 공을 들이자.

메이크업과 장신구

먼저 남성 지원자가 귀걸이 등의 장신구를 부착하는 것은 절대 금물이다. 개성 표현이라는 지원자들도 가끔 있지만, 정장을 입는 공식적인 자리인 만큼 안 하는 게 맞다. 대신 남성이라도 화장은 살짝 해도 좋다. 특히 아침 면접일 경우에는 BB크림 등을 발라서 밝은 모습을 보여주는 게 좋다. 최근에는 남성용 BB크림 등이 밝은 색부터 어두운 색까지 출시되어서 자신의 피부톤에 맞는 제품을 선택할 수 있다. 적은 비용으로 높은 효과를 볼 수 있는 방법이다.

그림 3-4 | 와이셔츠 칼라 종류

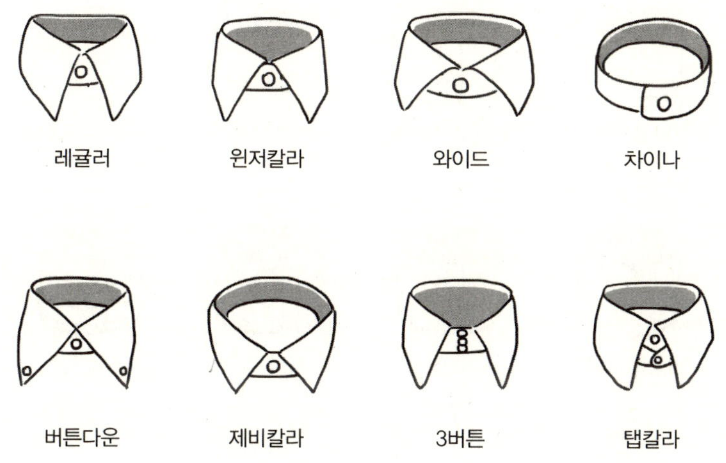

와이셔츠

면접 때는 흰색 와이셔츠를 입어주는 것이 좋다. 어떤 넥타이를 매든 흰색 와이셔츠와 잘 어울리기 때문이다. 대부분의 남성들은 와이셔츠를 구입할 때 적당히 점원이 골라주는 것을 사는데, 같은 흰색 와이셔츠라도 칼라(깃)와 커프스(소맷부리)의 모양에 따라 다양한 모습을 연출할 수 있다.

취업 준비생에게 가장 적합한 와이셔츠는 아주 빳빳한 레귤러 또는 세미와이드 칼라에 라운드1버튼식 커프스가 달린 흰색 와이셔츠다.

시계와 커프스 링크

요즘에는 손목시계를 차고 다니는 사람을 거의 찾아보기 힘들다.

그림 3-5 | 와이셔츠 커프스 종류

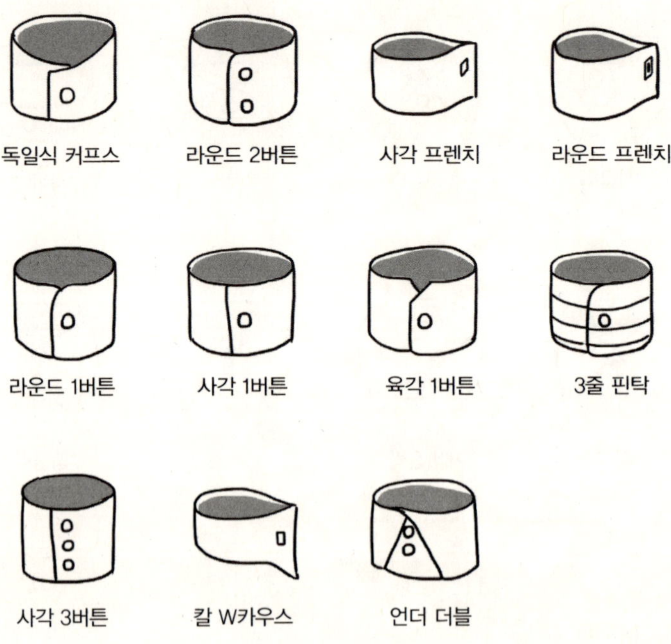

굳이 시계를 찰 필요가 없어졌기 때문이다. 그렇다고 손목시계가 전혀 필요 없다는 이야기는 아니다. 지금은 스타일을 위해, 그리고 격식을 갖추기 위해 시계를 차고 다니는 시대다. "난 스마트폰이 있어서 시계 안 차"라고 말한다면 시간 보라고 시계 차는 게 아니라는 점을 꼭 알려주고 싶다.

전자시계가 아닌 검정색 가죽시계 또는 스테인리스로 된 아날로그 시계는 반드시 손목에 착용하고 면접에 임하는 것이 좋다. 없다면 빌려서라도 말이다. 최근 인기를 누리는 하얀색, 핑크골드색, 브라운색 계열의 시계는 피하는 것이 좋다.

또한 남자들의 장신구 중에 커프스 링크라는 것이 있다. 대부분은 멋을 좀 내려고 소맷부리에 착용하는데, 면접을 보러가는 상황이라면 가급적 착용하지 않는 게 좋다. 그리고 셔츠 단추는 꼭 잠그자.

정장 세트

남성 취업 준비생들에게 가장 알맞은 양복 색깔은 단연 검정색이다. 검정색을 추천하는 이유는 멀리서 양복 차림의 무리를 봤을 때 검정색을 입은 사람이 가장 단정해보이기 때문이다. 특별히 다른 이유는 없다. 네이비(감청색) 계열인 경우 색이 너무 밝으면 다소 촌스러워 보일 수 있다. 파란색 톤이 강한 정장은 신중해 보이기는 하지만 면접자들 가운데 유독 튀어 보일 수도 있음을 고려해야 할 것이다. 회색이나 갈색 계통의 정장은 삼가는 것이 좋다.

단순히 색깔만 보고 양복을 선택하기가 힘들 때는 원단이나 가공 형태를 잘 살펴보자. 같은 색이라도 다르게 보이는 부분이 있으므로 직접 입어보고 자신한테 가장 잘 어울리는 양복을 고르면 된다.

구두

면접용 신발은 검정색에 끈 달린 구두다. 최근 유행하는 로퍼(끈으로 묶지 않고 편하게 신을 수 있는 낮은 가죽신)나 모카신(로퍼의 일종) 등을 구두라고 생각하는 취업 준비생들이 많은데, 원래 정장용 구두는 끈이 있는 구두다. 여전히 거리 곳곳에 구두를 닦아주는 곳이 많은 이유는 남성 직장인들 때문이다. 그들 대부분은 광나는 구두를 신고 다닌다. 취업 준비생 역시 결국엔 직장인이 되기 위해 면접에 참여하는 것이니만큼 최대한 그들과 비슷한 느낌이 나야 한다. 끈 있고 광나는 검정색 구두를 잊지 말자.

가방

대학 졸업 예정자 중에는 면접 때 백팩을 메고 가는 경우가 많다. 물론 면접 준비 자료와 태블릿 PC를 넣어가려면 백팩 같은 가방이 편할 것이다. 하지만 강의실도 아니고 면접 자리에서 백팩은 격식에 맞지 않는다. 어떤 가방이 좋을지 고민한다면 인터넷 쇼핑몰에서 '남성 정장 가방'이라고 검색해보자. 적당한 가격의 면접용 가방을 찾을 수 있을 것이다.

면접 자세

남성 지원자들은 흔히 이등병 자세로 앉아 있으면 된다고 생각한다. 절반은 맞고 절반은 틀렸다. 기본적으로 남성 지원자는 이등병 자세를 취해야 하는데, 이 모습이 불편해 보이면 안 된다. 자세가 불편하여 비비꼬고 산만해 보인다면 이등병 자세를 취한 것보다 더 나쁜 인상을 줄 수 있기 때문이다. 면접 전에 거울을 보고 앉아서 이등병 자세 가운데 좀 더 편해 보이는 자세를 찾아보자. 그 자세로 30분 이상 앉아 있는 연습을 해서 충분히 익숙해져야 한다.

취업에는 '합격'과 '불합격'만 존재한다

취업에서 '잘했다'와 '못했다'의 구분은 없다. '거의 다 했다'는 말도 존재하지 않는다. 취업에는 오로지 '합격'과 '불합격'만 있을 뿐이다. "정말 열심히 준비했는데…." 떨어진 후 이 말을 해봤자 무슨 소용이 있는가? 아무리 열심히 준비해도 떨어진 순간 다 헛일이다.

거의 다 왔어, 조금만 더 하자? 웃기는 소리!

취업 준비를 하거나 이미 취업된 주변 친구들과 자신을 비교하면서 "저 친구는 거의 다 준비한 것 같은데 나는 왜 아직 멀었을까?"라고 생각하는 취업 준비생이 상당히 많다. 실제로 취업 상담을 하다 보면 "그 친구는 참 수월하게 붙었다고 하더라", "나는 서류 통과도 한번 못해봤는데 그 친구 서류는 통과되었다고 하더라", "그 친구는 면접도 봤다고 하더라" 등 '~하더라' 이야기가 입에 붙은 사람이 많다. 그러면서 자신의 위치를 한없이 낮게 평가하는 경우를 자주 접한다.

합격	불합격

명심하자. 취업에는 합격과 불합격만 존재한다. 그래서 '거의 다 했다'는 식이나 '누구는 면접까지 가봤다더라'는 식의 이야기는 별 의미가 없다. 다른 사람의 불합격 결과에 관심을 가질 이유가 전혀 없다. 면접은 좋은 경험을 해본다는 마음으로 준비하는 것이 아니다. 반드시 합격하겠다는 각오로 오직 면접 준비에만 매진해야 한다.

서류 합격 후 바로 다음 날이 면접이라고?

최근 기업들은 면접 전형 준비 기간을 상당히 짧게 주고 있다. 2010년 이전만 하더라도 면접을 준비하기까지 일반적으로 최소 1~2주일이 주어졌다. 면접을 보러오라는 통지를 받고도 제법 긴 시간 동안 준비할 수 있었다. 반면 2011년부터는 면접 준비 기간이 2~3일 정도로 짧아져 여유가 없어졌다. 최근에는 아예 서류 전형 통과 후나 인적성 검사 합격자 발표 후 바로 다음 날 오전에 면접을 하는 회사도 상당히 많아졌다.

기업이 판단하기에 면접 준비 기간이 길면, 면접자 자신의 생각이나 이야기보다는 연기에 가까운 대답을 할 소지가 높아서 변별력이 떨어진다는 것이다.

또 면접 전형 기간 전체를 이전보다 줄여서 비용과 시간을 아끼려는 기업들의 변화가 읽히기도 한다. 이제 서류나 인적성 검사를 통과한 기쁨을 누릴 여유가 없다. 자기소개서를 쓰고 취업 구직 활동을 하면서 면접에 대한 대비도 동시에 함께해야 한다. 면접 기본기와 태도 그리고 스피치 기술에 대해서는 평소 시간을 조금씩 할애하여 준비하는 수밖에 없다.

면접 끝나면 이 생활도 끝이라고? 누구 맘대로!

면접 전형이 끝나면 취업 준비는 끝이다. 합격하든 불합격하든 며칠간 자신에게 큰 희망을 주었던 기업과는 당분간 이별이다. 면접 후 최종 합격자 발표까지는 시간이 좀 걸린다. 이때 합격할 거라는 막연한 희망과 그동안 열심히 준비했으니 좀 쉬자는 나약한 생각을 가진 취업 준비생들이 의외로 많다. 이는 잘못된 자세다.

무엇보다 기업이 언제 합격자 발표를 할지도 모르고, 게다가 연기되거나 불합격할 수도 있는 위험성이 항상 존재하기 때문에 기업에서 신체검사를 받으러 오라고 하기 전까지는 취업 구직 활동을 멈춰서는 안 된다. 면접 전형이 끝나면 시원섭섭하면서도 어느 정도 후련한 마음이 들 것이다. 굳이 쉬고 싶다면 하루 정도로 끝내고 다음 날부터는 원래 계획대로 생활하면서 구직 활동에 전념하는 것이 바람직하다. 면접을 끝냈다고 취업 준비도 끝나는 것이 아니다. 겨우 첫 면접이 끝났을 뿐 두 번째, 세 번째 면접이 기다리고 있을지도 모른다.

광탈의 아픔은 광속으로 잊어라

광탈(광속 탈락), 멘붕(멘탈 붕괴), 멘좌(멘탈 좌절). 취업 준비생이라면 알고 있는 신조어다. 면접에서 떨어지면 그 후유증이 상당하다. 이를 빨리 극복하지 못하면 자칫 많은 시간을 허비할 수 있다. 취업 준비생에게는 낭비할 시간이 없다. 다음 면접을 준비하고 연습하기에도 빠듯하기 때문이다.

하지만 면접에서 탈락한 사람 중 87.7퍼센트가 후유증으로 상당히 고생을 했다는 2012년 통계가 있다. 거의 10명 중 9명이 심리적으로나 신체적으로 고통을 받았다는 말이다. 면접에서 떨어졌다는 통보를 받자마자 곧바로 드는 생각은 "나 정말 열심히 했는데…"이다. 그러고는 다음과 같은 생각에 휩싸인다.

- 어떤 애는 토익도 없고(낮고) 자격증도 없다는데 취업했다더라.
- 어떤 애는 여자친구랑 놀고 게임만 했다는데 금방 취직했다더라.
- 어떤 애는 서류 대충 쓰고 면접 그냥 갔다왔는데 붙었다더라.

- 나는 매일 컴퓨터 앞에 앉아 그렇게 많은 자료를 찾았는데 왜 떨어졌을까?
- 나는 매일 자기소개서를 쓰며 고통의 시간을 보냈는데 왜 떨어졌을까?
- 나는 공부도 열심히 했고, 스터디까지 열심히 했는데 왜 떨어졌을까?

이렇게 생각들이 꼬리를 물고 이어지다가 급기야 "왜 서울대를 못 갔을까, 왜 부잣집에 태어나지 못했을까, 나는 왜 이렇게 생겼을까, 왜 한국에서 태어났을까, 난 시대를 잘못 타고 났어"라는 생각까지 하게 된다. 여기까지 오면 심각한 면접 후유증에 빠졌다고 볼 수 있다. 면접 후유증에 시달리면서도 불안한 마음에 취업 준비를 하러 도서관이나 카페 등에 가는 사람들에게 "도대체 무슨 공부를 하고 있나요?"라고 물으면 선뜻 대답하지 못한다.

지금 하고 있는 공부가 과연 취업에 도움이 되는 것인가를 따져보면 실제로는 상당히 잘못된 공부를 하고 있음을 스스로 깨달을 것이다. 그 순간 면접 후유증에서 빠져나와 취업 성공으로 가는 첫걸음을 내딛게 된다. 비록 하고 싶은 일은 아니더라도 자신이 할 수 있는 일에서 당당히 합격할 수 있다.

표 3-6 | 면접 탈락에 대한 인사담당자와 구직자의 생각

구직자	인사담당자
• **말주변이 부족하거나 잘못된 답을 말해서 (32.8%)**	• **해당 업무에 대한 역량이 부족해 보여서 (53.8%)**
• **스펙이 부족해서 (15.7%)**	• 기업의 인재상과 맞지 않아서 (26.9%)
• 말투, 표정 등 태도가 자신감 없어 보여서 (15.7%)	• **말주변이 부족하거나 잘못한 답을 말해서 (9.7%)**
• **해당 업무에 대한 역량이 부족해 보여서 (7.7%)**	• **스펙이 부족해서 (3.8%)**
• 기업의 인재상과 맞지 않아서 (6.4%)	• 인성 및 기본적인 것들이 부족해서 (1.6%)
• 외모적 문제 (3.8%)	• 연봉 등 조건이 맞지 않아서 (1.6%)
• 기타 (2.1%)	• 외모적 문제 (1.1%)
• 탈락한 이유를 잘 모르겠다 (15.7%)	• 기타(1.1%)

※ 출처: 《머니투데이》 '대학경제'

그렇다면 면접 탈락에 대해 인사담당자와 구직자는 서로 어떤 생각을 하고 있을까?

표 3-6을 보면 면접 탈락이라는 같은 결과를 두고, 결과를 발표한 쪽과 결과를 받은 쪽의 생각이 달라도 너무 다르다는 것을 알 수 있다. 면접에서 탈락한 구직자들은 스펙이 부족하거나 말을 못해서 떨어졌다는 생각이 압도적으로 많은 데 반해, 인사담당자는 해당 업무에 대한 역량 부족이나 근무 시 다른 사람들과의 조화(인재상)에 문제가 있을 거라는 판단으로 떨어뜨렸다는 것이다. 다시 말해 직무와 업무에 대한 관심이 부족하고, 단순하게 '뽑아만 주신다면 열심히 해보겠다'는 식의 영혼 없는 대답을 그럴 듯하게 이야기하는 면접자들은 제 아무리 스펙이 좋아도 떨어뜨린다는 것이다.

면접 탈락의 원인이 스펙 때문만은 아니라는 것은 취업 포털 '인크루트'의 조사에서도 알 수 있다.

2013년 주요 기업의 인사담당자 134명을 대상으로 실시한 조사에서 '구직자의 스펙이 너무 좋아 탈락시킨 경험이 있다'는 응답이 67.2퍼센트에 달했다. 이는 고스펙자의 경우 상대적으로 업무 만족감이 낮을 것으로 판단되므로 부담감을 갖고 선발하느니 떨어뜨리는 것으로 이해할 수 있다.

면접관으로 참여하는 기업의 임원이나 인사담당자는 지원자의 역량에 대한 검증을 진행하면서 자신이 생각했던 역량보다 경험이나 스펙이 다양하다는 점을 부각시키는 면접자에 대해서는 일단 의심부터 한다. "이렇게 잘난 사람이 과연 우리 회사에 만족할 수 있을까?" 즉 면접 시 스펙과 경험을 부각시키는 것보다는 자신이 생각하고 있는 업무와 직무에 대한 경험과 관심을 면접 대답의 소재로 삼아야 할 것이다.

취업 준비생에게 면접 탈락은 꽤나 충격적인 사건이다. 그렇다면 면접 후유증에 시달리는 상황에서 계속 취업이 안 될 경우, 과연 그들은 어떤 극단적인 행동까지 하게 될까? 탈락의 아픔은 빨리 잊을수록 좋다. 그렇지 못할 경우 더 큰 문제를 야기할 수도 있기 때문이다. 다른 회사로 눈을 돌려 새로운 구직 활동을 시작하지 못한다면, 또 탈락 스트레스를 제대로 관리하지 못한다면 씻을 수 없는 상처를 남기게 된다. 다음 두 사건처럼 말이다.

[사건 1] "취업 면접 탈락 홧김에 방화"

경남 통영경찰서는 취업 면접에 떨어지자 홧김에 잇따라 불을 지른 혐의(일반건조물방화 및 산림보호법위반)로 김모(27) 씨에 대해 구속영장을 신청했다고 27일 밝혔다.

김 씨는 지난 6일 경남 통영시 한 조선소 협력업체 면접에 떨어지자 당일 오후 3시 23분 회사 본관 주차장에 세워진 그랜저XG 승용차에 불을 지르는 등 지난 6일과 25일 이틀 동안 승용차·통근버스 대기실·야산 등 3곳에 방화한 혐의를 받고 있다.

지난 25일 다른 협력업체 면접에 합격한 김 씨는 다음 날인 26일 사내 안전교육을 받고 휴게실에서 쉬다 경찰에 붙잡혔다.

※ 출처: 2013년 3월 27일 《부산일보》 8면

[사건 2] "영혼이라도 팔아 취직하고 싶었다"

"잘못인 줄 알았지만 영혼이라도 팔아 취직하고 싶었습니다."

31일 새벽 광주지검 앞. 돈을 주고 기아자동차 광주 공장에 입사한 혐의로 검찰 조사를 받고 나온 생산계약직 김모(29) 씨는 고개를 떨군 채 "죄송하다"는 말만 연신 토해냈다.

※ 출처: 2005년 2월 1일 《한국일보》 사회면

면접 후 불합격 통보를 받는다면 당연히 화가 날 것이다. 이러한 상황이 반복되면서 스트레스가 쌓일 테고, 이것을 제대로 관리해주지 못하면 취업에 대한 꿈까지 접게 된다. 합격 통지를 받을 때까지 쉼 없이 계속해야 하는 취업 구직 활동에 악영향을 미치는 것이다. 만약 불합격 통지를 받는다면 스스로 다시 한 번 점검해보기 바란다.

- 나는 무슨 공부를 하고 있는가?
- 면접에서 했던 답변 중 무엇이 잘못됐는가?
- 업무에 대한 관심을 충분하게 어필하고 왔는가?
- 비록 떨어졌지만 다시 기회가 온다면 입사 후 회사를 위해 무엇을 할 것인가?

취업 성공을 위한 핵심 포인트

❶ 예상 질문에 대한 최적의 답변을 준비하라.

❷ 면접의 세계는 넓고 준비할 것은 많다. 어떤 면접이든 통과할 수 있도록 대비하라.

❸ 상대방의 눈을 바라보며 큰 소리로 자신 있게 말하라.

❹ 따로 면접을 준비할 시간이 없다. 자기소개서를 쓰면서 면접도 함께 준비하라.

❺ 남들과는 다른 이야깃거리를 개발하라.

❻ 실전 같은 연습을 반복하라.

❼ 여성의 최대 무기는 자연스런 웃음, 끝까지 미소를 지어라.

❽ 프레젠테이션 면접 때는 반드시 제한 시간을 지켜라.

❾ 판서는 자유지만 지우기는 필수, 반드시 흔적을 지우고 나와라.

⑩ 머리부터 발끝까지 면접용 차림새를 갖추어라.

⑪ 기존의 면접 질문들을 찾아보고 예상 질문을 뽑아보라.

⑫ 탈락 후유증은 빨리 극복하라.

4장

승자들의 전략을 참고하라

좌충우돌 취업 성공기

※ 일러두기

- 커리어코칭, 진로 지도 및 상담, 컨설팅을 모두 일컬어 '취업컨설팅'이라고 통칭하였다.
- 출신 학교와 불합격 회사는 밝히지만, 당사자의 실명과 최종 합격 회사명은 개인 정보 보호 차원에서 밝히지 않는다.

2등, 마이너, 저질 스펙 취업 성공기

"취업 준비생 시절로 돌아가느니 차라리 군대 한 번 더 가는 게 낫다"라고 말하는 직장인들이 많다. 그만큼 취업 준비가 힘들다는 의미다. 끝이 보이지 않는 불안한 상태에서 취업과 관련된 모든 일을 혼자 해결해야 한다는 심적 부담감은 상상 이상이었을 것이다. 이미 앞 장에서 취업 성공 사례를 맛보기로 보여주었는데, 이번 장에서는 취업 컨설팅을 통해 높은 취업의 담장을 뛰어넘은 사례를 소개한다. 취업 준비생의 어깨를 짓누르는 고민의 짐을 던져버리는 데 조금은 도움이 될 것이다.

CFP로 뚫으려던 금융권, 큰 벽 앞에 좌절한 두 30대 생애 미취업자

S군과 K군은 학교와 전공은 다르지만 비슷한 상황에서 취업을 하기 위해 찾아온 취업 준비생들이었다. S군은 서울과학기술대학교 경영학과를 졸업하였고, K군은 한성대학교 부동산학과를 졸업하였다. 두 사람 모두 "전문직에서 안정되게 일하는 남자와 사귀고 싶다"는 여자친구의 이야기를 듣고 1년여의 수험공부 끝에 AFPK(개인재무설계사)를 거쳐 CFP(국제재무설계사) 자격증을 취득했다. CFP는 분명 취득하기 어려운 전문 자격증이지만 은행 입사 후 선택하는 민간 자격증이다. 이 자격증이 있다고 해서 반드시 금융권 합격을 보장받지는 못한다.

이러한 설명을 듣지 못했던 두 사람은 CFP만 있으면 금융권 취직은 '따놓은 당상'이라고 생각했다. 그러나 S군과 K군은 1년간 은행-증권-보험-캐피털-대부업까지 지원했지만 어느 한 곳도 합격하지 못했다. 2008년 금융위기 이후 취업문이 더 좁아진 금융업에 대한 이해도 없었고 막연하게 자격증만 취득하면 될 거라는 생각에 1년을 투자한 것이 문제였다. 불합격 이력까지 거의 같았던 두 사람은 비슷한 시기에 취업컨설팅업체를 찾아왔다. 30세가 넘은 첫해 1월, 두 취업 준비생의 컨설팅이 시작되었다.

결과적으로 S군은 연매출 995억 원인 대형 제약사에 입사하여 류마티스센터 영업관리 신입사원으로 일하고 있고, K군은 강남역에 위치한 의료기관에 취업하여 법인제휴담당으로 근무 중이다.

먼저 S군의 취업컨설팅 과정을 살펴보면, 졸업 후 4개월가량 지방 소재 자동차 2차 협력사에서 근무했었다. 그는 퇴사 후 1년간 자격증 공부만 한 것이 문제였다. 자격증을 취득한 후에는 금융권만 지원하였으나 2년의 공백 기간이 있고 적지 않은 나이 탓에 금융권 합격은 애초부터 쉽지 않은 게임이었다.

일단 5년-2년-6개월 비전 세우기 코칭을 통해 금융권에 대한 미련부터 버리게 만들었다. 그리고 금융권 지원 시 서류 코칭은 해주지 않는다는 강력한 원칙을 적용시키고 30세 3월 공채 전까지 취업하는 것을 목표로 설정하였다. 취업컨설팅을 진행하면서 S군은 대기업이나 금융권 등이 아닌 서울 소재의 제법 규모 있는 회사에서 영업관리 업무를 희망한다는 사실을 알았다. 그는 퇴근 후나 주말에 가족이나 여자친구와 여유롭게 시간을 보낼 수 있는 생활을 원하고 있었다.

S군은 취업권역 자체를 서울 시내로 한정시키고, '서울-500명 이상-영업관리-연봉 2,600만 원'이라는 취업 기준을 만들어 회사 이름값과 상관없이 지원하기로 하였다. 이에 맞추어 금융권 취업을 위해 작성했던 자기소개서를 모두 휴지통에 던지고, 이력서에 게재했던 금융자격증도 모두 지웠다. 그러고는 3주간의 서류 작성 코칭 과정을 거쳐 '요넥스코리아'와 '바슈앤롬'에 지원하여 최종 면접까지 올랐다. 비록 둘 다 불합격이었지만 그 과정에서 S군은 자신이 스펙 때문에 떨어지는 것은 아니라는 확신을 얻었다. 이후 자신감과 경험을 바탕으로 구직 활동을 계속하여 대형 제약사의 3차 면접까지 통과했다.

다음은 K군이 직접 올린 취업 후기다.

K군의 취업 후기

스펙 공개

- 대학: 한성대학교 부동산학과
- 학점: 3점 중반
- 토익: 겸손(?)한 점수
- 사회 경험: 회사 경험과 아무런 상관없는 각종 아르바이트들

취업계 완전 초보, 나이 서른에 취업 성공!

금융권에 희망을 걸고 찾아간 제가 현실을 직시할 수 있었던 건 코치님 덕분입니다. 제가 코치님을 못 만났더라면, 지금까지도 토익만 공부하고 있었을 것입니다. 그만큼 취업에 대해 아는 것이 없었던 저는 그야말로 스펙도 허름, 아는 것도 허름, 심지어 열정도 허름한 놈으로 남았을 것입니다. 스펙을 뛰어넘는 것이 열정이라고 말씀하시며 진심 어린 열정을 조금이라도 깨닫게 해주신 점 또한 감사합니다.

단순히 취업을 해냈다는 것을 넘어 취업 지도를 통해 인격적으로 성장할 수 있었습니다.

코치님, 감사합니다. 자기소개서 한 줄 한 줄 꼼꼼히 읽으시며 그야말로 초딩 수준에 버금가는 문장력을 코칭해주신 점 잊지 않겠습니다. 특히 면접 전에 해주신 코치님의 조언이 없었더라면 절대 붙지 못했을 것입니다. 취업하기 위해서는 관심, 열정, 노력이 있어야 한다고 강조하시며 절대 포기하지 말라고 말씀해주셨기 때

문에 제가 버틸 수 있었습니다.

코치님을 만나서 취업에 필요한 실질적인 요소를 준비할 수 있었습니다. 좋은 연봉에 좋은 근로 조건, 더욱이 집 가까운 곳에 근무할 수 있도록 발판을 마련해주신 점 절대 잊지 않고 항상 감사한 마음으로 살겠습니다.

다시 한 번 감사드립니다. 코치님!

K군은 전공부터 취업 준비, 구직 활동까지 무엇 하나 계획을 세우고 준비한 적이 없었다. 실제 취업 자체가 어려운 경우였다. 비전 수립과 코칭을 통해 K군은 나이가 있는 만큼 현재 자신의 위치를 파악하게 만들었고, 공채 마감 시간이 얼마 남지 않았음을 인지시켜 '1일 5개 회사 지원'을 목표로 서류 코칭과 진로 코칭을 병행하였다.

먼저 CFP 취득과 금융 관련 경험을 모두 서류에서 삭제시키고 아르바이트 경력 중 판매직 경험만을 재정리하여 소재를 경험화하였다. 이렇게 서류 작성에 주안점을 둔 결과 '카이트재무컨설팅' 최종 면접과 몇 개의 중소기업 면접을 볼수 있었다. 하지만 결과는 불합격 통보였다. 이후 직무에 대한 관심과 집중을 더 높일 수 있는 직무 코칭을 제공하여 '세븐코리아'와 현재 근무 중인 의료기관에 합격할 수 있었다. 그는 회사의 이름값보다는 연봉이 1.5배 높은 의료기관을 선택하였고, 지금은 경영기획실에서 기업체 법인제휴담당으로 일하고 있다.

인사팀만 고집하다 물먹은 그녀, 물류관리로 눈 돌려 합격

서울여대에서 영어영문학을 전공한 L양. 학점 4.1에 토익 920, 토스 레벨 6, 유통관리사 자격증, 평생교육사 2급 자격증 그리고 롯데백화점에서 인턴까지 경험한, 소위 취업 스펙 관리를 잘한 경우에 해당하는 인재였다. 그런데 겨울방학 기간에 롯데백화점 인재개발원에 배치되어 HRD(인적자원개발) 관련 업무보조를 했던 인턴 경험이 그녀의 발목을 잡았다. 인턴 후 L양은 대기업 취업이라는 목표 없이 그저 인사팀에 입사하겠다는 생각만 갖고 상반기 공채 전형에 지원하였다. 당연히 대기업-중견기업의 인사팀에만 지원하였지만, 30군데 이상에서 서류 전형도 통과하지 못한 상태였다.

인턴 직후 일대일 취업 상담을 한 차례 받았으나 L양의 의지를 꺾진 못했다. 무조건 인사팀에 가겠다며 상담 결과와 진로 코칭에 크게 귀 기울이지 않은 채 반년 동안 실패의 길을 걸은 것이다.

다시 한 번 취업컨설팅을 받은 그녀는 일단 명문대 경영학과 출신이 아니란 점 때문에 인사팀으로 직행하기는 어렵다는 것, 신입사원은 인사팀에서 거의 선발하지 않는다는 사실을 받아들였다.

우리는 비전 수립과 코칭을 통해 물류관리와 유통 관련 기업 직무로 목표 설정을 달리한 다음 여성 구직자의 특성을 감안해 서울 시내 기업으로 위치를 한정하였다. 그리고 각종 구인공고를 검색한 후 지원하는 전략을 실행하였다. 그중 고졸 이상 채용공고가 올라온 국내의 한 수산물가공 유통 전문기업에 지원해볼 것을 권하였다. 그녀는 지원 자격이 고졸 이상이라는 말에 상당한 거부감을 보였다. 우리는 면접을 보게 될지는 기업이 결정하니 스스로 먼저 판단하지 말라고 컨설팅하며 거의 반강제로 자기소개서를 새로 작성하여 지원하게 하였다.

L양은 서류 합격 후 정장조차 입지 않은 고졸 지원자들과 섞여서 면접을 보았는데, 가장 성의 있는 태도와 철저한 준비로 후한 점수를 얻어 최종 합격 연락을 받을 수 있었다. 여전히 그녀는 망설이는 눈치였다. 우리는 그녀에게 입사 서류에 사인하기 전까지는 언제든지 취소할 수 있다며, 일단 가서 근무 조건을 들어보라고 조언하였다. 회사가 제시한 조건은 상당히 괜찮았다. 호봉과 처우를 대졸 신입사원 기준에 맞춰주고, 영업직이 아닌 송파구 본사 소속의 물류관리팀에 배치하겠다는 계약서에 흔쾌히 사인한 그녀는 현재 지방물류 지입사 관리 업무를 하며 열심히 근무 중이다.

북한학과를 졸업하고도 백화점에 입사

L군은 동국대학교 북한학과를 졸업하였다. 학점 3.48에 토익 800, 해병대를 전역하였고 건설일용직과 음료판매 아르바이트 경험을 가지고 있었다. 문제는 전공이 기업과는 무관한 것이어서 진로 고민이 많았다고 한다. 원래 그는 사회과학부로 입학하였으나 여느 남자 대학생들처럼 학점 관리를 제대로 하지 못해 어쩔 수 없이 북한학을 전공하게 되었고, 대신 부전공으로 회계학을 수강하였다. L군은 대학 3학년부터 2년 동안 휴학을 반복하며 9급 공무원 시험을 공부했으나

불합격하고, 그때부터 취업을 위해 토익 점수를 올리는 데 시간을 쏟았다. 그런데 토익 800점까지 찍은 상태에서 그만 방향을 잃어버리고 말았다.

L군의 경우, 취업에 이용할 수 있는 강점으로 단정한 용모와 회계학 부전공, 그리고 해병대를 나온 이미지 등을 우선으로 꼽을 수 있었다. 그래서 상대적으로 외모를 중시하는 업계 위주로 지원하는 전략을 세웠다. 'FRL코리아(유니클로)', 'CJ푸드빌' 등 고객을 직접 응대하는 직무 위주로 지원하기 전에 먼저 자기소개서부터 다시 쓰게 하였다.

얼마 뒤 L군은 백화점 채용설명회에 참석해서 받은 PIN번호로 지원한 결과 서류 전형에 합격하였다. 선택과 집중이 필요한 상황에서 우리는 다른 회사 지원용으로 준비하던 자기소개서 작성을 모두 중단시켰다. 그는 불안하다며 계속 지원서를 넣겠다고 버텼지만, 백화점 면접에 올인할 것을 권하였다.

그가 우리의 코칭을 받아들이자 유통 관련 필드 조사를 하는 방식으로 컨설팅이 진행되었다. 매번 만날 때마다 서울 시내의 백화점 지점을 3~4시간 정도 방문한 경험을 토대로 A4 2장 이상의 리포트를 써오게 했다. 이를 바탕으로 면접 질문을 재구성하는 방법을 적용해 실무에서 강해보일 수 있도록 꾸준하게 컨설팅을 진행하였다. 또 우선순위가 높은 소재 위주로 질문에 대응할 수 있도록 스크립트를 작성하는 등 질의응답에 막힘없이 답변하기 위해 준비하였다. 결국 L군은 공채 최종 합격이라는 기쁜 소식을 들을 수 있었다. 일정 기간의 연수를 거쳐 지금은 백화점 재무관리팀에 배정되어 근무 중이다.

휴식도 전략, 불가능을 가능으로 만든 뚝심

L군은 전문대부터 시작하여 대기업에 입사하기까지 꼬박 10년이 걸렸다. 30세의 나이에 미취업 상태인 자신을 보며 울었다고 한다. 전문대학에서 호텔조리를 전공한 그는 을지대학교에 편입하여 외식조리학을 전공하였다.

해군에서 취사병으로 복무하던 시절, 군대에서 만난 친구의 소개로 찾아온 L군은 "저 같은 사람도 정장 입고 일할 수 있나요?"라는 물음으로 처음 취업컨설팅을 받았다. 토익은 750점, 학점은 4.2로 괜찮은 편이었지만 학교 인지도가 낮은 점과 조리학과의 특성상 계약직으로 조리하는 분야(예를 들어 식품코너 조리) 외에는 거의 진출이 불가능하여 졸업을 연기한 채 토익만 공부하고 있던 상황이었다.

조리 전공을 살리는 방향으로 진로 상담을 진행하는 한편, 식자재 유통과 관련된 분야의 영업관리직으로 목표를 설정하였다. 회사 규모와 상관없이 "공고가 뜨면 무조건 넣는다"라는 생각으로 식자재 영업에 특화된 자기소개서를 1개월에 걸쳐 작성하였다. 처음 그는 대기업 지원을 꺼렸다. 하지만 우리는 대기업의 이른바 낙장 채용(스펙으로 떨어질 지원자들 중 괜찮은 사람 몇 명을 면접에 끼어주는 방식)으로 붙을 가능성도 있음을 알려주고 지원케 하였다. 그 결과 'GS리테일' 1급, '오뚜기' 공채, '동원산업'에 모두 최종 합격하였다. 이중 오뚜기에 입사할 것을 권유하였으나 그는 동원산업 입사를 선택하였다. 동원산업의 경우 2개월 인턴을 거쳐 정규직 전환이 되는 방식이었다.

2개월 후, 회사에 잘 다니고 있을 줄 알았던 L군이 급히 상담을 요청해왔다. 팀장으로부터 최종 면접을 못 보게 될 거라는 통보를 받고 나서야 정규직 전환이 안 된다는 사실을 알았다고 한다. 일단 회사 결정이 내려진 후에는 뒤바꾸기 어렵고 근로기준법 등에도 걸리지 않으니 받아들이라고 말해줄 수밖에 없는 상황이었다. 2개월의 인턴 생활을 정리하는 마지막 날, 옆에서 축하 꽃다발을 받는 입사 동기를 보며 L군은 어두워질 때까지 혼자 사무실에 앉아서 분을 삭였다고 한다.

그 뒤 우리는 전략을 바꾸어 기존에 한 번이라도 지원했던 기업은 모두 제외시키고 입사 지원서를 다시 작성하도록 조언하였다. 미련이 남았는지 그래도 또 넣어보겠다는 L군을 강력하게 저지한 후 재작성한 지원서를 제출하게 하였다. 이런 방식으로 L군은 '제네시스BBQ'와 유제품 대기업에 서류 합격을 하였다. 그때가 L군의 나이 29세, "이제 하반기니까 30세 이전에는 취업이 되겠지"라는 생각에 다소 여유 있게 구직 활동을 했지만 2개월이 지나도 아무 통보가 없었다. 제네시스BBQ에 연락해보니 서류 합격 통보는 했지만 이미 다른 지원자들 면접이 다 끝난 상태고, 혹시 몰라서 합격으로 분류했었는데 미안하다고 했다. 유제품 대기업 역시 1차 면접 합격 후 마지막 기회라며 열심히 준비했지만 회사 사정으로 하반기 공채가 취소되었다.

그는 무직자 신분으로 30세를 맞았다. 이미 이 정도면 대한민국 청년 취업의 전설로 남을 만하다. 이 상황에서는 휴식이 필요하다고 판단되어 아예 한 달간 구직 활동을 중지하고 잠깐 쉬자는 컨설팅 해결책을 제시하였다. L군은 불안해서 쉴 수도 없다고 했지만, 우리는 한 달간 쉼표를 찍고 다시 시작하는 이유를 설명해주었다. 그리고 12월 셋째 주부터 다음 해 1월 둘째 주까지 아무것도 안 하고 정말 푹 쉬었다. 물론 L군의 마음은 전쟁터였겠지만.

한 달 후, 우리는 식자재와 식품회사 영업관리직 수시 채용에 지원서를 넣게 하였다. 그러는 도중 지난번 채용 취소로 불발된 유제품 대기업에서 수시 채용공고가 올라왔다. L군은 지난해 넣었던 서류를 30퍼센트 이상 수정하여 다시 제출하였고, 2차 면접을 거쳐 최종 합격하였다. 지금은 전라남도 지역 마트 영업관리 직원으로 근무 중이다.

1년 경력으로 글로벌 리서치 회사로 이직 성공

중앙대학교 아동복지학과에 입학했다가 통계 분야로 진로를 바꾼 C양은 사회학과로 전과하여 SPSS(통계프로그램)를 활용한 스터디를 통해 취업 준비를 시작하였다. 졸업 예정자였던 그녀는 "은행권에 가야 안정적이다"라는 주변의 말을 듣고 갑자기 금융권 입사를 준비하게 되었다고 한다. 그것이 화근이 되어 펀드투자 자격증을 취득하고 우리은행에서 인턴을 하였으나, 금융권 서류 전형조차 통과하지 못하고 지원하는 족족 탈락하는 경험을 하였다. 졸업 후 5개월 동안 행정 인턴을 했지만 취업에는 별 도움이 못 되었고 정규직 전환의 기회도 얻지 못했다. 결국 그녀는 직원 5명 규모의 리서치 대행사에 취직하여 1년간 근무하였다. 그러면서 이직 계획을 세웠고 성공적인 이직을 위한 취업컨설팅을 시작하였다.

우리는 먼저 리서치 대행사에서 조사 업무에 참여했던 경험을 토대로 경력기술서 1부를 작성하게 하였다. 그리고 4학년 때 작성한 자기소개서가 아닌 1년 근무한 사람의 자기소개서급으로 바꾸는 서류 작성컨설팅과 첨삭 지도를 병행한 후 리서치를 주 업무로 하는 회사 위주로 계획을 잡고 지원하게 하였다. 마침내 1년 이상 근무 경험이 있는 신입사원 채용을 공고했던 서대문에 위치한 외국계 리서치 회사에서 면접 제의가 들어왔다. 우리는 외국계 기업의 면접 방식인 일대일 면접을 집중적으로 코칭하는 한편 문제해결을 위한 시뮬레이션을 반복하여 좋은 결과를 이끌어냈다. 현재 C양은 1년 경력을 통해 글로벌 리서치회사의 신입사원으로 입사하여 리서치 프로젝트 업무를 수행하고 있다.

취업의 밑바닥에서 대기업으로 올라간 어느 해외파의 고군분투기

조기 유학자였던 L군은 인도네시아에서 영국계 사립학교를 졸업한 후 미국으로 건너가 미시간주립대학교(Michigan State University)에서 마케팅을 전공하였다. 4년간의 미국 유학 기간 동안 군대 문제를 고려하지 않았던 그는 대학 졸업 후 미국 내 취업을 포기한 채 귀국할 수밖에 없었다. 2년간의 군복무를 마치고 국내 취업을 위해 구직 활동을 시작했지만 돌아오는 것은 불합격 통지뿐이었다. 그는 마케팅 관련 기획사와 대기업에 모두 탈락하고, 결국 6명이 일하는 광고대행사에 입사하였다. 첫 단추를 너무 성급하게 꿰었는지 L군은 첫 번째 회사는 3개월, 두 번째 회사는 5개월 만에 그만두는 기록을 세웠다. 그

제야 현실을 직시한 L군은 취업컨설팅을 받기 위해 찾아왔다.

먼저 유학생의 특징인 부실한 자기소개서를 다시 쓰게 하였다. 구성력을 높이고 문어체로 바꾸는 서류 코칭과 첨삭 지도를 병행하였고, 취업에 합격한 국내 대학 졸업자의 자기소개서 사례를 계속 연구하게 하였다. 그 덕분에 국내 주요 대학 졸업자와 유사한 수준의 서류를 완성할 수 있었다.

유학생들이 흔히 범하는 오류는 영어와 한국어를 혼용하여 적는 것과 미국식 약자(예를 들어 UMCP는 University of Maryland College Park의 약자)를 남발하는 것이다. L군 역시 자기소개서에 이 문제가 그대로 노출돼 있었는데, 이를 없애는 데 주안점을 두어 코칭하였다. 이후 '아모레퍼시픽'의 최종 면접까지 갔으나 불합격하였다. 첫 대기업 면접을 경험한 뒤로 자신감이 생겼는지 보다 적극적으로 구직 활동에 임하는 모습을 보여주었다.

우리는 직장 예절 등 한국 문화에 대해 그가 잘 모르는 부분을 정리하여 질의응답을 해나가는 방식으로 면접을 준비하였다. 특히 화술에 중점을 두고 자신을 표현할 수 있도록 코칭을 제공하였다. 결국 그는 합숙 면접까지 실시하는 대기업의 마케팅 계열사의 3차 면접을 통과해 입사하는 데 성공하였다. 하심(下心: 나를 낮추는 마음)이라는 화두를 던지며 끝까지 최선을 다한 결과였다. 지금 L군은 대기업의 광고 계열사에서 근무하고 있다.

대기업 공채,
이것이 달라지고 있다

2012년 하반기부터 공채 전형에도 변화의 바람이 불고 있다. 전체 공채 인력의 15퍼센트를 차지하는 새로운 채용 방식에 대해 알아본다.

신입사원 엑소더스 시대

삼성에 입사하는 신입사원 중 1년 안에 그만두는 사람이 얼마나 될까? 25~30퍼센트 사이로 추정되는 삼성그룹의 신입사원 이탈률을 보면 왜 삼성그룹이 채용 혁신을 선택했는지 알 수 있다. 채용 혁신을 자세히 들여다보면 지방대 출신에게 가산점을 주어 우대하고 전체 선발 인원의 35퍼센트를 할당하며, 저소득층도 5퍼센트 수준에서 특별 채용한다. 여기에 고졸 채용을 늘려서 어려운 환경에서도 기회가 주어진다면 꿋꿋하게 일할 수 있는 인재를 찾고자 하는 것이다. 실제로 1970년대 후반부터 1980년대 초반에 삼성그룹 공채로 입사하여 임원이 된 사람들 중 비SKY(서울대·고려대·연세대) 출신이 많은 것을 보면 스펙으로 삼성에 취업하는 시대는 지나갔다고 볼 수 있다.

삼성의 신입사원 퇴사율이 이 정도라면 다른 기업은 어떨까? 신입사원 '엑소더스(Exodus)'라고까지 불리는 이 상황을 살펴보면, 한 대형 식품업체의 경우 최종 합격 발표 직후 5명이 그만두었고, 연수 과정에서 매일 퇴사하기 시작하여 1년 동안 90명 중 총 30명이 퇴사하였다.

한국경영자총협회(경총)가 전국 392개 기업을 조사한 결과를 보면(2012년 조사 자료), 대졸 신입사원의 1년 이내 퇴사율은 23.6퍼센트로 2010년 15.7퍼센트에서 매년 조금씩 올라가고 있다. 중소기업의 경우를 보면, 입사 포기율이 25퍼센트가 넘고 1년 이내 퇴사율도 30퍼센트를 넘어선다. 이 말은 대졸 신입사원 중 1년 뒤에도 중소기업에 남아 있는 직원이 채 50퍼센트도 안 된다는 의미다.

신입사원들이 조기 퇴사를 결심한 이유를 살펴보면 "평소 생각했던 것과 직장은 많이 다르다"와 "집에서 멀고 근무 환경도 좋지 않다"가 압도적으로 많다. 이것은 이들이 살아오면서 절박함에 대한 경험이 없고 드라마 등을 보면서 직장에 대한 환상만 키웠기 때문이다. 여기에 한 번 취업했으니 다시 도전해도 될 거라는 근거 없는 자신감이 더해져 직장을 그만두는 것이다. 이러한 자신감은 그리 오래가지 못한다. 취업 준비생으로 다시 돌아간들 더 좋은 직장에 들어간다는 보장도 없다. 그보다는 자신만의 커리어패스를 만들어서 계속 밀고 나가는 것이 현명하다.

대기업의 새로운 채용 방식

새로운 정부가 구성되고 '창조경제' 이슈가 생기면서 채용에도 새바람이 불고 있다. 신규 채용 인력을 확대하기보다는 기존 공채 선발 인력의 5~15퍼센트 정도를 새로운 방식으로 채용하는 기업들이 늘어나는 추세다. 스펙으로 대변할 수 있는 공채 전형은 모범적인 인재를 찾는 데는 적합하지만 맞춤형 인재를 찾기에는 부족한 점이 많다. 충성도가 높을 줄 알고 뽑았던 신입사원이 대거 퇴사하는 일이 몇 년간 반복되면서 기업의 인식도 많이 달라졌다. 이제는 직무 및 업무와 연관된 경험과 전문성이 있는 사람을 채용할 수 있는 평가 기준이 대세다.

공채 전형의 변화는 신입사원의 의식과 조직에 대한 생각 그리고 직업에 대한 생각과 가치관이 이전 세대와 다르다는 것을 기업 인사팀에서 일정 부분 인지하였기 때문에 가능해졌다. 앞으로는 '쓸어 담기'식 공채 전형을 축소하고 직무능력을 우선시하며 수시 채용을 하는 방식으로 계속 변화될 것이다. 또한 기본기 확인 차원에서 단순히 자격증을 기재하는 방식에서 벗어나 외국계 기업의 신입 채용처럼 실제 업무에 필요한 세부 능력과 기술 보유 사항을 기술하고 면접 때 확인하는 방식으로 바뀔 것이다.

표 4-1 | 국내 대기업의 새로운 채용 방식

삼성 컨버전스 소프트 아카데미 • 인문계 전공자 400명 선발 • 6개월간 교육 후 SW엔지니어로 육성 • 공채 지방대 35%, 저소득자 5% 쿼터 적용	**현대자동차 잡페어** 5분 자기PR(PT) 실시 후 평가를 거쳐 합격자에게 서류 전형 면제
SK 바이킹 챌린지 • 오디션과 합숙을 통해 공채 인원의 10% 가량 인턴사원을 선발 • 창업이나 특허 경력 우대 • 지방대 쿼터 적용(30% 이상)	**LG 글로벌 챌린지** • 대학생 해외 탐방 보고서(공모전 형식) • PT 심사 후 해외 탐방 기회 부여 • 현장 채용 추천 우대
포스코 챌린지 인턴십 • 도전정신, 창의성에 대한 에세이 평가 • 연간 인턴사원 850명 중 400명 선발 (창의 전형은 스펙 無기재, 에세이만 평가)	**롯데그룹 A그레이드 공채** • 학력 제한 폐지 • 고졸자도 지원 가능하며 대졸자와 동등 대우
KT 올레 오디션 올레 잡페어에서 5분 PR을 통과하면 서류 전형 면제	**한화그룹** • 대기업 중 처음으로 인적성 검사 폐지 • 전형 기간을 1.5개월 이내로 단축
두산그룹 서류 전형에서 학점 기재란 삭제	**효성그룹** 면접 시 이름만 수험표에 기재하고 블라인드 면접 실시
CJ그룹 서류 전형 지원 시 학력 및 사진 제외	**GS그룹** • 칼텍스: 한국사능력시험 • 리테일: 토론 면접(유통 관련 주제) 비중 증가 • 건설: 블라인드 면접 실시

그림 4-1 | 신입사원 모집 시기

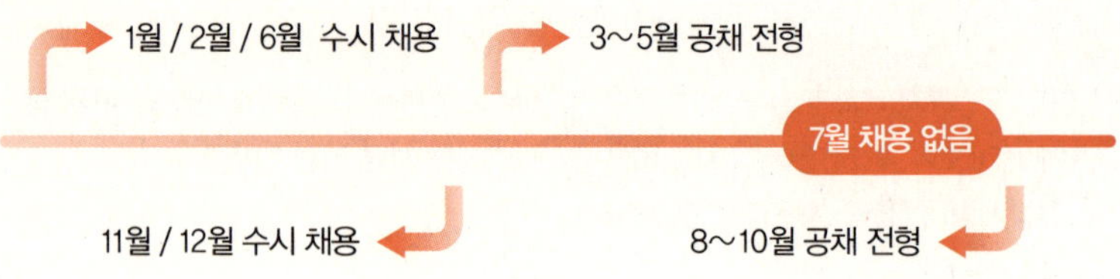

기업이 신입사원을 모집하는 시기

기업들마다 조금씩 다른 채용 전형은 공채 시기와는 별도로 채용 공고를 올리고 진행하는 경우가 대부분이다. 취업 준비생들이 반드시 알아야 할 사항 중 한 가지는 “기업은 1년 내내 사람을 뽑는다”라는 것이다. 취업컨설팅을 진행하면서 1년 중 채용과 면접이 가장 적은 때가 바로 7월 여름휴가 기간이다. 이때를 제외하고는 연중 신입사원을 선발한다는 공고가 올라온다.

특히 시기적으로 8월 광복절 직후, 추석연휴 직후, 그리고 새해 첫 달인 1월 둘째 주에 채용공고가 많이 올라온다. 공채만 노릴 것이 아니라 이런 수시 채용에도 관심을 가져야 한다. 스펙 쌓기를 명분으로 구직 활동을 미루는 것은 하루 빨리 취업하겠다는 목표를 뒤로 늦추는 결과밖에 안 된다. “다음에 지원해야지” 하다가는 평생 취업하지 못 한다.

외국계 기업,
제대로 알고 공략하라

영어를 잘하면 무조건 외국계 또는 글로벌 기업에 입사할 수 있다고 착각하는 취업 준비생들이 많다. 또 외국계 기업에 입사하면 다양한 복지 혜택과 높은 연봉, 긴 휴가를 누릴 수 있다고 생각한다. 막연히 외국생활을 꿈꾸기도 한다. 정말 그 모든 게 가능할까?

외국계 기업이라 할지라도 그 안에서 근무하는 사람들이 전부 한국인일 수도 있고, 업무 매뉴얼과 회사 조직만 외국의 룰을 따를 뿐 나머지는 모두 한국식인 기업들도 있다. 외국계 기업에 대한 정보를 얻는 방법을 찾아보자.

그림 4-2 | 외국계 기업의 유형

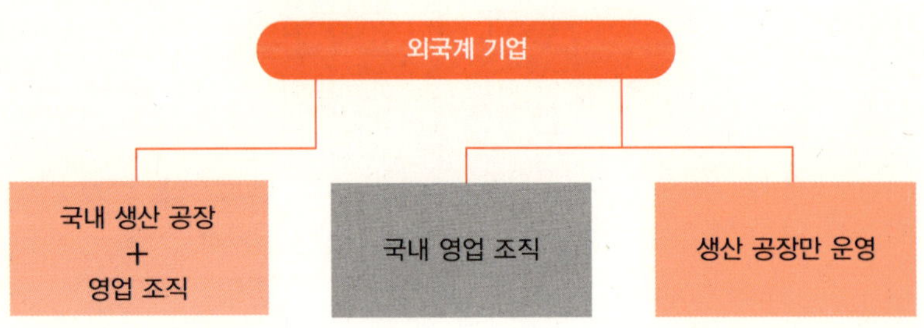

외국계 기업이 국내에서 어떻게 운영되는지 확인하라

국내에 진출한 외국계 기업은 크게 두 가지 유형으로 구분된다. 첫 번째는 국내에 생산 공장과 영업 조직이 있는 기업이고, 두 번째는 자국의 제품이나 서비스를 국내에 들여와 유통 및 영업만 하는 기업 또는 국내에서 생산된 제품을 전량 수출하는 기업으로 나누어볼 수 있다. 예를 들어 한국네슬레의 경우, 충북 청주에 공장이 있고 전국적인 영업 조직도 갖고 있다. 즉 생산과 유통, 영업까지 모두 국내에서 이루어지며 다른 경쟁기업들과 비슷한 규모와 사업 포트폴리오를 가지고 있다. 이탈리아의 발보일(Walvoil) 역시 유압기기 전문 생산업체로 지난 15년간 국내 영업 조직을 갖고 있었고, 2008년부터는 조립생산도 시작하였다. 국내에서 생산 및 영업을 모두 하고 있는 기업이다. 반면에 농기계 생산업체인 일본의 구보다(クボタ)는 트랙터, 콤바인, 이앙기 등을 일본에서 전량 생산하고 국내에서는 전국적인 영업 조직만 운영하고 있다.

이렇게 외국계 기업은 다양한 형태로 국내에서 운영되고 있다. 외국에서는 큰 기업일지라도 국내에서는 상당히 작은 조직으로만 운영하는 경우도 많고, 국내에서 제품 생산이나 연구개발(R&D) 조직 없이 영업만 하는 조직 형태로 운영하는 곳도 많다. 따라서 외국계 기업에 입사하더라도 순환보직 등을 통해 다양한 직무를 경험하는 게 어렵고, 한 가지 업무에만 종사하는 경우가 많다. 만약 다양한 업무 경험이 목적이라면 외국계 기업의 브랜드만 보고 선택해서는 안 될 것이다. 국내에서 어떤 형태로 운영되는지 자세히 알아보자. 그런 다음 외국계 기업의 채용공고를 찾아보는 것이 바람직하다.

외국계 기업에 대한 환상을 버려라

대부분의 취업 준비생들은 '외국계 기업' 하면 무조건 국내 기업보다 근무 조건이나 대우가 좋을 것이라고 생각한다. 외국계 기업도 기업 나름이며 모든 외국계 기업이 선진국에 본사를 두고 한국에 진출한 것은 아니다. 단순한 환상은 금물이다. 외국계 기업 중 국내에 영업 조직만 있거나 생산 조직만 있는 경우, 직원들을 위한 교육 연수 프로그램이 상대적으로 열악하다. 직무능력을 개발할 기회 역시 상대적으로 적다.

대부분의 외국계 기업은 수시 채용으로 맞춤형 직원을 충원하기 때문에 체계적인 업무 프로세스를 필요로 하지 않는다. 따라서 입사 후에 혼자 매뉴얼을 보고 업무를 익히거나 일을 잘하지 못한다는 평가를 받을 수도 있음을 알아야 한다. 처음에는 단조롭고 편해보여서 접근했다가 시간이 흐른 뒤 도전의 기회가 많은 다른 회사 또는 비슷한 시기에 취업한 친구들과 비교해보면서 이직을 생각하는 경우도 생길 수 있다.

개인을 배려하고 야근도 없는 회사, 좋기만 할까?

개인에 대해 최대한 배려해주고 인정해주는 외국계 기업의 분위기는 국내 기업과는 확연히 다르다. 그런 만큼 성과를 평가하고 보상하는 데 있어 상당히 냉정한 것도 바로 외국계 기업이다. 국내 기업과 다른 점은 동일한 시기에 입사하여 경력이 비슷하다 하더라도 성과에 따라 연봉을 달리 책정한다는 것이다. 또한 연봉에 의해 업무 역량 향상 및 동기 부여를 받을 수 있는 조직 문화에서도 차이점이 나타난다. 팀제 안에서 다른 직원들에게 묻어가는, 이른바 무임승차식 업무 처리는 거의 불가능하다.

신입사원으로 입사할 경우 조기 전력화를 목적으로 업무 배분을 하기 때문에 개인의 능력을 빨리 성장시킬 수 있지만, 이런 변화되는 분위기에 스트레스를 받는 성향이라면 적응하기까지 상당히 힘들 수 있다. 하지만 자신의 업무 역량에 대한 PR이 자유로운 점은 장점이다. 또한 내부 직원에게 채용 기회를 주거나 지인 추천 채용(Referral)을 많이 활용하기 때문에 주변에 좋은 정보를 줄 수도 있다.

외국어 능력은 외국계 기업 조직 내에서 성장하기 위해서는 반드시 필요한 역량이지만, 입사 초기에는 매뉴얼을 이해하고 업무상 의사소통이 가능한 수준이면 된다. 혹 영어 때문에 망설인다면 용기를 내 도전해보자. 적극적으로 채용 정보를 찾다 보면 외국계 기업에 취업하겠다는 목표를 달성할 수 있을 것이다.

경력 1년 이상을 뽑는 외국계 기업이 많은 이유는?

외국계 기업의 채용공고를 보면 1년 이상의 경력을 가진 신입사원을 선발하는 경우가 많다. 이 같은 채용공고는 생애 첫 직장을 가진 사람들의 퇴사율이 높기 때문에 가급적 오래 일할 수 있는 사람을 찾는다는 의미지, 반드시 1년 이상 다른 회사에서 경력을 쌓고 와야 한다는 의미는 아니다.

기본적으로 대리 직급부터 헤드헌팅(Head hunting: 인재 스카우트, 고급 및 전문 인력의 재취업이나 스카우트를 중개하는 일)을 이용해 충원하기 때문에 일반 사원이나 주임급 사원을 선발할 때는 경력을 그리 중요하게 보지는 않는다. 만약 1년 이상 경력자를 뽑는다는 외국계 기업의 채용공고를 접한다면 "나는 자격이 안 되네" 하며 그냥 넘기지 말고 반드시 인사담당자의 이메일 주소를 확보하여 문의해보자. 알아보고 포기해도 늦지 않다.

면접은 일대일

보통의 기업 면접은 여러 명의 면접관 앞에서 자신을 소개하고 질문에 답변하는 방식으로 진행된다. 하지만 외국계 기업은 팀장급 실무담당자와 일대일로 면접을 볼 확률이 매우 높다. 물론 모든 외국계 기업이 그 방식을 채택하는 것은 아니다.

일대일 면접의 경우, 다대다 면접과 달리 직무에 대한 질문이 많을 뿐더러 답변도 가급적 길게 하는 것이 유리하다. 당연히 부담감도 크다. 특히 자기소개서 내용과 회사 업무를 연결시켜 질문을 할 수도 있으므로 면접 전에 준비할 것이 많다. 달달 외워서 하는 답변에는 한계가 있음을 알고 사전에 도움이 될 만한 기업 정보와 직무 관련 경험 등을 정리해두자. 일대일 면접은 다대다 면접보다 까다로우므로 철저한 준비와 연습이 필요하다.

금융권 취업, 사례를 보고 전략을 짜라

은행권으로 대표되는 금융권 취업은 선발 인원이 매우 적은 데도 불구하고 매년 상당히 많은 신입사원을 선발하는 것으로 오해하는 업종이기도 하다. 각 은행에 정규직으로 입행하는 인원은 반기에 40~100명 이내로 경기에 따라 차이가 있다. 이중 여성은 10퍼센트 정도 수준이어서 경쟁이 아주 치열하다. 그런데도 남성보다 여성 구직자 비율이 더 높은 기형적 구조를 가지고 있다.

안정적이라는 이유로 꽤 인기가 높은 금융권에 취업하려면 어떤 준비를 해야 할까? 금융권이 요구하는 스펙과 취업에 성공한 사람들의 사례를 통해 자신의 입사 가능성을 예측해보자.

금융권에 지원하는 취업 준비생들은 은행, 보험회사, 증권회사를 주요 취업 목표로 삼는다. 이들 중 대부분은 자기소개서 항목이 거의 일치하는 저축은행, 카드밴사(VAN: 카드사와 가맹점 사이에서 신용카드 승인 및 조회서비스를 돕는 일종의 중간 유통상), 대부업체 등에도 지원서를 넣는다. 다른 직종과 비교했을 때 신입사원 초봉은 비슷하거나 더 높은 수준이며, 직업 안정성도 높다. 매해 높은 경쟁률을 보이는 데는 그만한 이유가 있다. 그야말로 금융권의 인기는 식을 줄 모른다.

금융자격 3종 세트, 정말 필요한가?

2005~2007년 금융권 취업 경쟁이 심해지면서 지원자들 사이에서 금융 관련 자격증 취득 바람이 불었다. 마치 학생 때부터 금융 업무에 관심을 가지고 노력해왔음을 어필이라도 하려는 듯 경쟁적으로 자격증 공부에 열을 올렸다. 그전에는 입사 후 업무에 필요해서 취득하던 자격증을 이제는 입사 전에 미리 따는 게 당연한 일처럼 되었다.

금융업계 채용 시장은 2008년 글로벌 금융위기 이후 더 치열해졌다. 직업 안정성에 대한 욕구는 높아진 반면, 신입 채용 규모는 줄어들면서 경쟁률이 날로 치솟고 있다. 자연히 자격증 취득에 목매는 지원자들도 늘어났고, '금융 3종 세트' 즉 증권투자상담사, 펀드투자상담사, 파생상품투자상담사 자격증을 취득하는 게 거의 불문율처럼 자리 잡았다.

금융권 지원 시 확실하게 우대받는 자격증은 변호사, 공인회계사,

세무사, 감정평가사, 공인재무분석사(CFA), 공인노무사 등이다. 그 밖의 자격증은 실제로는 큰 의미가 없다. 그런데도 3종 세트니, 6종 세트니 하면서 자격증 취득을 부추기는데 솔직히 직무 연관성 측면에서 한 개 정도만 취득하는 선에서 타협하는 것이 가장 현명하다. 아니면 1~2년을 투자해서 앞에 명시한 전문 자격증을 취득하는 게 차라리 낫지만 현실적으로 이것도 쉽지 않은 도전이다.

다음은 같은 대학, 같은 전공을 가진 두 남성 구직자의 금융권 도전 사례다. 실제 이 두 사람은 2011년 하반기 금융권 공채에 나란히 지원했는데 한 명은 합격, 한 명은 불합격이었다. 성공과 실패의 원인이 무엇이었는지 살펴보자.

표 4-2 | 금융권에 지원한 H와 K의 스펙 비교

지원자 H	지원자 K
공통 스펙 • 서울 소재 대학 경영정보학과 졸업 • 3점대 중반 학점 • 토익 800점대 초반 • 동갑내기	
• 재무위험관리사(FRM) 취득 • 증권투자상담사 취득 • 파생상품투자상담사(구 선물거래) 취득 • 펀드투자상담사 취득 • 캐나다 어학연수 6개월 • 아르바이트 경험 없음 • 서울시 거주(서울 태생) • 주요 지원 기업: 증권사	• 금융 자격증 없음 • 대형마트 판매직 아르바이트 경력 2년 • 전남 여수시에서 서울로 유학 • 미국 배낭여행 1개월 • 중소기업 직장체험 2개월(학점 취득) • 주요 지원 기업: 대기업 제약영업

지원자 H와 K를 단순히 비교해보면 누구나 H가 금융권에 합격할 거라고 생각한다. 결과부터 말하면, 최종 합격자는 K였다. H의 경우 '금융 4종 세트'까지 갖췄지만 모든 금융권 공채에서 낙방하였고, 마지막이라고 생각했던 한맥투자증권에서 불합격 통지를 받으면서 완전히 금융권 취업을 접었다. 반면 K는 CJ제일제당 제약영업과 국내 4대 금융지주사 중 한 은행 공채에 합격하였고, 최종적으로 은행원의 길을 선택하였다. 이 사례에서 알 수 있듯이 금융권은 숫자와 경력만 보고 신입행원을 선발하지는 않는다.

정량적 평가로만 보지 않고 정성적 평가도 많이 반영하는 금융권의 특성이 잘 나타난 결과다. 지원자 H는 자신이 금융권에 취업하기 위해 부단히 노력했음을 계속 어필하면서 면접에 응시했고, 지원자 K는 제약영업직에 주로 지원하면서 '못 먹는 감 찔러나 보자'는 마음으로 금융권에도 서류를 넣었다. 그런데 K에게 금융권 면접의 기회가 온 것이다. K는 2년간 판매 경험치와 영업 직무에서의 자신감을 포인트로 삼아 면접관의 호감을 얻는 데 성공하였다.

K의 경우 지원자 H와 비교했을 때 전혀 준비되지 않은 듯 보였지만 실질적으로 업무에 투입했을 때 더 높은 성과를 낼 수 있다는 점이 받아들여져 취업에 성공한 사례다. 금융권은 전문 자격을 갖추지 않은 이상 지원자가 지금까지 무엇을 했는지에 대해선 관심을 두지 않는다. 입사 후 정해진 틀 안에서 최대한의 실적을 낼 수 있는 미래 역량에 더 큰 관심이 있음을 기억하기 바란다.

한편 금융권 지원에 자신감이 쌓이면서 판단 실수로 실패한 경우도 있음을 기억하자.

지나친 자신감에 제 발등 찍다

상경계 출신 여자가 갈 수 있는 데는 금융권밖에 없고, 일반 회사는 '남자가 스펙'이라 여자는 힘들다는 이야기를 들으며 "은행에 취직해야지!"라는 결심을 굳혔다. 소위 금융권 취업에 필수라는 금융 자격증을 2개 취득한 다음 국민은행에서 실시한 대규모 인턴 채용에도 붙었다. 방학 내내 은행 지점에서 인사만 신나게 하다가 공채 시즌을 맞았다. 제2금융권까지 모조리 지원하겠다는 생각으로 전미옥, 신현종 코치님의 조언에 따라 자기소개서도 미리 작성해놓았다. 상대적으로 논술 준비에 시간을 많이 투자할 수 있었다.

운이 좋았는지 친구들은 모두 떨어지는데 나는 서류도 합격하고 인적성 검사와 논술을 보러 갈 기회도 계속 생겼다. 정신없이 구직 활동을 하다 보니 내게 남은 마지막 면접은 경남은행, 농협중앙회 신용사업부(현 농협은행), 신영증권 이렇게 3개사였다.

면접을 앞두고 나는 지점을 방문해보라는 신현종 코치님의 조언에 따라 신영증권 도곡역 지점을 찾아갔다. 그런데 이게 웬일? 지점장님이 나를 보더니 깜짝 놀라시는 거다. 내일 면접관으로 참가할 예정이어서 지원자('나')의 이력서를 살피고 있었는데, 그때 당사자인 내가 지점 안으로 걸어 들어왔으니 얼마나 놀랐겠는가? 이런저런 이야기를 듣고서 신영증권 면접을 잘 봤고 합격 소식을 들었다. 그런데 경남은행에서도 합격 통보가 왔다.

드디어 꿈에 그리던 금융권 최종 합격! 원래 집이 부산이어서 쉽게 서울 생활을 정리할 수 있을 거라 생각했는데 막상 붙고 나니 마음에 동요가 일었다. 내려가면 서울의 가로수길, 홍대 앞, 강남역 등이 너무 그리울 것 같았다. 친구들도 다 서울에 있는 데다가 다시 예전처럼 부모님의 관리(?)를 받으며 살 생각을 하니 망설여지기 시작했다. 게다가 이번 경남은행 합격자는 부산이 아닌 마산이나 양산 등지로 발령이 날 거라는 이야기까지 들은 터라 더 내키지 않았다.

결국 나는 경남은행을 포기하고 농협 최종 면접에 가겠다는 출사표를 던졌다. 두 분 코치님뿐만 아니라 모두가 말렸지만 나는 자신 있었다. 그러나 결과는 불합격. 3번의 최종 면접 기회 중 두 곳이나 합격해놓고도 잘못된 판단으로 결국 취업 실패자가 되고 말았다.

니들이
영업직을 알아?

이제 기업은 ERP 시스템의 도입으로 회사 관리에 필요한 인력을 대폭 줄일 수 있게 되었다. 공장에도 자동화 설비가 늘어났고, 이제는 기계가 거의 대부분의 일을 하고 있다. 즉 영업 관련 직무 외엔 사람이 하는 일이 줄어들었다는 말이다. 그런데 많은 사람들이 영업직을 오해하고 기피하는 성향이 있다. 영업직에 대한 오해를 풀면 의외의 길에서 취업의 문이 보일 것이다.

취업 준비생들에게 '영업직' 하면 떠오르는 이미지가 무엇이냐고 물어보면 "거리에서 뭔가를 팔고 있는 불쌍한 사람이 떠올라요"라는 답변을 많이 한다. 거리에서 물건을 파는 상인을 영업하는 사람으로 인식하고 있다는 의미다. 그러면 다시 질문을 하겠다.

그림 4-3 | 일반적인 영업직 이미지

코치: 회사에서 월급을 어떻게 줄까요?

구직자: 돈 벌어서 주지 않나요?

코치: 그러면 본인은 취업 후 회사에 얼마나 벌어다줄 수 있나요?

구직자: 제가 회사에 돈을 벌어다줘야 하나요?

회사는 제품을 만들어 판매하거나 무형의 서비스를 제공하여 매출을 발생시킨다. 이것을 가지고 사무실도 유지(경상비용)하고 직원들 월급(인건비용)도 준다. 그런데 영업 조직이 없다면 누가 매출을 가져다줄 수 있을까? 회사 내에서 누군가가 영업과 관련된 업무를 하고 있기 때문에 매출이 발생하고 회사가 성장하는 것이다. 그냥 가만히 앉아 있는 직원은 한 명도 없다. 즉 회사 직원 중 80퍼센트 이상은 영업과 관련된 일을 하고 있다는 의미다.

그림 4-4 | 영업사원과 판매사원의 차이점

여기서 우리가 알아야 할 것은 바로 영업직과 판매직은 다르다는 점이다. 영업직은 우리 회사의 제품이나 서비스가 현재 잘 팔리고 관리가 잘 되고 있는지, 제품은 부족하지 않은지, 매출 증대를 위한 마케팅과 제휴를 어떻게 해야 하는지 등에 대해 전반적으로 모니터링한다. 때로는 현장에서 영업관리와 판매 업무를 할 때도 있고 보고서를 작성해서 상사나 동료들에게 영업 상황을 브리핑하기도 한다. 위의 두 그림을 보면 쉽게 이해될 것이다.

그림 4-5 | 상품의 재고 파악도 영업사원의 업무

재고
재고 파악을 통해 상품관리를 하고 있다. 이 역시 영업사원의 몫이다.

영업직과 판매직을 구분하지 못한다면 취업하기 어렵다. 사람이 하는 일 중 영업과 관련된 업무가 가장 많다는 점과 대학 졸업장을 가진 사람을 채용하는 영업 직무라면 단순한 판매직과는 달리 회사 매출에 대해서 보다 더 많은 책임과 권한을 가지게 된다는 점을 명심하기 바란다.

영업은 못해도 마케팅은 잘할 수 있다고?

여러분이 알고 있는 영업직은 무엇인가? 앞에서 영업직과 판매직을 구분해보았는데 아직까지도 영업직에 대해 잘못 알고 있거나 잘 모르겠다면 이번에 확실하게 알자. 영업 없는 마케팅은 영혼 없는 마케팅이다.

영업직 = 영업관리 + 영업기획(마케팅) + 영업지원

마케팅홀릭! 구직자의 두 귀와 두 눈을 막고 있다

구직 활동을 시작한 지 얼마 되지 않은 상경계열 구직자들에게 "어떤 직무에 지원하고 싶은가?" 하고 물으면 대부분이 "마케팅이요!"라고 답한다. 이유를 물어보면 "영업은 저랑 좀 안 맞는 것 같고 마케팅은 왠지 잘할 수 있을 것 같아요"라고 한다.

여기에는 구직자들이 모르는 상당히 불편한 진실이 숨어 있다. 바로 마케팅이 곧 영업이라는 것이다. '마케팅'이 무엇인지 포털사이트에서 검색해보면 '생산자가 상품 또는 서비스를 소비자에게 유통시키는 데 관련된 모든 체계적 경영 활동'이라는 정의가 나온다. 영업을 하지 않는데 상품과 서비스가 어떻게 유통될까? 바로 마케팅은 영업 중 한 부분이며, 회사에서 사람에게 일을 맡겨서 매출을 올리는 일은 모두 영업이라고 포괄해서 생각해야 한다는 점을 명심하자.

영업에는 네 가지가 있다

영업에는 영업관리, 영업지원, 영업기획, 유통이 포함된다. 이 네 가지 중에서 유통을 별개로 떼어놓으면 영업관리, 영업지원, 영업기획, 이 세 가지 직무가 합쳐져서 영업직 또는 영업사원으로 통칭된다. 마케팅은 영업기획 업무에 속하며, 영업에 대한 다른 부분을 모두 알고 경험해야 영업기획과 관련된 업무를 할 수 있다. 즉 신입사원을 많이 채용하는 포지션이 아니라는 것쯤은 눈치껏 알고 있어야 한다.

그림 4-6 | 오뚜기 채용공고

모집부문

모집부문	근무지	모집전공	어학기준	인원
영업	전국	- 전공 제한 없음	- 어학기준 제한 없음	00명
R&D	안양	- 식품공학/식품영양학/식품가공학/식품생명공학 - 생명공학/분자공학/미생물공학/유전공학/고분자생물학 - 화학/유기화학/응용과학/분석화학/생물학 - 외식조리학/조리과학/호텔조리학/식품조리학	- 토익 800점/토익 SPEAKING 6급 이상 동시 보유자 - OPIc 또는 OPIIH 등급 이상자 (영어 및 기타 외국어 포함) - 텝스 710점 이상자 - 중국어 신HSK 5급 이상자 - JPT 750점 이상자 - 기타 이에 준하는 어학성적 소지자 및 외국어 회화 가능자 ***상기 기준 중 하나 이상 충족해야 함** **최근 2년 이내 성적표만 유효**	
제조 및 QC	안양 음성 삼남	- 식품공학 관련 계열 - 생명, 화학, 자연과학, 산업공학 계열 ※환경, 대기, 수질, 전기 관련 자격증 보유자 우대		

그림 4-6은 '오뚜기'의 채용공고 사례다. 먼저 오뚜기 웹사이트(www.ottogi.co.kr)에서 '채용' 부분을 클릭해 들어가면 직무 소개가 나온다. 거기에는 영업, 제조, 마케팅, PR, 관리, IT, 디자인, R&D가 있다고 명시되어 있다. 그런데 채용공고를 살펴보면 영업, R&D, 제조 및 QC를 선발한다고 되어 있다. 영업을 제외한 나머지 두 직무에는 전공 제한과 어학기준 제한이 있어서 관련된 사람이 아니고서는 지원 자체가 불가능하다. 하지만 영업직은 전국에서 선발하고 모집 전공이나 기타 제한이 없어서 4년제 대학을 나와 학점 3.0 이상이면 누구

나 지원할 수 있다. 모집 인원이 ○○명인데 거의 대부분은 영업 직무에서 선발하며, 나머지 직무에서는 필수 인원 약간 명만 선발할 예정이다.

그렇다면 나머지 구직자들이 관심 있어 하는 관리직(총무, HR, 재무 등)이나 마케팅직은 왜 아예 모집 부문에 없을까? 그것은 영업 직무로만 신입사원을 선발하기 때문이다. 회사는 특정 직무를 원하는 지원자보다 오뚜기에 입사하고 싶어하는 지원자를 선택하여 채용할 생각인 것이다. 마케팅이나 관리 직무 등은 경력직에게 더 적합하므로 별도로 뽑지 않고 기존의 인적 자원에서 선발하는 게 일반적이다.

다음 사례인 그림 4-7은 현대자동차그룹의 계열사인 현대오토에버(www.hyundai-autoever.com)의 채용공고다. 현대오토에버는 오뚜기와 달리 소비자들을 대상으로 제품을 판매하는 회사가 아니다. B2B(Business to Business)만 주로 하는 이 회사의 채용공고에는 두 가지 직무만 올라와 있다. 현대자동차그룹사의 IT서비스를 제공하는 기업이기 때문에 당연히 IT 관련 인력을 선발하는 IT 부문이 있고, 그 외에는 영업 직무를 선발한다고 되어 있다. 기업에 ERP컨설팅, 솔루션컨설팅, 보안컨설팅 및 IT 관련 인프라 운영을 제공하는 서비스를 하고 있어 각 업체들(현대자동차그룹 계열사 포함)과 지속적으로 업무를 할 사람이 필요하다. 또 새로운 서비스를 소개하여 계속적인 매출을 만들어내야 하는 업무 특성상 영업관리를 잘할 수 있는 영업사원을 선발해야만 한다.

사례로 소개한 두 기업 모두 처음에 영업직으로 입사하여 업무 역량이 되었을 때 다른 직무를 할 수 있는 것이지, 처음부터 자신이 하

그림 4-7 | 현대오토에버 채용공고

모집요강

모집분야(사업부)	인원	자격요건	근무지역
IT 부문	00명	– 전공무관 – 학사/석사/박사 학위 소지자(졸업예정자 포함) – IT 관련 자격증 소지자 우대	서울/경기/마북 화성/울산
영업부문 (IT영업)	00명	– 전공무관 – 학사/석사/박사 학위 소지자(졸업예정자 포함) – IT 관련 지식 보유자 우대	서울(본사)

- 2013년 8월 학사/석사/박사 학위취득 예정자 또는 기졸업자
- 최종합격 후 즉시 입사하여 근무가능한 자(2013년 7월 초 입사 예정)
- 해외 여행 및 근무에 결격 사유가 없는 자
- 병역필 또는 면제자
- 영어회화 가능자 우대

고 싶은 직무에 지원할 수 있는 것이 아니다. 마케팅, 인사, 총무, PR 등 자신이 취사선택한 직무만 지원하겠다는 생각으로 취업 준비를 한다면 절대 성공할 수 없을 것이다.

스토리로 이해하는 영업 직무(D사 사례)

서울 강남에 본사를 두고 국산 완성차 메이커에 배터리를 납품하는 D사. 이 회사에 영업직 신입사원으로 들어온 K는 업무를 배우며 열심히 일하다가 드디어 첫 출장을 가게 되었다. 출장지는 창원. 그곳에 도착해서 차량 생산일정에 맞춘 배터리 재고를 확인한 후 다음 달 재고분을 공장에 주문하면 끝나는, 비교적 단순한 업무였다. 그런데 완성차 업체 직원이 "아직 일반에 공개되지 않은 신차 개발 테스트가 있는데, 종류별로 차량 배터리를 충분하게 준비해줄 수 있나요?" 하며 부탁해왔다.

생각지도 못했던 돌발 상황에 K는 선배에게 전화를 걸어 해결책을 물었다. 그랬더니 공장으로 전화를 해보란다. 그는 다시 공장장에게 전화로 해당 배터리를 충분히 준비해줄 수 있냐고 물었다. 공장장은 생산일정에 왜 갑자기 끼어드냐며 화를 냈다. 중간에서 어찌할 바를 몰라 허둥대다가 다시 서울 사무실에 전화를 걸어 박 과장에게 사정을 이야기했다.

박 과장은 "그곳 상황은 부산공장에 출장 간 정 대리를 보내 해결할 테니, K는 재고만 확인하고 다음 출장지인 군산으로 곧장 이동하라"는 지시를 내렸다. 군산의 자동차 배터리 대리점 총판에 들려서 다음 달 프로모션에 대한 협조사항을 전달하되, 그곳으로 이동하면서 서 주임한테 엑셀 파일로 발주서를 보내면 서 주임이 공장에 발주를 넣을 거라는 이야기였다. K는 군산으로 이동하면서 노트북을 켰다. 그리고 발주서 숫자가 틀리지 않을까 조심하면서 엑셀 서류를 작성해 서 주임에게 이메일로 보낸 뒤 그 사실을 전화로 알려주었다.

위의 사례에서 K는 영업관리직 신입사원이다. 그의 출장 업무는 자동차 배터리를 판매하는 것이 아니라 차량 생산에 필요한 배터리 재고 확인이었다. 뜻밖의 문제로 당황한 K를 대신해 영업관리 경험이 풍부한 정 대리가 일을 처리하러 창원으로 갈 것이다. 그리고 K의 발

표 4-3 | 영업 직무

구분	업무
영업관리	• 회사 제품이나 서비스가 소비자에게 전달되기까지의 과정을 담당 • 대리점, 판매처, 지역총판 담당자들과 현장에서 일어나는 업무 수행 • 현장 상황에 따라 제안 자료 작성 및 고객 요구 사항 분석 • 지역별 판매 실적 분석 및 고객 이슈 분석 업무 • 영업정책 변경이 있을 경우 서베이(조사) 및 현장 의견 전달 • 회사나 제품 특성에 따라 판매 지원
영업지원	• 발주, 취소, 대금 청구와 수금 등에 대한 전반적인 업무 과정 수행 • 영업관리 직원의 업무 중 서류 수발과 전달 등의 지원 업무 • 현장에서 일어나는 영업에 대한 모든 정보 수집과 전달 • 거래처에서 오는 전화, 이메일 및 주문 관련 민원 처리
영업기획	• 마케팅 정책 수립, 시행, 분석 및 평가 • 제품의 매출 관리에 대한 모든 과정 운용 및 기획 • 시장 파악 및 트렌드 변화, 경쟁사 동향 분석 보고 • 영업 실적 분석 및 업적 평가 • 영업사원 교육 실시 및 평가 • 판매유통의 영업 구역 설정 및 조정

주서를 받아서 공장에 배터리를 발주하는 직원은 영업지원 업무를 맡은 서 주임이다. 공장에 제품 발주를 지시하고 군산 소재 배터리 대리점 총판과 프로모션을 협의하라는 지시를 내린 박 과장은 영업기획을 담당하는 직원이다. 이 같은 영업직 사원들이 모여서 영업팀을 이루고 회사의 매출을 위해 재고 확인, 발주, 유통, 프로모션, 업체 협의 등 모든 제반 업무를 수행하고 있는 것이다.

자, 세 가지 영업 직무에 대해 다시 정리해보자. '영업기획'이 새로운 시장을 개척하는 일이라면, '영업관리'와 '영업지원'은 직접 시장에 뛰어들어 고객에게 상품을 제시하고 계약을 체결하는 현장 일이라고 정리할 수 있다. 회사의 제품이나 서비스에 대한 이해가 부족하다면, 또 영업관리 및 지원 직무를 경험해보지 않았거나 잘 모른다면 영업기획, 즉 마케팅을 할 수가 없다. 영업직은 처음에 잘 배워야 나중에 전문가가 될 수 있다.

신입사원에게 인사관리? 택도 없는 소리

'영업은 무조건 싫다'며 '취업하더라도 인사팀이나 기획팀에서 일하고 싶다'는 취업 준비생을 자주 만난다. 사실 기업이 본인을 뽑아주지도 않았는데 스스로 직무를 결정하는 것은 앞뒤가 맞지 않는다. 기업을 운영 및 관리하면서 영업직 사원들, 즉 매출과 관련된 일을 하는 직원을 도와주는 부서가 바로 경영기획 및 관리 조직이다. 이 직무에 합격 통지를 받기 위해 실제로 필요한 것이 무엇인지 짚어보자.

신입사원 ≠ 인사·마케팅 직무

관리에서 지원으로 바뀌는 경영 조직

취업 준비를 시작한 대학생들이 잘 걸리는 취업병 중 '마케팅병'과 '인사팀병'이라는 것이 있다. 회사의 직무 정보와 직위 체계 등에 대해 전혀 모르고 경험도 없는 상태에서 직무에 대한 선호도를 물어보면 십중팔구는 인사팀 또는 마케팅팀에 가겠다고 한다. 이것은 지식과 경험이 모두 부족한 상태에서 나오는 답변으로, 회사에 대해 조금씩 알아가다 보면 자신에게 맞는 직무 또는 취업이 가능한 직무를 찾게 된다.

표 4-4의 아홉 가지 업무 중 신입사원이 실제로 할 수 있는 일은 과연 몇 가지나 될까? 한 번쯤 생각해볼 필요가 있다. 아마도 한 가지(일반 경영지원 및 관리)가 있을까 말까 할 것이다. 신입사원이 사람을 선발하고 평가 및 관리한다는 건 애초 말이 되지 않으며, 신규 사업과 경영계획 그리고 자금에 대한 관리와 운용도 불가능하다.

입사 후 차근차근 배워가면서 자연스럽게 경영관리 및 지원 부서로 옮긴다면 모를까, 처음부터 할 수 있는 일은 거의 없다고 봐야 한다. 일반 경영지원 및 관리에 해당하는 총무직이나 급여계산 등의 관리

표 4-4 | 경영관리 및 지원 직무에서 하는 업무

경영계획 수립	KPI 수립 및 평가	연간 예산 수립 및 관리
손익분석 및 관리	계열사, 협력사 관리	회의체 관리
일반 경영지원 및 관리	주요 품의 합의 검토	신규 사업 타당성 검토

업무 또는 비서직 근무자로서 일을 배워가면서 경영관리 및 지원 부서에서 성장하는 것이 일반적이다. 드라마처럼 신입사원이 유리벽으로 멋지게 꾸며진 사무실에서 각종 업무를 쥐락펴락하는 것은 애초에 불가능하다.

회사 살림의 중추 역할, 경영관리지원

일반적으로 경영지원 및 관리라고 하면 총무 업무와 비서 업무 그리고 급여 관리 및 경리 업무를 말한다. 회사의 규모와 특징에 따라 경영관리지원 부서가 합쳐져 있는 경우도 있고, 각 업무별로 나뉘어져 별도로 운영되는 곳도 있다.

예를 들어 총무로 3년간 근무했다면 인사·재무·비서·총무 등 부서에 상관없이 총무 업무를 3년 동안 했다는 말이다. 즉 총무 경력 3년이 되는 것이다. 따라서 어떤 부서에서 총무일을 했느냐가 중요한 것이 아니라 총무 직무로 회사에서 어느 정도의 관리 업무까지 담당했

그림 4-8 | 총무 경력 계산법

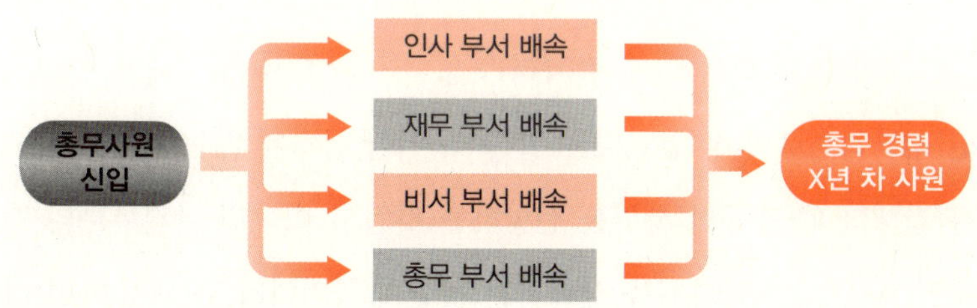

었는가가 더 중요하다. 경력 전환을 하거나 이직을 할 때 어느 부서 출신인지는 묻지도 않는다. 대신 실제 어떤 업무를 했는지에 대해선 꼼꼼하게 확인한다.

경영관리도 아웃소싱이 대세

최근에는 경영관리 직무를 지원의 개념으로 보고 있다. 그래선지 선진국처럼 급여 관리, 총무, 수행비서, 경리 등의 비영업 활동 업무를 아웃소싱하는 회사들이 점차 늘어나고 있다. 일반적으로 기업의 경영관리 부서는 중요한 의사결정을 하고 시장 조사나 기획을 하는 것이 주요 업무다. 만약 이 인력을 다른 중요한 업무에 집중시키고, 상대적으로 중요성이 떨어지는(경영관리상 필요는 하나 높은 전문성을 요구하지는 않는) 관리 업무를 아웃소싱한다면 비용 절감 및 인력 운용 차원에서 기업에게 유리할 수 있다.

실제로 아웃소싱은 비슷한 급여와 직급을 가진 영업직 및 비영업직 직원 사이의 형평성 문제와 업무 강도 그리고 순환보직제 등에 대한 이슈가 늘어나면서 생긴 변화라고도 할 수 있다. 이제 영업은 안 하면서 리스크테이킹(Risk taking: 위험 감수) 없이 그저 안정적으로 일하고 싶은 직원들은 회사 안에 설자리가 없다. 대기업에 입사해서 안정적인 정규직으로 평생 일한다는 말은 더 이상 통하지 않는다. 구인공고를 검색할 때 정규직 사원을 선발하는 것인지, 아니면 파견회사의 정규직 또는 계약직 사원을 선발하는 것인지 확인하자. 본사가 아닌 다른 회사에 파견돼 업무를 할 수도 있으므로 잘 살펴보고 지원 서류를 작성해야 한다.

커피 잘 타면 유능한 비서? NO!

상사가 부하직원에게 커피 심부름을 시키는 것은 일반 기업에서는 이제 찾아보기 힘든 풍경이다. 그렇다면 커피나 차를 준비해서 내가는 일이 비서의 주 업무일까? 절대 아니다. 그런데도 많은 취업 준비생들이 '비서=화분'이라는 생각에 사로잡혀 있다. 보기 좋으라고 얼굴 예쁜 비서를 뽑아서 사무실 입구에 앉혀놓는 것은 정말 옛날이야기다.

비서는 회사에서 가장 중요한 결정을 하는 임원진을 보좌하는 업무를 주로 하며, 경영 효율을 위해 존재하는 직무다. 예를 들어 영업팀에서 100쪽이 넘는 2/4분기 영업 실적 및 동향보고서를 임원에게 올렸다면, 이것을 먼저 받아보는 사람은 비서다. 임원들이 귀중한 업무 시간을 낭비하지 않고 효율적으로 일할 수 있도록 비서가 미리 보고서 내용을 검토하거나 중요한 부분을 발췌 및 요약해 보고하기도 한다. 그래서 외모보다는 기본 소양이 좋고 역할에 대한 이해와 업무를 파악하는 데 필요한 전문적인 능력과 경험을 갖고 있는지를 먼저 본다.

비서 업무를 하게 되면 회사 내 거의 모든 부서와 함께 일할 기회가 주어진다. 당연히 경력 전환 시기에 자신에게 적합한 회사 내 직무를 찾아서 이동할 수 있는 기회도 다른 업무에 비해 많다. 대부분의 경우 신입사원 선발 비중이 높은 편이다. 특히 법무법인이나 특허법인 등에서는 전문직의 업무를 수행할 수 있는 전문 비서를 신입사원으로 채용하는 경우가 많다.

인사팀은 알겠는데 HRM, HRD는?

회사에서 가장 핵심적인 업무를 꼽으라면 단연 인사 업무를 들 수 있다. 정확성과 공정성이 어느 직무보다 우선시되어야 하며, 회사에 대한 사명감과 윤리의식이 상당히 높아야 하는 직무다. 직원 선발부터 배치, 평가, 보상, 교육 그리고 퇴사에 이르기까지 중장기적인 업무를 하는 특성상 단순히 하고 싶다는 사람에게 맡길 수 있는 직무가 아니다. 실제로 기업에서는 직원의 입사와 퇴사가 아주 중요한 사안인데, 대표이사의 금고에는 돈이 아닌 인사 관련 파일이 들어 있다고 할 정도다.

일반적으로 기업의 인사 업무는 갓 들어온 신입사원의 몫이 아니다. 기업은 실무 경험이나 교육을 통해 인사 전문가를 키우기보다 기존 직원 중에서 적당한 사람을 선발한다. 급여 관리나 총무 등의 일반 관리 업무를 하다가 근무 평가 점수가 좋거나 자질이 있는 직원을 선발하는 것이다. 혹은 영업 현장에서 직원들을 잘 다루는 리더십 있는 직원, 조직 문화를 잘 알고 있는 직원 중에서 선발해 인사팀에 전환 배치한다. "나 정도면 사람을 선발하고 평가하는 일쯤은 배우지 않고도 잘할 수 있어"라고 생각하는 순간 '인사팀병'에서 헤어 나오지 못하고 장기 실업자의 길을 걷을 수 있다.

인사 업무는 크게 HRM(Human Resource Management: 인적자원관리)과 HRD(Human Resource Development: 인적자원개발)로 나뉜다. HRM은 말 그대로 인력 관리가 주 업무로, 일반적으로 알고 있는 인사 업무들을 주로 수행한다. 대부분은 경영관리 부서에서 오래 일했거나 영업 현장에서 다양한 경험을 쌓은 직원이 전환 배치를 통해 HRM담당자가 된다.

HRD는 기업의 성장에 빼놓을 수 없는 인재 양성과 교육 부분을 담당한다. 실제로 대기업에서는 직원들을 위한 직무교육부터 교양교육까지, 그리고 집체교육부터 e-러닝, m-러닝(모바일 러닝)까지 실로 많은 교육 프로그램을 제공한다. 즉 다양한 교육을 제공함으로써 조직에 대한 충성도를 높이고 개인의 능력 개발 욕구를 충족시켜주는 것이 HRD담당자의 일이다.

이를 위해 LMS(Learning Management System: 학습관리시스템)를 관리하는 업무나 프로그램의 기획 및 개발 업무를 하는 인력을 주로 채용한다. 흔히 교육학과를 선호한다고 알려져 있지만 실제로는 e-러닝 개발 이슈가 많기 때문에 컴퓨터 전공자의 입직이 많은 편이다. 게다가 교육공학이나 인사조직학을 세부적으로 전공한 사람들 중에서도 스토리보드를 제작한 경험이나 개발업체에서 근무한 경험을 요구하는 경우가 많아 단순하게 교육학과를 나왔다고 해서 선호하지는 않는다. 교육학 전공자 우대는 그냥 우대일 뿐이다.

영업사원 4년, 지금은 인사팀 대리

"대기업에 들어갈 수 있을까?"라고 고민하며 대학 4학년을 시작했다. 휴학했던 친구들은 물론이고 졸업한 지 2년이 넘은 선배도 눈에 띄기 시작했다. 그야말로 6~7세 차이가 나는 사람들이 학교 안 곳곳과 도서관에 모여들었다. 졸업을 위해서는 토익 600점이 필요했다. 나는 틈틈이 아르바이트를 하면서 교내 토익 과정을 수강해 어렵지 않게 600점을 만들었다.

중간고사가 끝난 어느 날, "아르바이트보다 인턴 하는 게 월급이 더 낫지 않냐"라는 선배의 말을 듣고 솔깃했다. 인턴 정보를 찾다 보니 내 스펙으로는 어림도 없었다. 그 사실을 깨닫는 데 이틀이면 충분했다. 그때 영업직 인턴사원을 뽑는 공고가 눈에 들어왔다. 특별한 제한사항은 없고 2개월 이상 가능자면 지원할 수 있었다. '방학 2개월 OK~'라는 생각에 당장 몇 군데를 지원했고, 그중 한 주류회사 인턴에 합격을 했다. 나 말고도 꽤 많은 남자 인턴자가 있어서 재미있을 듯했다. 첫날 교육에서 2개월 인턴 실습을 마친 뒤 영업소장의 평가를 거쳐 최종 면접을 실시하고, 이중 몇 명은 하반기 정규직 사원으로 바로 입사하는 특혜를 준다는 말을 들었다. 순간 '이거 최종 합격하면 취업 끝?'이라는 생각이 들었다.

영업소에 배치되어 며칠 일해 보니, 주류는 대리점으로 나가게 되어 있고 소매업소는 홍보를 위해 관리하는 구조였다. 인턴은 각 업소를 다니면서 인사하고 판촉 업무를 수행하는 게 주된 업무였다. 낮에 문을 여는 가게가 거의 없기 때문에 불가피하게 야간 근무를 해야 했고, 이 부분에 불만을 품은 다른 인턴들이 하나둘씩 여행 간다며 그만두기 시작했다. 방학이랍시고 특별한 계획이 없었던 나는 날씨가 더운 것 빼고는 정말 재미있었다. 가게 사장님들과 술도 한잔하고, 대신해서 주방도 봐주고, 손님들 차량을 대리주차도 해보며 2개월이 정신없이 지나갔다. 그 시간 동안 나를 괴롭힌 업무는 인턴 실무일지를 쓰는 것 하나였다. 매일 일지를 쓰는 게 힘들었지만, 옆에서 보니 기존 직원들도 매일 영업일지를 쓰고 있었다. "아, 다들 쓰는구나. 나도 열심히 써야지!"

최종 면접 전, 학교에서 들었던 취업 강의가 생각났다. 나는 그때 강의해주신 전미옥, 신현종 코치님께 메일을 보내 최종 면접 시 주의 사항에 대해 물었다. 그랬더니 의견을 제시하기보다는 열심히 인턴을 했고, 더 기회를 주면 회사에 뼈를 묻겠다는 식으로 이야기하라는 조언을 해주셨다. 면접 당일 회사 대표님을 처음 뵈었다. 질문은 아주 간단했다. "자기소개를 해보세요." "일해 보니 우리 회사에 개선 사항이 있습니까?" 딱 이 질문 두 개였다. 함께 들어간 2명은 거침없이 인턴을 하면서 있었던 일과 개선 사항에 대해 이야기하였다. 나는 개선점보다는 일하면서 좋았던 부분에 대해서만 답변을 하였다. 결과는 합격!

4학년 2학기가 되자 다른 친구들은 자기소개서를 쓰고 인적성 검사를 준비하느라 정신이 없었다. 입사 예정자가 된 나는 가끔 봉사활동이나 모임에 불려나가는 것 말고는 딱히 바쁜 일이 없었다. 아르바이트도 안 하고 수업만 들었던 가장 편안한 학기였다.

입사 후 나는 4년간 영업사원으로 근무하면서 대리로 승진했다.

과장 시험을 앞두고 지원 업무로 보직 전환을 요청했는데 다행히 뜻대로 되었다. 지금은 고졸 채용과 대졸 채용 입사 예정자 관리 업무를 하는 인사팀에서 근무하고 있다.

경영관리 및 지원 직무 취업에 필요한 것

HRM담당자로 성장하는 것을 예로 들어 보면, 인사 부서 업무를 하기 위해서는 다음의 두 가지 길 중에서 선택해야 한다.

입사하자마자 인사담당자가 되는 것은 거의 불가능하기 때문에 몇 년 후를 내다보고 준비를 해야 한다는 점에 주목하자. 지금 당장은 인사 관련 업무를 할 수 없지만 단순한 일부터 차근차근 해나가다 보면

그림 4-9 | 인사담당자가 되는 길

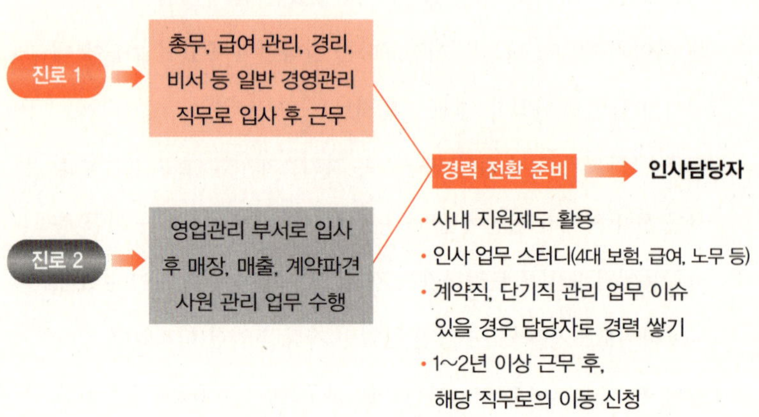

머지않아 목표를 이룰 수 있을 것이다. 만약 장기적으로 해당 업무로의 경력 전환을 위해 순서를 밟아가겠다는 생각이 있다면 조급증부터 버려라. 성급하게 자신의 미래와 진로를 결정해서 손해를 보는 일은 없어야 한다. 이때 입사 3년차까지의 계획을 그려보는 것이 도움이 될 것이다.

경영관리 및 지원 업무는 단순히 편해 보여서 선택하는 직무가 절대 아니다. 회사의 매출에 관련된 일을 하는 영업 부서나 다른 부서의 업무가 잘 돌아갈 수 있도록 도와주고 끌어주는 역할을 해야 한다. 바쁘게 일하면서도 잘했거나 열심히 한 티가 나지 않는 직무다.

한편으로는 회사가 바뀌어도 직무가 거의 동일하기 때문에 회사 및 개인 사정상 이직을 하더라도 빠르게 업무에 적응할 수 있다. 물론 어느 정도의 전문성을 갖춘 경우에 그렇다. 무조건적으로 좋아보여서 선택한다는 식은 곤란하다. 인사 직무를 정말 희망한다면 그런 생각부터 바꾸는 것이 첫 번째 전략임을 잊지 말자.

저경력자의
취업문 하이킥

1년에서 2년 미만의 경력을 가지고 취업 시장에 다시 뛰어든 사람을 '저(低)경력자(경력 1년 이상 2년 미만, 중고 신입)'로 분류한다. 최근 들어 저경력자들이 다시 공채 시장에 뛰어들었다가 미취업 실직 상태로 남아 있는 경우가 많아지고 있다. 저경력자는 분명 신입직과 다름을 알고 경력 이직 시장의 이해를 통해 다시 취업할 수 있는 해결책을 찾아야 한다.

저경력자 = 경력 1~2년 = 중고 신입

저경력자는 중고 신입이다

입사 후 얼마 지나지 않아 그만둔 사람들을 어떻게 분류할까? 이들을 '저경력자'라고 분류하며 취업 시장에서는 '중고 신입'이라고도 한다. 외국계 기업은 생애 첫 직장으로 들어온 신입사원이 그만두는 경우가 많아서 아예 1년 이상 경력자를 선발한다는 채용공고를 올리기도 한다. 대기업처럼 공고만 올려도 지원자가 몰려드는 회사라면 상관없겠지만, 그렇지 않은 작은 회사들은 헤드헌팅이나 추천 채용 등을 통해 신입사원을 선발한다. 비용도 줄이고 적합한 인재도 찾을 수 있어 일석이조의 효과를 얻는다.

저경력자의 경우, 직장생활을 해본 경험이 있어서 사내 매너라든가 기본 소양은 '생 초짜'보다 좀 낫겠지 하는 정도에서 우대하는 것이지, 업무 능력이나 경력을 보고 선발하는 것은 아니다. 따라서 신입사원으로 서류를 낼지, 아니면 저경력자 채용공고만 골라 서류를 낼지

그림 4-10 | 헤드헌팅 시장의 구조

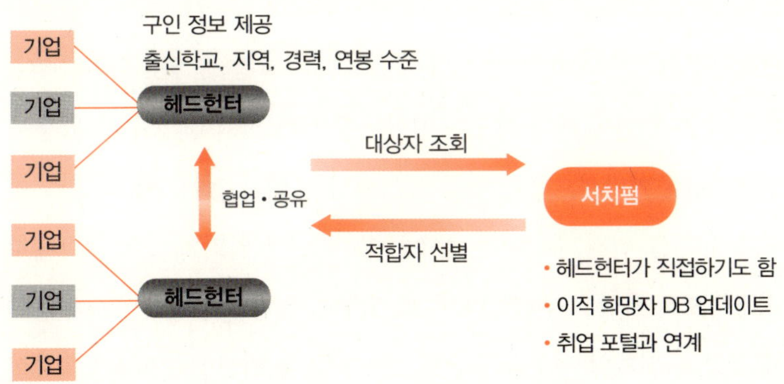

고민하게 된다.

일반적으로 기업은 업종이나 직무 특성에 따라 산업이해도가 높은 헤드헌터와 계약해서 결원 발생 시 또는 직원 선발 시 의뢰를 맡긴다. 이 과정에서 경력직 시장에서 가장 잘 팔리는 직급은 대리-과장급이다. 이들은 보통 업계 경력 5~7년차 정도이며, 채용 즉시 바로 업무에 투입해도 성과를 기대할 수 있어 가장 수요가 높다.

헤드헌터는 출근하는 사람이 생겨야 수익이 발생하는 구조이므로 기업이 의뢰한 수준과 스펙에 적합한 직원을 찾기 위해 많은 노력을 기울인다. 헤드헌팅 대상자(구직자) 입장에서도 따로 비용을 받거나 연봉에 영향을 주지 않기 때문에 손해 볼 것이 하나도 없다. 이 같은 이유로 경력이직 시장에서는 헤드헌팅에 의한 채용이 가장 활발하다.

저경력자 채용 의뢰도 있다

헤드헌터는 앞의 그림 4-10처럼 기업과 직접 거래관계로 연결돼 있어, 기업 인사담당자가 '갑'이고 헤드헌터가 '을'일 수밖에 없는 구조를 지녔다. 그래서 고(高)경력자인 대리-과장급 헤드헌팅을 주로 하면서 가끔 한 번씩 들어오는 신입사원 선발 및 추천 요구에 응할 수밖에 없다. 일반적으로 신입직 헤드헌팅은 대가 없이 기업과의 거래관계 유지를 위해 수행하는 경우가 많아 일단 의뢰가 들어오면 아주 적극적으로 사람을 추천한다. 이때 대부분은 취업 포털사이트에 공개돼 있는 구직자의 정보를 우선적으로 찾고, 취업컨설팅업체나 학교의

취업정보센터 등에서 추천을 받아 기업과 신입사원을 연결시켜준다,

저경력자 채용에서 가장 중요한 것은 헤드헌터가 자신의 이력서와 자기소개서를 찾을 수 있도록 만들어놓는 것이다. 취업 포털사이트에 이력서를 공개할 경우, 자신이 원치 않는 회사에서도 전화가 걸려와 여간 짜증스러운 게 아닐 것이다. 하지만 저경력자라면 이런 불편쯤은 감수해야 한다. 오히려 헤드헌터들이 자신의 이력서를 잘 찾아볼 수 있도록 서류를 다시 작성해 검색이 쉽도록 만들어야 한다. 이 같은 채용 방식은 자기소개서만 보고 바로 면접을 실시하는 경우가 많다는 점을 기억해야 한다.

취업 경험은 최고의 스펙이다

오래 다녔든 짧게 다녔든 회사를 그만둘 때는 모두 자신의 낮은 스펙 때문에 걱정한다. 그래서 퇴사 후 토익 점수를 높여야겠다는 잘못된 생각을 갖게 되는 경우가 많다. 실제로는 아무리 좋은 스펙을 가졌어도 취업해본 적이 한 번도 없는 사람보다는 낮은 스펙이라도 저경력자가 취업에 훨씬 유리하다. 취업해본 경험이 있다는 것만으로도 이미 좋은 스펙이다. 회사에 다니면서 짧게나마 성취감을 느껴봤을 것이고, 조직생활도 경험해봤을 것이고, 자의든 타의든 간에 퇴사를 결심하기까지 고민도 해봤을 것이다. 바로 이런 점을 높이 사는 것이다. 만약 이러저러한 고민 없이 그냥 그만둔 사람이라면 면접에서 바로 알 수가 있다. 홧김에 그만두었더라도 곰곰이 생각해보면 분명 잘

한 점과 잘못한 점이 있을 것이다. 이 둘을 비교해보면서 다음의 구직 활동 계획을 세워보자.

1년 미만 경력자의 퇴사 사유는 전적으로 본인에게 있다

입사 후 1년도 채 안 돼 회사를 그만두었다면 그 책임은 전적으로 퇴사자에게 있다. 근무 기간이 얼마가 됐든 근무 환경이 어땠든 간에 저경력자는 퇴사 사유를 자기 안에서 찾아야 한다. 다음은 저경력자가 면접에서 반드시 듣게 되는 두 가지 질문이다.

- 무슨 이유로 회사를 그만두었습니까?
- 회사를 계속 다니면서 다시 구직해야겠다는 생각은 안 하셨나요?

이 질문의 속뜻은 참을성 없이 회사를 그만둔 이유는 알겠는데 그래도 한 번 이야기해보라는 것이다. 이때 구직자가 회사에 문제가 있어서 그만두었다면서 전 회사를 부정적으로 이야기한다면, 앞으로 입사할 회사도 부정적으로 볼 소지가 있다. 또한 계속 일하면서 구직 활동을 할 수도 있었는데 그만두고 쉬면서 다시 구직 활동을 한다는 것은 일하기 싫거나 편한 일을 찾아 여기에 왔다는 인상을 줄 수밖에 없다.

최소한 1년 정도 근무한 후 퇴사했다면 자신의 진로와 맞지 않았다거나 더 늦기 전에 자신이 할 수 있는 일을 다시 찾아보고 싶었다는 이유가 어느 정도 설득력 있다. 저경력자 면접 시 퇴직 사유에 대해 다른 탓을 하기보다는 자신이 이직하기로 했던 시기의 고민, 앞으로 하게 될 업무에 대한 기대와 만족도를 자신의 언어로 만들어서 답변하는 것이 가장 바람직하다.

[사례 1] 정규직으로 퇴사한 저경력자의 면접 답변

졸업이 다가오자 그냥 회사에 들어가야겠다는 생각만 앞섰을 뿐, 사회인으로서의 준비가 되어 있지 않았습니다. 그래서 지난 1년간 근무하면서 수행하고 있던 직무에 대해 깊이 고민하게 되었습니다. 더 늦기 전에 제가 잘할 수 있고, 열심히 일할 수 있는 곳에서 한번 일해보고 싶었습니다. 그런 생각과 죄송한 마음으로 퇴사를 결심하였고, 지금 이 자리에 섰습니다. 앞으로 제가….

[사례 2] 계약직으로 퇴사한 저경력자의 면접 답변

취업을 위해 스펙을 쌓으며 취업 준비를 계속하기보다는 업무를 배우고 현장 근무를 하면서 조직생활과 사회생활을 경험해보는 것이 더 좋다고 생각하여 계약직 사원으로 근무를 했습니다. 근무를 하며 얻은 경험과 업무 지식을 바탕으로 계속 근무를 희망하였으나 기회가 닿지 않아 다시 이 자리에 서게 되었습니다. 신입사원으로 다시 입사한다는 마음가짐으로 앞으로 제가….

예전 회사에 대해 부정적으로 말하면 불합격이다

저경력자들의 이직을 컨설팅하다 보면 그만둔 이유를 회사 탓으로 돌리기에 급급해서 전에 다니던 회사에 대해 아주 안 좋게 말하는 경우가 많다. 현재 직장에 다니는 경우가 아니고 몇 달 쉬다가 이직하는 경우까지 더해진다면 다시 취업하는 것은 거의 불가능하다고 단언할 수 있다.

대부분의 저경력자들은 새로 면접을 볼 때 신입사원의 마음으로 모든 것을 처음부터 다시 배우겠다고 강조하는데 이는 잘못된 답변이다. 업무나 직무가 다르다 하더라도 전에 다니던 회사에서 자연스럽게 배운 직장 예절이라든가 조직 구조, 협업의 중요성 등은 공통사항이므로 연관성이 아예 없는 것이 아니다. 따라서 근무하게 된다면 회사의 발전과 공동목표를 달성하는 데 자신의 역할을 다하겠다는 의지를 보여주는 것이 좋다.

기업에서 말하는 '미션'이란

미션(Mission)은 간단하게 말해서 사명, 즉 우리 회사가 존재하는 이유다. 즉 기업이 우리 사회에서 왜 존재하는지 밝히는 것이다. 예를 들어, 롯데그룹의 미션은 "사랑과 신뢰를 받는 제품과 서비스를 제공하여 인류의 풍요로운 삶에 기여한다"이다.

기업에서 말하는 '비전'이란

삼성전자의 비전(Vision)은 '미래 사회에 대한 영감, 새로운 미래 창

표 4-5 | 기업이 나아가고자 하는 방향을 알려주는 미션과 비전

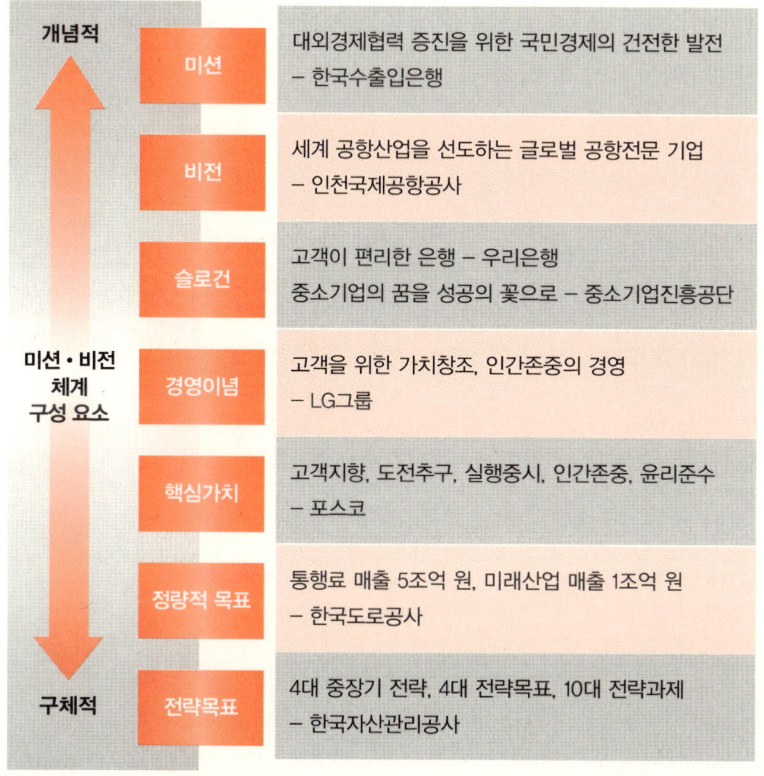

미션·비전 체계 구성 요소 (개념적 → 구체적)	
미션	대외경제협력 증진을 위한 국민경제의 건전한 발전 – 한국수출입은행
비전	세계 공항산업을 선도하는 글로벌 공항전문 기업 – 인천국제공항공사
슬로건	고객이 편리한 은행 – 우리은행 중소기업의 꿈을 성공의 꽃으로 – 중소기업진흥공단
경영이념	고객을 위한 가치창조, 인간존중의 경영 – LG그룹
핵심가치	고객지향, 도전추구, 실행중시, 인간존중, 윤리준수 – 포스코
정량적 목표	통행료 매출 5조억 원, 미래산업 매출 1조억 원 – 한국도로공사
전략목표	4대 중장기 전략, 4대 전략목표, 10대 전략과제 – 한국자산관리공사

조(Inspire the World, Create the Future)', 롯데그룹의 중장기비전은 '2018 Asia Top', CJ그룹의 기업비전은 '2020 Great CJ'다. 기업이 공동의 목표인 비전을 항상 설정하고 발표하는 이유는 눈에 보이는 수준에서 기업이 함께 이루어야 할 목표를 제시하고, 이에 맞춘 사업 영역에서 목표를 위해 일해보자는 경영 의도가 내재되어 있는 것이다.

취업을 준비하는 구직자 입장에서도 아무런 목표 없이 대충 시간만 흘려보내는 사람을 보면 어떤 생각이 드는가. 아마도 한심해보이거나 장래성이 없다는 생각이 들 것이다. 그래서 기업도 직원들에게 이러한 비전을 제시하고 따라오게 함으로써 공동의 목표 실현을 위해 '전사적(全社的)'으로 뛰게 한다.

그 외 기업에서 다루는 스펙트럼은

미션과 비전 외에 슬로건, 경영이념, 핵심가치, 정량적 목표, 전략목표 등을 제시하고 실천하고자 한다. 미션이 가장 개념적이고, 전략목표가 가장 구체적인 내용을 담고 있다.

외국어를 버릴까? 살릴까?

자기소개서에 쓸 내용이 없어도, 서류 전형에서 탈락해도, 인적성 검사에서 불합격해도, 면접에서 떨어져도, 이 모든 게 '토익' 때문이라고 생각하는가? 취업이 안 되는 게 물론 영어 탓도 있겠지만, 모든 분야에서 영어가 다 필요한 것은 아니다. 취업 문제를 영어의 문제로 생각하지 말자.

회사에서 외래어는 많이 써도 외국어 쓸 일은 적다

먼저 이해하고 넘어가야 할 개념은 회사에서 많이 쓰는 말은 외래어지 외국어가 아니라는 것이다. 실제 의사소통이나 업무에서는 우리말을 주로 사용하며, 우리말이 아닌 경우는 일부 용어나 회사의 제품명 그리고 정체불명의 표현 등이 대부분이다. 예를 들어 "지금까지 발표한 부분을 가지고 브레이크다운(Break down)해보자" 식의 표현이다.

표 4-6 | 국내 주요 기업의 외국어 점수 기준 현황(2013년)

LS산전	토익 700, 오픽 IM, 토익스피킹 6	中 택 1
아워홈	토익 650	기타 외국어 가능
이랜드	공인 영어 성적 제한 없음	
현대증권	토익 850, 토플 iBT 100	
대한항공	토익 750, 토플 iBT 87, 토익스피킹 6, 오픽 IM	中 택 1
농협은행	공인 영어 성적 제한 없음	성적표는 제출
포스코	기술계: 토익스피킹 6(130점), 오픽 IM1 사무계: 토익스피킹 6(150점), 오픽 IM3	토익 제출 없음
아모레퍼시픽	토익 700, 스피킹 점수 제한 없음	스피킹 성적표 점수에 상관없이 제출
한화그룹	토익 700, 스피킹 시험 계열사별 상이	일부 계열사 스피킹 성적표만 제출
고려해운	토익 800, 외국어 능통 우대	
한국P&G	영어 능통자	정직원 채용 시
LIG넥스원	토익 600, 토익스피킹 120, 오픽 IL, TEPS 476	中 택 1
한솔섬유	토익 800, 해외 관련 직무 영어 능숙	
한전KPS	토익 800(TEPS는 환산점 인정)	해외 성적표 불인정

여기서 이야기하는 '브레이크다운'은 세분화해보자라는 의미다.

이처럼 외래어의 잦은 사용이 마치 외국어 사용 능력, 특히 영어를 얼마나 잘하는가가 중요하다는 의미로 변질되어 왔다. 실제로 외국어를 사용하는 직무에서만 외국어 능력이 필수 사항일 뿐 일반 기업의 공채나 채용에서는 기본 자격 정도로만 여긴다. 합격과 불합격을 가르는 결정적인 잣대는 아님을 기억하자.

대기업과 중견기업들의 외국어 점수 기준 현황을 보면(표 4-6 참조), 이전보다 어학 자격 기준 점수가 대폭 하향되었거나 어학 성적표를 제출하되 점수 제한을 두지 않는 기업들이 많아졌다. 일부 대기업을 중심으로 토익 점수가 아닌 스피킹 시험 점수만 인정하는 곳도 늘어나고 있다. 전체적으로 취업 준비생들의 어학 점수가 상향평준화되고 있는 것에 반해 기업들의 어학 기준은 다소 낮아지고 있는 추세다. LG전자를 비롯하여 실제로 무역이나 수출입, 해외영업 직무를 선발하는 기업의 경우, 간단한 영어 지필 테스트나 영어 면접을 실시하고 있다. 다시 말해 공인 영어 점수를 신뢰하지 않고 실제 업무에 사용할 수 있는지 기업이 직접 테스트해보는 방식이 다시 활용되고 있다.

영어 잘한다고 바로 외국인 응대를 시킬까?

아무리 외국어 실력이 출중해도 갓 입사한 직원에게 외국어를 사용하는 업무를 시키거나 외국인을 직접 응대하는 일을 시키지는 않는다. 기본적으로 업무 이해력이 높아지고 비즈니스 영어를 자유롭게 구사할 수 있는 능력이 되었을 때 비로소 실제 업무에 투입된다. 미국인이라고 전부 영어를 잘하는 것도 아니고, 또 대학 졸업 후 사무직에서 근무하는 미국인과 그렇지 않은 미국인이 사용하는 단어나 표현은 차이가 클 것이다. 영어 점수만 믿고 섣불리 신입을 업무에 투입했다가 해외 거래처와 사소한 오해라도 생기면 회사 차원에서 큰 타격을 입을 수도 있다. 이 같은 불상사가 발생하지 않도록 시간을 두고 실무 경험을 쌓게 하는 것이다.

영어를 잘한다고 채용되지는 않는다. 기업이 원하는 영어 수준은 "이 정도 영어 실력이면 해당 업무를 배우는 데 아무 문제가 없겠군"이라고 판단할 수 있는 정도면 된다. 영어가 취업에 걸림돌은 아니라는 말이다. 입사하자마자 유창한 영어 실력으로 단번에 주목받는 일은 현실에서는 잘 일어나지 않는다. 처음부터 너무 겉멋 들지 말고, 직무와 업무에 관심이 많으며 이를 수행하는 데 있어 영어도 필요하다는 정도의 수준에서 자기소개서와 면접 멘트를 작성해보기 바란다.

영어가 필요 없는 직무인데도 입사 후 영어를 공부하겠다는 계획을 세우는 것은 진정한 의미의 자기계발이라고 볼 수가 없다. 해당 업무

표 4-7 | 영어가 필요한 직무 VS 필요 없는 직무

영어가 반드시 필요한 직무	영어가 필요 없는 직무
해외영업, 무역실무, 포워딩(수출입), 구매, 외국계 기업 HR직무, 전문 비서, 영업기획, 머천다이저(MD), 디자인, 연구직	영업관리, 영업지원, 재무, 총무, 광고, 매장관리 등 내수 업종

※ 외국계 기업이나 주요 제품 등에 따라 달라질 수 있다.

및 직무와 관련 있는 자신만의 관심과 발전 계획을 세워 면접에서 활용하기 바란다.

일반 영업직에게 영어는 필수 조건이 아니다

대기업의 채용공고를 보면 경영관리 및 지원 업무를 제외하고는 대부분의 모집 분야가 영업직이다. 해외영업의 경우 별도로 채용공고가 나기 때문에 사실상 국내 활동에 대한 영업직인 경우가 대부분이다.

따라서 영업 업무에 필요한 경험이나 경력 그리고 자신의 성격과 성향 등에 대해 정리해보는 것이 취업에 도움이 되지, 어학 점수를 높이는 것은 아무 의미도 없다. 자신이 지원하는 직무에 대해서 다시 한 번 점검해보고, 실제로 어학 점수가 채용에 어느 정도 영향을 미칠지 스스로 생각해보는 시간을 가져야 한다.

자세가 '짱'이면 취업도 '짱'

취업에 성공하기 위해서는 할 수 있다는 '자세'와 포기하지 않겠다는 '끈기'가 절대적으로 필요하다. 대부분은 취업에서 가장 중요한 것이 스펙일 거라 생각하는데, 사실은 좀 다르다. 스펙이 49퍼센트라면 자세는 51퍼센트다. 즉 직장인으로서의 기본기가 가장 중요하다는 이야기다.

똑똑한 사람보다 호감 가는 사람이 뽑힌다

고생 끝에 취업에 성공한 사람들에게 물어보면 "스펙보다는 자세를 보여주고, 자랑보다는 일을 하겠다는 의지를 보였더니 합격이 되더라"라고 대답한다. 떨어질 때마다 무엇이 문제였는지 몰랐다면 이 이야기를 귀담아듣자. 인사담당자는 지원자의 이런 모습을 좋아한다. 만약 자신과 비슷한 수준의 한 친구가 갑자기 제 자랑을 심하게 늘어놓고 별것 아닌 일도 과장해서 말한다면 십중팔구 교류하고 싶지 않다는 생각을 하게 될 것이다.

취업 면접에서도 마찬가지다. 입에 침이 마르도록 제 자랑거리를 늘어놓고 스스로 똑똑하다고 말하는 사람은 왠지 신뢰가 덜 간다. 자화자찬하기보다 자신의 기본기와 자세를 상대방에게 전달하는 노력이 오히려 호감을 불러일으킨다. 일면식도 없는 면접관에게 잘 보이게 만드는 것은 화려한 스펙도, 외모도, 달변도 아니다. 바로 면접에 임하는 구직자 여러분의 자세와 태도다.

양보다 질, 꼭 맞는 경험 하나면 족하다

자기PR을 해보라고 하면 대부분의 구직자들은 대학 시절부터 지금까지 해온 온갖 아르바이트, 자원봉사, 교내 활동, 해외 경험을 나열하기 바쁘다. 이것은 무엇을 이야기해야 듣는 사람이 관심을 갖고 편하게 알아들을지 전혀 생각해보지 않은 행동이다. 즉 듣는 사람을 전혀 염두에 두지 않은 행동이다.

예를 들어 서비스 마인드에 대해 이야기한다면, 서비스 업종이나 판매직에서 일했던 경험들을 쭉 나열해서 이야기하는 것보다 서비스

마인드와 가장 관련 깊은 소재를 하나 정해서 거기에 살을 붙여 이야기하는 게 훨씬 낫다. 그 일을 직접 해봤더니 서비스 마인드에 대해 다시 생각해보게 되었고, 그것이 왜 필요한지도 알게 되었다는 식으로 답변하는 것이다.

구직자의 살아 있는 경험담은 인사담당자의 뇌리에 생생하게 전달되어 강한 인상을 남길 것이다. 양보다는 질, 그렇고 그런 다양한 경험보다는 임팩트 있는 경험 한 가지가 더 효과적이다.

취업에 대처하는 올바른 자세

"나는 할 수 있다!"라는 태도와 자세의 중요성은 앞에서 누누이 이야기하였다. 평소 구직 활동을 하고 있는 자신의 태도와 자세를 객관적으로 들여다보자. 그리고 고쳐야 할 점이 보이면 지금 당장 고치도록 노력하자. I Can Do It!

오늘 계획한 일을 내일로 미루지 마라

커리어패스를 그렸다면 보다 작은 계획인 하루 계획을 실천하는 것도 중요하다. 오늘 한 일이 '아무것도 안 했음'이 되어서는 안 된다. 오늘 계획이 없다면 정장을 입고 출근하는 미래는 오지 않는다. 계획을 세우고 하루를 미루면 취업에 성공하는 날 역시 하루씩 늦춰진다. 오늘 하려고 마음먹은 일에 대해서는 책임감을 가지자.

내 것으로 만들기 위해서는 이해가 필요하다

키보드에서 'Control+C(복사)' 누르고 'Control+V(붙여넣기)' 누르면 끝. 디지털 시대로 넘어오면서 다른 글을 복사해서 붙이는 게 너무도 쉬워졌다. 그래선지 직접 쓰기 귀찮다며 전부 복사해서 자기 것인 양 사용하는 얌체 행동도 많아졌다. 복사는 또 다른 복사를 낳게 되고 결국 신뢰까지 잃어버리게 된다. 자신의 것으로 만들기 위해서는 복사로 끝나서는 안 된다. 이것을 읽고 생각하면서 이해하는 과정이 반드시 필요하다. 복사를 하더라도 시간을 들여 자신의 것으로 만들라는 것이다. 내용을 제대로 이해하려고 노력하는 자세를 가지자.

회사 이름을 보고 검색하고 싶은 마음이 들지 않으면 포기하라

한 번쯤 이름을 들어본 회사라고 해서 그 회사가 자신의 이름을 기억해주지는 않는다. 회사도 구직자와의 궁합이 필요하며, 감정적으로 느끼는 부분이 일치돼야 만족감을 가지고 일할 수 있다. 검색을 하고 공고를 찾다 보면 왠지 서류를 넣을까 말까 망설이게 되는 회사를 만나게 된다. 이런 회사는 설령 지원하더라도 그냥 떨어진다는 생각으로 서류 몇 개를 복사해서 적당히 짜깁기한 후 제출해버린다. 차라리 그럴 시간에 다른 공고를 찾아보자. 그런 행동은 취업하는 데 아무런 도움이 되지 않는다.

직무는 모를 수 있지만 관심은 가져야 한다

회사라는 조직에서 제대로 책임감 있게 일해본 경험이 없는 신입직 지원자들은 직무를 잘 모른다. 기업의 인사담당자도 이 점을 잘 알고 있기 때문에 지원자의 전문성이나 직무 이해도를 보고자 하는 것이 아니고, 지원자가 직무에 대해 관심을 가지고 있는지를 확인해보고자 한다. 주변 선배들이나 지인들을 적극 활용해 직무에 대해 들어보자. 또 인터넷을 통해 20~30쪽 이상 검색해보고 모르는 것은 계속 적어가며 알아보는 열의를 가져보자.

면접 장소는 불편한 곳이다

면접도 시험이다. 시험이기 때문에 면접 장소도 불편해야 한다. 불편하기 때문에 앉을 때에도, 대답할 때에도, 기다리고 있을 때에도 긴장할 수밖에 없다. 그 불편함 덕분에 바르게 앉아 있고, 대답도 똑바로 하고, 기다리는 자세도 괜찮아 보이는 것이다. 면접장에서 진행자가 편하게 있으라고 한다고 정말 편한 자세와 태도로 면접에 임한다면 절대로 좋은 결과를 얻을 수 없다. 이 점을 꼭 기억하자.

경력 복사도 나의 것이 되어야 한다

요즘 취업 준비생들의 특징은 백지에 무언가를 써보라고 하면 상당히 당황하는데, 20~30퍼센트 정도 써준 후 완성해보라고 하면 기가 막히게 잘해온다. 일종의 경력 복사인 셈인데, 이러한 능력을 발휘하는 탓에 다른 사람이 작성한 소스(Source)를 구한 다음, 그것을 바탕으로 구직 준비를 한다. 경력 복사를 하는 것은 기본적으로 좋은 방법은 아니지만, 앞에서 말했듯이 자신의 것으로 잘 소화할 수 있다면 소재를 찾아봐도 좋다. 하지만 기억해두어야 할 것은 인사담당자들은 진짜 이야기인지, 지어낸 이야기인지 즉각 가려낸다는 점이다.

나를 향한 독설을 듣고 기분이 나빴다면 그 사람에게 감사하라

어려움을 겪고 자란 세대가 아니기 때문에 자신과 맞지 않는 사람은 잘 상대하려 들지 않는다. 피할 수 있으면 최대한 피하고 굳이 상종을 하지 않으려고 노력하며, 싫은 소리나 단도직입적으로 자신에 대해 평가하는 이야기를 들으면 참지 못하고 감정을 서슴없이 표현하는 것이 요즘 취업 준비생 세대의 특징이다. 그래서 주변에서 조언해주는 사람이 점점 없어지는 것이다. 누군가가 조언을 해주고 독설을 퍼부어주는 것은 자신이 취업을 위해 준비하고 있는 일들 중에 무엇인가 문제가 있기 때문에 이야기를 해주는 것이다. 나쁘게만 듣지 말고 감사하는 마음으로 듣는 연습을 해보자.

시간 약속을 지키는 것에서 성공 취업의 싹이 자란다

취업컨설팅을 하다 보면 첫 약속부터 대수롭지 않게 생각하고 늦게 오는 사람들이 많다. 하지만 그중 몇몇은 그다음 약속부터는 시간도 잘 지키고 컨설팅과 코칭을 받는 과정에서도 늦는 법이 없다. 첫 약속부터 계속해서 시간 약속에 늦는 취업 준비생은 기업에 합격할 때까지 걸리는 기간이 시간을 잘 지키는 사람보다 훨씬 더 길다. 약속에 늦으면서 싫은 소리를 몇 번 듣다 보면 취업 준비생의 태도에도 변화가 찾아온다. 그렇게 자신의 일과를 그려가기 시작하면서 점차 안정감 있는 생활도 하게 된다. 이제 면접부터 합격까지는 한순간이다. 시간 약속은 취업 성공의 기본이다.

여유로운 자세, 독이 될 수도 약이 될 수도 있다

구직 활동 기간에는 어느 정도 여유를 가지는 것이 좋다. 가끔은 취업과 관련 없는 일을 하면서 온종일 쉬기도 하고, 때에 따라서는 마감일에 맞추어 바쁘게 움직이기도 해야 한다. 하지만 매사에 목표점을 두지 못하고 계속 여유 있게 취업 준비만 한다면 구직 활동을 하기가 망설여지고 도망가고 싶은 생각만 들게 된다. 생활에서 여유를 찾으면서도 취업 준비와 구직 활동을 하는 데 있어서는 계획에 따라 이를 조절할 수 있는 사람이 되어야 할 것이다.

인생의 최종 목표는 취업이 아니다

대학까지는 자신의 의지와 상관없이 올라왔다면 취업은 다르다. 자신의 의지가 확고하지 않다면 절대로 자신의 미래를 함께할 수 있는 회사에 취업할 수 없다. 취업을 한 뒤에는 앞으로 몇 십 년을 같이 하게 될지도 모르는 사람들과 하루 종일 시간을 보내야 할지도 모른다. 그것은 2~3년 정도 친구를 만나고 사귀는 것과는 확연히 다르다. 인생의 최종 목표는 취업이 아니다. 취업은 그 중간의 한 과정임을 상기시키며 미래를 위한 고민을 시작하기 바란다.

취업 성공을 위한 핵심 포인트

❶ 성공 사례에서 배워라.

❷ 정기 공채보다 수시 채용을 공략하라.

❸ 외국계 기업이라고 다 좋은 것은 아니다.
제대로 알고 도전하라.

❹ 금융 3종 세트, 이것만 너무 믿지 마라.

❺ 영업직과 판매직을 구분하라.

❻ 영업 · 마케팅직에서 기회를 잡아라.

❼ 영업직에서 출발해 다른 직무로 옮겨가라.

❽ 원하는 일을 하기 위해선 최소 입사 3년차까지의 계획을
그려보라.

❾ 이직 시 예전 직장을 욕하지 마라.

⑩ 중고 신입도 스카우트 대상, 헤드헌터의 눈에 띄어라.

⑪ 영어 못해도 취업 가능한 직무를 찾아라.

⑫ 잘못된 태도와 자세를 고쳐라.

D-1, 급할 때 챙겨보는

마지막 체크포인트

이력서 기술 양식 1

입 사 지 원 서

구분	지원분야	희망연봉
내용	구인공고 직무 기입	신입직은 회사내규라고 적는다

성 명	김XX	(한문)	金XX	
생년월일	1987년 10월 2일 (음력/양력) 최근 주민번호 적는 란은 없다			
주 소	새 주소 표기에 따른 주소를 적는다			
전화번호	02- 538 - XXXX	E-MAIL	XXXX@hanmail.net	
핸 드 폰	010-XXXX-XXXX	결혼유무	미혼/기혼	
가족사항	1남 1 녀 중 장녀	주거사항	동거/비동거	

학력	입학년월	졸업년월	학 교 명	전 공	졸 업 구 분	소재지
	2003년 3월	2006년 2월	XX여자고등학교		졸업/재학	서울
	2008년 3월	2012년 2월	XX대학교	국어국문과	졸업/재학/휴학	서울
					졸업/재학/휴학	

경력	근 무 기 간	직 장 명	직 위	담 당 업 무	비 고
	. . ~ .	빈칸으로 두지 않는다			
	. . ~ .				
	. . ~ .				

신체	신장	체중	시력	혈액형
	166cm	53kg	좌: 0.7	A 형
			우: 0.7	

병역	구분	병과	계급	소속부대
	필 / 면제			
	복무기간	년 월 ~ 년 월		

가족사항	관계	성명	연령	근무처	직위	동거
	부	김XX	54세	중부발전 보령시	○○	○
	모	이XX	52세	가정주부		○
	동생	김XX	22세	대학생		○

외국어	언 어	능 력
	영어	상 중 하
	공인시험	점 수
	토익	835점
	토익스피킹	Level 6

OA능력		
	워드 (한글/MS워드)	상 중 하
	프리젠테이션 (파워포인트)	상 중 하
	스프레드시트 (엑셀)	상 중 하
	인터넷활용	상 중 하

자격사항	취득일자	종 류	등급
	. .		
	. .		
	. .		

이력서 기술 양식 2

입 사 지 원 서

접수번호	

성 명						
성 명	(한글)	오XX	생년월일	년 월 일		
	(한자)	吳XX	출신지	인천	연 령	만 26 세
	(영문)	OH XXXX XXX	자택전화	032 - 514 - XXXX		
가족관계	2 남 녀 中 1 째		휴대전화	010 - XXXX - XXXX		
E-MAIL	XXXXXXXX@gmail.com		비상연락	부모님 전화번호를 적는다		

구분	우편번호	주소
본 적	403 - 020	인천직할시 북구 산곡동 XXXX XX아파트 XXX동-XXXX호
현주소	406 - 730	인천광역시 연수구 XX동 20-22 XXXXX아파트 XXX동-XXXX호

지망사항	1지망	2지망	3지망
구 분	1지망	2지망	3지망
지원직종	관리	플랜트	
희망근무지	현장	현장	

학력사항							
고 교	2003 년 2 월	졸 업	인천남	고등 학교		소재지	인천
대 학 1	2003 년 3 월	입 학	인하	대 학 교	본■,분□ / 주■,야□	소재지	인천
~	2012 년 2 월	졸업□/졸예■	국제통상	학과(학부)	복수 / 부전공		
대 학 2	년 월	편 입 □		대 학 교	본□,분□ / 주□,야□	소재지	
~	년 월	졸업□/졸예□		학과(학부)	복수 / 부전공		
대학원	년 월	입 학		대 학 원	본□,분□ / 주□,야□	소재지	
~	년 월	졸업□ / 졸예□		학과(학부)	인 정 학 위		

학교성적 학년/학기 구 분	1학년 1학기	1학년 2학기	2학년 1학기	2학년 2학기	3학년 1학기	3학년 2학기	4학년 1학기	4학년 2학기	전학년 평 점
취 득 평 점	2.57	2.94	2.6	3.59	3.14	3.39	3.6		3.19 / 4.5
이 수 학 점	15	12	18	23	21	27	18		134 학점

보훈대상여부	대상□ / 비대상■
장 애 여 부	Y □ / N ■
지병및신체장애	
색 맹 여 부	정상■/색약□ /색맹□

자격사항 취 득 일 자	면 허 종 류	등급	시행처
2004 년 3 월	운전면허1종보통		인천지방경찰청
2008 년 8 월	MOS MASTER		Microsoft

병역		
복무기간		전역구분
2005.2 ~ 2007.4		소집해제
군별	계급	병과
공익근무	일병	기타
면제사유		

신체사항		
신 장	178	cm
체 중	80	kg
시 력	좌 0.1	우 0.3

기타사항	
종 교	무
취 미	수영

가족관계 관계	성 명	연령	최종출신학교명	근무처	직위	동거여부
부	오XX	만 54 세	XXX대학교	자영업	점주	Y ■ / N □
모	권XX	만 53 세	XX전문대학	주부		Y ■ / N □
제	오XX	만 24 세	XX대학교			Y ■ / N □
		만 세				Y □ / N □

외국어능력 구분	점수	취득일
TOEIC	770	2011 년 8 월
JPT		년 월
HSK		년 월
토익스피킹	6급	2011 년 8 월

경력사항 근무기간	근무처	직위	담당업무	정규직여부	연 봉	퇴사사유
. ~ .				Y□/N□		
. ~ .	빈칸으로 두지 않는다			Y□/N□		
. ~ .				Y□/N□		
. ~ .				Y□/N□		

PC사용능력 활용가능O.A 및 수준				
1.	엑셀	상	중	하
2.	한글 및 워드	상	중	하
3.	파워포인트	상	중	하
4.		상	중	하

역량기반 입사 지원서 작성

스펙보다는 사람을 보고 뽑겠다는 취지, 탈 스펙 시대가 열렸다

최근 고용노동부는 학력, 외국어 점수, 가족 사항, 재산 정도, 신체 특징을 묻는 항목을 제외한 '역량기반 입사 지원서'를 기업에게 제안하였다. 이 지원서는 다소 딱딱한 느낌이 드는 기존의 이력서와 자기소개서를 대체하는 것으로, 현재 공공기관을 중심으로 많은 기업에서 도입해 활용하고 있다. 이제는 역량기반 입사 지원서 작성에 대해서도 철저한 대비가 필요할 때다.

역량기반 입사 지원서를 처음 접하는 취업 준비생들은 스펙을 적는 칸이 없어서 당황한다. 스펙으로 보여줄 수 없다면 나 자신을 어떻게 소개해야 할까, 고민스럽다. 걱정하지 마라. 학점, 토익 점수 등 숫자로 대표되는 스펙을 활용할 수 없을 뿐 아르바이트나 동아리 활동 등 자신의 경험을 직무와 연관시켜 기술하는 것은 일반적인 자기소개서 작성법과 크게 다르지 않다. 다음의 역량기반 입사 지원서의 질문 항목을 살펴보고 앞으로 어떤 경험을 쌓을지 생각해보자.

역량기반 입사 지원서 1

Competency-Based Application Sheet

<table>
<tr><td rowspan="5">사진
3×4</td><td>이름</td><td></td><td>영문</td><td></td><td>한문</td><td></td></tr>
<tr><td>휴대폰</td><td colspan="2"></td><td>전화번호</td><td colspan="2"></td></tr>
<tr><td>E-mai</td><td colspan="2"></td><td>SNS</td><td colspan="2"></td></tr>
<tr><td>주소</td><td colspan="5"></td></tr>
<tr><td>나이</td><td colspan="2">20대 미만 | 30대 미만 | 40대 미만</td><td>보훈대상</td><td colspan="2">대상( ) / 비대상( )</td></tr>
</table>

동아리, 학생회, 기타 대외 활동 경험			
기간	활동 내용 ①	활동 구분 ②	단체명 ③

아르바이트, 인턴 등 근무 경험			
기간	근무 내용 ①	근무기관 ②	담당자명/전화번호 ③

관련 자격증			
취득일	자격증/면허증 ①	등급 ②	발행처 ③

관련 수상 내역		
기간	상세 내용 ①	기관 ②

창의·도전정신 문제

가장 도전적인 목표를 세우고 성취해낸 구체적인 경험, 자신의 행동, 결과 등을 기술해주십시오. (300자 이내)

A) 언제, 어디서, 어떤 목표를, 어떤 과정을 통해서 설정하게 되었습니까?
B) 어떤 관점에서 그것이 도전적인 목표라고 할 수 있습니까?
C) 그 목표를 성취하기 위해 실제로 당신이 취한 행동은 무엇입니까? 그 행동의 결과는 어떠했습니까?
※ A, B, C 질문에 대한 내용을 포함시켜 작성해주시고 삭제바랍니다.

문제해결 능력 문제

살아오면서 큰 장애물이나 난관에 부딪혔던 경험과 이를 극복하기 위해 귀하가 기울인 노력과 결과에 대해 기술해주십시오. (300자 이내)

A) 언제, 어떤 상황에서 부딪힌 장애물이며, 그때 느꼈던 소감은 무엇입니까?
B) 그 상황에서 취했던 행동과 노력에는 어떤 것이 있습니까?
C) 그 결과는 어떠했습니까?
※ A, B, C 질문에 대한 내용을 포함시켜 작성해주시고 삭제바랍니다.

지원 동기 및 직무 역량 문제

지원 회사에 근무하기 위해 필요한 전문지식·능력을 습득하기 위해 노력한 경험에 대하여 구체적으로 기술해주십시오. (300자 이내)

A) 지원 회사에 근무하기 위해 당신이 보유한 전문지식·능력은 무엇입니까?
B) 전문지식·능력을 습득하기 위해 구체적으로 당신이 취한 노력은 무엇입니까? 얼마나 지속하였나요?
C) 당신이 보유하고 있는 전문지식·능력을 실제로 적용하여 활용한 경험이 있습니까?
※ A, B, C 질문에 대한 내용을 포함시켜 작성해주시고 삭제바랍니다.

커뮤니케이션 능력 문제

자신이 속한 단체 혹은 가정에서 다른 구성원과 이해관계가 대립했던 경험을 떠올려 구체적인 상황, 자신의 행동, 결과 등을 기술해주십시오. (300자 이내)

A) 언제, 어떤 상황에서 일어난 일이며, 어떠한 이해관계가 대립하였습니까?
B) 그 상황에서 중요하게 고려한 것은 무엇이었습니까? 구체적으로 어떤 말과 행동을 취했습니까?
C) 그 결과는 어떠했습니까?
※ A, B, C 질문에 대한 내용을 포함시켜 작성해주시고 삭제바랍니다.

역량기반 입사 지원서 - 자기소개서

자신의 소신이나 좌우명을 기술하고, 평소 생활하면서 소신이나 좌우명이 흔들렸던 경험이 있으면 기술해주십시오. (300자 이내)

지금까지 살아오면서 기존의 제도나 시스템을 지속적으로 개선함으로써 본인이 속한 조직에 새로운 변화를 적극적으로 주도하여 조직의 성과를 향상시켰던 경험에 대하여 기술해주십시오. (300자 이내)

입사 후 10년 후의 모습을 그려보십시오. 그 목표를 달성하는 데 있어서 우리 회사에 입사하는 것이 어떤 의미가 있는지 기술해주십시오. (300자 이내)

역량기반 입사 지원서 2

Competency-Based Application Sheet

<table>
<tr><td rowspan="6">사진</td><td>이름</td><td></td><td colspan="2">영문</td><td></td><td>한문</td><td></td></tr>
<tr><td>휴대폰</td><td colspan="3"></td><td>전화번호</td><td colspan="2"></td></tr>
<tr><td>E-mai</td><td colspan="3"></td><td>SNS</td><td colspan="2"></td></tr>
<tr><td>주소</td><td colspan="6"></td></tr>
<tr><td rowspan="2">나이</td><td>20대 미만</td><td>30대 미만</td><td>40대 미만</td><td rowspan="2">보훈대상</td><td rowspan="2" colspan="2">대상( ) / 비대상( )</td></tr>
<tr><td></td><td></td><td></td></tr>
</table>

동아리, 학생회, 기타 대외 활동 경험			
기간	활동 내용	활동 구분	단체명

아르바이트, 인턴 등 근무 경험			
기간	근무 내용	근무기관	담당자명/전화번호

관련 자격증			
취득일	자격증/면허증	등급	발행처

관련 수상 내역		
기간	상세 내용	기관

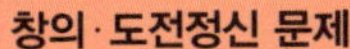

창의·도전정신 문제

가장 도전적인 목표를 세우고 성취해낸 구체적인 경험, 자신의 행동, 결과 등을 기술해주십시오. (300자 이내)

문제해결 능력 문제

살아오면서 큰 장애물이나 난관에 부딪혔던 경험과 이를 극복하기 위해 귀하가 기울인 노력과 결과에 대해 기술해주십시오. (300자 이내)

지원 동기 및 직무 역량 문제

지원 회사에 근무하기 위해 필요한 전문지식·능력을 습득하기 위해 노력한 경험에 대하여 구체적으로 기술해주십시오. (300자 이내)

커뮤니케이션 능력 문제

자신이 속한 단체 혹은 가정에서 다른 구성원과 이해관계가 대립했던 경험을 떠올려 구체적인 상황, 자신의 행동, 결과 등을 기술해주십시오. (300자 이내)

역량기반 입사 지원서 – 자기소개서

당신의 이면에 감춰진 톡톡 튀는 아이디어가 궁금합니다. 독특하고 참신한 발상으로 문제를 해결하거나 모두를 놀라게 만든 경험에 대해 기술하시오. (500자 이내)

본인의 열정을 쏟아 몰입한 경험, 성공 또는 실패 경험 등에 대하여 기술하시오. (500자 이내)

지원한 직무를 수행함에 있어 귀하가 가지고 있는 강점에 대해 경험을 중심으로 기술하시오. (500자 이내)

5~10년 후에 귀하의 경력 목표는 무엇이며, 그것을 추구하는 이유를 기술하시오. (500자 이내)

지원 동기 작성 사례

취업 후 자신의 모습을 그릴 수 있어야 지원 동기도 쓸 수 있다

자기소개서의 '지원 동기' 부분에는 미래에 대한 고민과 함께 회사에서 일하는 자신의 모습이 담겨 있어야 한다. 여기에서 소개하는 다양한 사례를 통해 자신의 지원 동기를 직접 작성해보자.

지원 동기를 작성하기 전에 반드시 자신이 지원할 회사부터 제대로 조사해보자. 이 자료를 바탕으로 지원 동기를 작성하면 된다. 고작 2~3줄 정도 쓰려고 그 많은 시간과 노력을 들이는 것이 아까울 수도 있겠지만, 직접 지원 동기를 써보면 그 과정이 꼭 필요함을 알게 될 것이다. 그만큼 지원 동기 작성은 쉽지 않은 일이다.

- 회사에 대해 조사했던 내용을 중심으로 2~3줄 정리
- 해당 직무에 지원하기 위해 그동안 취업 준비를 하며 쌓았던 경험을 1~2줄로 정리
- 직무를 통해 달성한 비전을 제시하고, 일하고 싶다는 의지를 표

현하면서 마무리

자기소개서 첫 부분에는 회사의 최근 동향이나 이슈 등을 적는 게 좋다. 특히 창업주나 CEO의 어록 등은 좋은 소재다. 시사 주간지 등에서 찾아낸 인터뷰 기사 역시 다른 지원자들은 잘 모르기 때문에 썩 괜찮은 정보다. 이 모든 것이 회사에 대한 관심을 표현할 수 있는 자료이므로 지원 동기를 작성할 때 적극 활용하자. 그다음에는 직무에 대한 자신의 경험에 대해 쓰고, 마지막으로 향후 어떤 사람이 되겠다는 자신의 의지를 표현하면서 마무리 짓는다. 이 정도면 지원 동기에 꼭 들어갈 내용은 다 들어간 셈이다.

다음은 실제 합격자의 지원 동기 사례다. 각 기업에 제출한 그들의 지원 동기는 무엇이며, 어떤 식으로 작성했는지 살펴보자. 특히 구성과 접근 방식이 어떠한지 눈여겨보자.

'한화S&C' 지원 동기

토털 IT서비스 전문기업 한화S&C는 SI 분야에서 해를 거듭할수록 경쟁력을 높이고 있는 핵심기업입니다. IBS사업, 금융사업, 사이버교육에 이어 LED사업에 이르기까지 한화S&C는 최고를 향한 준비 과정을 마쳤습니다. 변화를 두려워하지 않고 끊임없이 미래 사업에 대해 고민하고 도전하는 한화S&C의 열정이 제 가슴을 뛰게 했습니다. 또한 혁신적 기술을 추구하면서도 고객이 진정으로 원하는 가치를 제공하고자 하는 'Customer Focus Value'라는 비전이 앞으로 IT서비스를 제공할 사람으로서 나아갈 방향을 제시해주었습니다. 학교와 사회에서 습득한 IT지식, 인턴사원으로 일하며 배운 실무 경험, 패밀리레스토랑, 카페, 과외 아르바이트를 통해 얻은 고객 중심 마인드로 한화S&C의 조직 안에서 꿈과 열정을 투자하여 일등 한화S&C가 되기 위한 도전을 함께하고 싶습니다.

사례 2 '한솔교육' 지원 동기

큰 소나무를 위한 자양분이 되겠습니다

사회가 유지되기 위해서는 사회 구성원들의 바른 교육이 무엇보다 중요하다고 생각합니다. 학원 및 과외 강사 경험은 교육업계에 입사하여 학생들에게 도움이 되자는 생각을 가져다주었습니다. 한솔교육이 추구하는 '지구인재'는 제가 생각하고 있는 인재상 '열린 생각을 가지고 자신의 일에 최선을 다하는 사람'을 포함하는 목표라고 생각해서 입사를 지원하게 되었습니다.

인사 업무란 회사의 목표를 달성하기 위한 자양분인 인재를 도와주는 일이라고 생각합니다. 입사 후, 선배님의 가르침과 사내 교육을 성실히 수행해 삼국지의 조조처럼 사람을 보는 안목을 키워 'Great 한솔인'에 부합하는 우수한 인재를 선발하는 일에 보탬이 되겠습니다. 그리고 한솔 선배님과 후배들을 고객처럼 받들고 가족 같은 분위기를 조성하도록 도와드려 글로벌 교육, 출판, 미디어그룹으로 거듭나 세계로 뻗어나가는 한솔교육에 이바지하는 신입사원이 되겠습니다.

사례 3 '롯데주류BG' 지원 동기

절대로 포기하지 않겠습니다! 어려운 관문들을 통과해 기업에 들어간 신입사원들도 도중에 퇴사하는 경우가 많습니다. 사람들은 영업이라는 직종이 많이 힘들다고 얘기하지만 저는 고객들을 응대하는 순간이 너무나 소중하고 즐겁습니다. 항상 웃는 얼굴로 롯데주류의 엔도르핀이 되겠습니다. 다양한 아르바이트 경험 덕분에 어떠한 상황도 이겨낼 수 있는 잡초 같은 끈기와 집념을 가지고 있습니다. 경험이 많으신 선배님들을 따라서 롯데주류가 시장에서 점유율을 늘려나갈 수 있도록 이 한 몸 부서질 각오가 되어 있습니다.

사례 4 'LG CNS' 지원 동기

LG CNS의 가족이 되고 싶습니다

국내 최초로 라디오, TV, 전화기, 에어컨 등의 제품을 생산하며 최초를 향한 도전정신과 도전을 성공으로 이끈 LG그룹의 기술력이 이학계열에서 공부하는 저의 마음을 설레게 했습니다. 위의 제품들을 생산하는 LG그룹이 세계적으로 발전할 수 있었던 것은 LG CNS가 있었기에 가능했던 일이었습니다. 제가 가족이 되고 싶은 기업 LG CNS는 글로벌 IT기업 10여 개 사와 경쟁을 벌여 일본 금융IT 시장에 진출한 성과를 이루어내며 국내 최고의 IT서비스 기업임을 다시 확인시켰습니다. 첨단 IT서비스를 제공하여 고객 만족을 최우선의 가치로 여기는 비전이 국내를 넘어 해외 시장에서도 성공을 이끌 수 있었던 원동력이라고 생각합니다. 태양광 발전 설비 기증, IT 드림 프로젝트, IT 꿈나무 프로젝트 등의 사회공헌 활동을 지속적으로 실천하여 가족 같은 따뜻함과 자체적인 기술력을 보유한 LG CNS에서 저의 꿈과 열정을 함께하고 싶어 지원하게 되었습니다.

 '우리은행' 정규행원 공채 지원 동기

'우리은행'은 'To the basic'이라는 말처럼 기본을 중시하는 은행입니다. 저는 무조건 빨리 간다고 성공하는 것이 아니라, 자신의 속도에 맞춰 나아가는 사람이 기본이 된 사람이라고 생각합니다. 학업 중에나 인턴으로 근무할 때, 가장 중요한 것이 '기본기'라고 생각했습니다.

특히 전산 관련 프로젝트 같은 작업을 수행할 때, 내용적인 면을 튼실히 하지 않고 시간에 쫓겨서 만든 결과물들은 항상 버그 같은 문제가 발생하고는 했습니다. 반면에 시간은 다소 걸렸지만 단 하나의 문제도 생기지 않게 노력했던 프로그램 결과물들은 만족할 만한 성과를 거두었습니다. 이런 경험들 덕분에 저는 모든 일을 할 때 가장 중요한 것은 바로 '기본'이라고 생각합니다. 현재와 같은 경기 상승이

둔화되는 시대에 최고의 금융지주회사인 '우리은행'에 열정과 성의를 다해 지원합니다.

사례 6 'TDK한국' 지원 동기

'TDK한국'의 혁신을 이끄는 녹색 인재

영국 런던으로 배낭여행을 갔을 당시 런던의 중심가인 '피카딜리 서커스'에서 제 이목을 사로잡았던 광고판은 바로 'TDK'이었습니다. 전 세계 유명한 대기업들이 즐비한 곳에서 가장 크고 웅장한 모습으로 광고하는 'TDK'의 모습을 보며 글로벌화에 최선을 다해 노력하는 기업의 모습을 제 가슴에 새기게 되었습니다.

어린 시절 제 별명은 '그린 맨'입니다. 아무 데나 쓰레기를 버리는 친구들을 쫓아가 다시 돌려주는 모습에 붙여진 별명입니다. 저는 제 별명을 부끄러워하기보다는 항상 환경을 생각한다는 마음가짐을 자랑스럽게 여기며 살아왔습니다. 전자산업 필수 소재인 페라이트, 코일, 콘덴서, 트랜스, 필터 등을 생산하며 꾸준히 발전해오는 'TDK한국'의 모습을 보게 되었고, 그것에 더하여 ISO14001 인증서를 획득하여 그린 비즈니스의 사업 구조를 갖춘 친환경 기업으로 변모하는 'TDK한국'의 모습은 저에게 감동 그 이상의 가치였습니다. 지속가능경영의 일환으로 환경경영을 적극적 시장 기회 창출의 시각으로 보고 있는 현실 속에서 'TDK한국'의 녹색기술을 통해 세계 최고의 경쟁력을 갖춘 친환경 제품을 만들고자 지원하게 되었습니다.

'GS리테일' 2급사원 지원 동기

교육서비스업체에서 일을 할 때 신입사원으로서 선배님들보다 일찍 출근하여 업무 준비를 끝내고 회사 앞에 있는 GS25에서 라면과 도시락으로 아침을 먹었습니다. 아침에 배송된 물건을 정리하는 바쁜 와중에도 친절함과 제품에 대한 설명을 해주는 서비스는 저에게 감동을 주었고 어디에서든 GS25를 찾아 이용하게 되었습니다. 국내 토종 브랜드로서 2년 연속 '국가브랜드경쟁력지수' 1위와 고객을 가장 친절하게 응대하는 기업에 선정된 편의점으로 고객 만족을 실현하는 GS25에서 저와 같은 고객분들을 만들기 위해 지원하였습니다. 교육서비스업체에서의 영업 경험과 패밀리 레스토랑 빕스(VIPS)에서 스태프 리더로 일하면서 매니저와 스태프 간의 연결 역할, 고객 응대 및 클레임 처리를 통해 상황 대처 능력 그리고 고객들이 원하는 것을 찾고 만족을 드리는 경험을 바탕으로 도전정신을 가지고 GS25의 점포 관리를 하는 창의적인 인재가 되겠습니다.

'녹십자' 지원 동기

아버지께서는 항상 "영리만을 추구하는 것이 아니고 사회에 환원할 줄 아는 회사가 좋은 회사다. 그리고 회사에 들어가면 항상 충성을 다하라"고 말씀하셨고 그것이 저의 직업가치관이 되었습니다. 녹십자는 20년 전부터 녹십자만이 할 수 있는 방법인 한국혈우재단의

설립 및 운영과 사랑의 헌혈, 사회봉사단 등의 다양한 활동을 이어오고 있습니다. 영리만을 추구하는 것이 아닌 사회적 책임을 다하는 기업으로서 사람들의 기대를 만족시키는 녹십자의 가족이 되고 싶어서 지원하였습니다.

사례 9 '신한은행' 정규행원 공채 지원 동기

짝사랑 신한은행

17년간 신한은행을 짝사랑해왔습니다. 실제 초등학생이었던 1993년부터 신한은행의 고객으로서 지금까지 꾸준히 주거래 은행으로 써오고 있습니다. 더불어 신한카드, 신한증권의 상품을 이용하면서 신한은행에 대한 사랑을 계속 키워갔습니다.

컴퓨터에 약한 어머니께서도 인터넷 뱅킹을 편하게 자유자재로 사용하시는 경험을 통해 고객 만족을 최우선으로 하는 기업이라고 느꼈습니다.

이러한 저만의 신한은행에 대한 충성도와 고객 만족을 최우선으로 하는 친근감의 이미지는 저로 하여금 신한은행에 지원하게 된 가장 큰 동기로 작용하게 되었습니다. 이제는 더 이상 고객, 주주가 아닌 행원으로서 완전한 신한인으로 거듭나고 싶습니다.

이 친구 연봉값 하는구먼

사람이라면 누구나 다른 사람에게 인정받고자 하는 마음을 가지고 있습니다. 저는 신한은행에 입행하여 적어도 '연봉값 할 수 있는' 행원이 될 수 있도록 노력하겠습니다. 또한 단순히 받은 만큼만 일하는 행원에서 벗어나 직장 선후배 사이에서 일 잘하는, 누구에게나 인정받는 사람이 되고 싶은 목표가 있습니다.

흔히들 회사생활 하면 승진을 위한 무한 경쟁이나 성과를 내기 위한 치열한 과정, 그리고 고뇌들이 있다고 들었습니다. 그러나 고진감래라는 말이 있듯이 쓴 인내마저도 즐기며 달콤한 열매를 수확할 수 있는, 언제나 긍정적인 행원으로 거듭나겠습니다.

이러한 긍정적인 모습과 함께 회사 그리고 동료를 기쁨과 고난을 함께 나누는 친구 혹은 동반자로 여기며 함께 발전하고 상생하는 일반적인 행원의 범주를 넘어서 한 인간의 존재로서 일조하겠습니다.

'한화손해보험' 지원 동기

가족 같은 한화손해보험의 장기 비전을 이룰 인재

저에게 한화손해보험은 가깝고 특별한 곳입니다. 어머니께서 대한생명 보험설계사로 18년 동안 활동하시고 계시기 때문에 보험과 늘 가까운 곳에 있을 수 있었고, 보험업에 대한 관심과 진로 방향에 대해 큰 영향을 주었습니다. 그래서 보험계리사 자격을 취득했을 때, 한화금융네트워크에 꼭 입사하겠다고 다짐했습니다. 올해, 1월부터 2월까지 인턴 근무를 통해 실무 경험을 쌓으며 한화손해보험에 대한 확신과 열망을 키우게 되었습니다.

한화금융네트워크의 시너지 효과를 통해 소비자에게 원스톱 금융 서비스를 제공할 수 있는 가능성을 지닌 한화손해보험! 제일화재와의 합병을 통해 우량 손해보험사로 입지를 굳혀가는 한화손해보험! 이런 한화손해보험이 메이저 손해보험사로 도약할 수 있도록 제가 가진 계리 분야의 전문성에 시장과 고객의 니즈 변화에 대한 분석력을 더해 업무에 최선을 다하며, 미국 계리 자격 취득을 통해 계속해서 성장하는 신입사원이 되겠습니다.

사례 11 '한스킨' 지원 동기

화장품을 통해서 인생의 전환기를 맞았습니다

머리끝부터 발끝까지 베이비로션으로 모든 것을 해결하던 학창 시절, 대학교에 진학하면서 처음으로 화장이라는 것을 접했습니다. 기초화장, BB크림, 클렌징, 스킨케어, 에센스, 아이크림 너무도 많은 화장품에 당황했지만, 퍼즐을 완성해가는 것 같은 재미에 빠르게 빠져들었습니다.

자연주의 순한 화장품으로 소녀의 美 자신감을 전해주겠습니다

대학 시절 처음 화장을 하면서 자신을 당당하게 내세울 수 있는 자신감이 생겼습니다. 자연주의 BB크림의 시초인 한스킨에서 화장을 처음 접하는 고객분들에게 제가 느꼈던 미의 자신감을 전하고 싶습니다.

사례12 '서울반도체' 경영지원 부서 지원 동기

세계 최초와 최고를 선도하는 기업, 서울반도체

'세계 최초의 교류전원용 LED 반도체인 아크리치'를 통해, 이정훈 사장님의 과감한 혁신 경영이 이끌어낸 서울반도체의 높은 발전 가능성을 보았습니다. 또한 장래가 유망한 반도체 분야에서 끊임없이 기술을 발전시켜 나가며 에너지스타의 인증을 통과하여 세계 최고 수준의 기술력을 인정받은 서울반도체에서 강한 자부심을 가지고 근무하는 미래를 그리게 되었습니다. 앞으로 서울반도체의 일원이 되어 경영지원 부서의 최대 고객인 직원분들께 보다 나은 근무 환경을 제공할 수 있도록 최선을 다하고 싶습니다.

사례13 '아모레퍼시픽' 지원 동기

한국의 美를 책임지다

제 어머니는 식당을 운영하셔서 개인 시간을 할애하여 화장품을 구매하실 수 없었습니다. 하지만 환갑을 바라보는 나이시지만 주위에서 피부가 좋다는 말을 자주 들으시는 이유는 아모레퍼시픽의 카운슬러님 덕분이었습니다. 직접 방문하여 피부 상태를 상담해주시고 알맞은 화장품을 추천해주신 카운슬러님은 어머님의 피부 나이를 어리게 해주셨고 다양한 샘플로 기쁘게 해주셨습니다. 60년 이상 우리나라의 美를 책임지고 이제는 세계의 아름다움을 책임지기 위해 나아가는 아모레퍼시픽은 미래 한국경제에 큰 부분을 차지할 것이라 확신하여 지원하게 되었습니다.

도전정신, 개방적인 사고

도전을 두려워하지 말라는 아버님의 가르침 아래 많은 경험을 하며 자랐습니다. 전역 후 미래에 대한 고민이 많던 시절, 생각을 정리하고 세상을 넓게 보라며 아버지께서는 홍콩으로 떠나는 비행기 표를 선물해주셨습니다. 마천루와 넓게 펼쳐진 야경을 보면서 미래에 대한 꿈과 생각을 정리하며 제 자신을 되돌아보는 기회였습니다. 여행을 통해 자신감과 도전의식을 가지게 되었고 외국어의 중요성을 알게 되었습니다. 영어공부와 새로운 경험을 쌓기 위해 캐나다로 어학연수를 떠났습니다. 외국생활을 통해 다양한 국적의 친구들과 친분을 쌓으며 개방적인 사고를 가지게 되었습니다. 아모레퍼시픽의 영업사원으로서 개방적인 사고로 고객님과 카운슬러님을 이해하고 지원하며 새로운 영업전략을 수립하고 수행하는 데 열정적으로 도전할 자신이 있는 저는 방판영업에서 확실한 경쟁우위를 가지고 있다고 생각합니다.

사례 14 'CJ제일제당' 지원 동기

대한민국 식품업계의 강자 제일제당의 미래는 지금보다 밝을 것이 확실합니다. 뛰어난 기업 역량과 훌륭한 인재들이 있는 제일제당은 저의 밝은 미래를 위한 최적의 장소이고, 그중 영업 부서는 제 역량을 발휘할 수 있는 완벽한 곳이라는 확신이 들었습니다. 영업에서 가장 중요한 성공 요소는 진실된 의사소통으로 인적 네트워크를 튼튼히 유지시키는 것이라 생각합니다. CJ제일제당의 기업 문화에 빠르게 흡수되어 사람과 사람 간에 있어서 그 관계의 끈을 누구보다도 튼튼히 유지시킬 수 있다는 자신감이 있습니다.

저는 대학생활 7학기 동안을 기숙사에서 생활했습니다. 제가 사는 기숙사는 비슷한 부류의 기숙사 중 가장 규율이 엄격하기로 소문난 곳입니다. 귀가 시간은 물론 아침 체조, 다달이 교양 강좌도 들어야 합니다. 처음에는 대학교에 와서도 이런 생활을 해야 할까, 하는 생각도 하였습니다. 하지만 같은 지역 선후배와의 만남의 기회를 통해 넓은 인적 네트워크를 구성하는 동시에 규칙적인 삶을 통해 건강해지는 제 모습을 보며 긍정적으로 생각하게 되었습니다.

저는 그곳에서 우수한 생활 성적을 유지하며 대학생활을 지내왔습니다. 이는 제가 조직생활에서 자연스럽게 잘 어울리며 잘 따라가는 능력을 길러주었습니다. 더불어 기숙사는 2인 1실로 방을 배정하여 그간 여러 명의 룸메이트를 만났습니다. 생활의 은밀한 부분까지 공유하다 보니 서로 불편한 건 사실이지만 그때마다 저는 먼저 말을 건넸고 함께 술잔을 기울였으며 먼저 행동했습니다. 이런 저의 경험이 저의 사람에 대한 적응력을 키워줬습니다. 그래서 지금도 사람을 만나는 데 주저하지 않습니다.

사례 15 'GS칼텍스' 엔지니어 지원 동기

I'm your energy

지원 동기의 첫째는 친숙한 CF 멘트처럼 고객들에게 힘이 되는 소비자 중심 기업 이미지, 둘째는 대한민국 에너지 공급을 40년 이상 안정적으로 해내고 있는 탄탄한 기업 이미지에 매료되었습니다. 그리고 무엇보다 높은 목표를 설정하고 혼신의 힘을 다하는 GS칼텍스의 인재상이 저와 부합하다 생각하여 지원하게 되었습니다.

신입으로 들어가는 만큼 궂은일도 도맡아 하면서 차근히 경력을 쌓아가겠습니다. 대학 시절 전공했던 전기기계, CAD설계에서 익혔던 지식들과 과거 팀장으로서의 품질관리 경험들이 상승 작용을 하여 회사일에 좀 더 빠르게 적응할 것이라고 확신합니다. 또한 회사에 필요한 인재가 되고자 수질환경기사, 토양환경기사 등의 업무에 필요한 자격증을 취득할 것이며 이렇게 쌓이는 지식을 통해 좀 더 세밀한 관리로 사고 없는 저유소 운영을 하도록 최선을 다하겠습니다.

4년 후에는 팀을 이끄는 팀장이 되어 안전관리에 소홀함이 없도록 업무 속에서는 진지한 정신을, 밖으로는 항상 사원들의 힘든 상황을 이해해주는 분위기를 조성하여 강한 유대감을 지닌 최고의 팀을 만들 것입니다. 이를 통해 세계 속에 인정받는 리더가 되겠습니다.

사례 16 'LG전자' 지원 동기

LG를 존경하는, 또한 LG가 사랑하는 인재

LG는 큰 기업입니다. 크다는 것이 임직원이 많고, 세계 시장에 성공적으로 진출한 글로벌 기업이라는 뜻만은 아닙니다. 신문을 통해 기업 관련 기사를 읽거나 교수님이나 선배님들로부터 LG에 대한 사례를 듣거나 혹은 철저한 소비자의 입장으로 물건을 구매하시는 어머니의 좋은 평가를 들을 때마다 제가 느낀 것은 LG는 정말 큰 움직임을 가진 회사라는 것이었습니다. LG에서 일하고 있는 지인으로부터 전해 듣는 '정도경영'의 가치도 울림이 컸습니다. 그런 회사의 움직임을 존경하고 그 움직임에 힘을 싣는 인재가 되도록 하겠습니다.

직무 측면에서 10년이면 한 분야의 베테랑이 되어야 마땅한 기간이라고 생각합니다. 직무 관련 지식과 노하우를 적극적으로 배우고, 회사 밖에서도 필요한 교육을 스스로 찾아 성장하겠습니다. 언제 어떤 상황에서라도 소비자가 원하는 것을 알기 위해 노력하고, 더 나아가서는 고객에게 필요한 것을 먼저 찾아 기획하고 세상에 내놓을 수 있도록 발전하겠습니다. 물론 그것을 뒷받침하는 분석과 조사는 명확하게 이루어질 것이고, 결과물이 소비자와 사회에 잘 스밀 수 있도록 하는 아이디어도 항상 생각하겠습니다. 사회 초년생으로서 성장해야 할 부분이 많습니다. 민첩하고 자신감 있고 영리하게 배워나가 제가 일하는 분야의 핵심인력으로서 대체 불가능한 인재, 회사가 믿고 사랑하는 인재가 되겠습니다.

부록 4

스스로 첨삭해보는 자기소개서

제출 전 점검은 필수, 내용부터 문장, 오탈자 하나까지 꼭 체크한다

취업으로 가는 첫 관문은 서류 전형이다. 이력서와 자기소개서 등 입사 서류를 잘 작성해야 면접의 기회를 얻을 수 있다. 여기에서는 자기소개서 통과율을 높이는 비법을 알려준다. 자기소개서 쓰기 전에 한 번, 다 쓰고 다서 다시 한 번 이 부분을 읽어보면 도움이 될 것이다.

신입사원을 채용하는 기업은 자기소개서를 통해 지원자의 기본적인 자질은 물론 심리 상태, 문장 사용 능력까지 꼼꼼하게 체크할 수 있다. 따라서 지원자는 자기소개서를 쓰거나 제출하기 전에 이 점을 꼭 명심하자. 사력을 다해 작성한 자기소개서가 기업의 채용담당자가 원하는 내용을 담고 있는지, 혹 작은 실수로 무성의한 모습을 보인 것은 아닌지 유심히 살펴봐야 한다. 결코 뛰어난 문장력과 문법 능력을 보여주는 목적이 아님을 알고, 기업이 필요로 하는 맞춤형 인재임을 진솔하게 표현하자. 내용과 문장 체크는 물론이고 사소한 표현 하나까지 놓치지 말기를 바란다.

내용 체크하기

인사담당자가 자기소개서의 어떤 항목을 기준으로 평가하는지 살펴보자.

1	내 성격의 장점이나 강점이 직무에 긍정적으로 작용한다는 점이 잘 드러나는가?
2	전공은 무엇이며, 얼마만큼의 실력을 가지고 있는지 잘 드러나는가?
3	전공과 지원하고자 하는 직무가 다르다면, 그 외의 다른 관심 사항으로 직무에 대한 관심에 한발 더 다가가도록 썼는가?
4	자신의 직무에 대한 비전이 들어 있는가?
5	조직에 잘 융화되고 팀워크를 잘 발휘할 수 있는 사람이라는 게 드러나는가?
6	세상을 긍정적으로 바라보는 게 느껴지는가?
7	소신과 주관이 느껴지는가?

문장 체크하기

1	사고력이 있는가?
2	창의력이 있는가?
3	개성이 있는가?
4	꾸밈이나 거짓은 없는가?
5	표현력이 있는가?
6	우리말에 대한 표현과 이해력이 빠른가?

사소한 표현 체크하기

'사소한'이라고 했지만 절대 사소하지 않은 마지막 관문이다.

1	**'저는', '나는' 둘 중 한 가지만 사용했는가?** ➡ 표현의 일관성이 필요하다
2	**한 문장의 길이가 100자 이하인가?** ➡ 습관적으로 문장이 길어지는 사람이 많다. 짧고 간결한 문장으로 하고자 하는 이야기가 명료하게 드러나도록 한다.
3	**한 단락에 '하지만', '그러나' 등의 접속사가 3회 이상 나오지 않는가?** ➡ 잦은 접속사는 문장의 맥을 끊는다.
4	**1인칭 대명사(저는, 나는, 저를)의 사용이 빈번하지 않는가?** ➡ 객관적으로 보이지 않는다.
5	**한 단락에 쉼표가 3번 이상 나오지 않는가?** ➡ 문장이 길 때는 끊어줘야 한다.
6	**같은 소재가 2번 이상 나오지 않는가?** ➡ 이 소중한 지면에 중복된 이야기를 쓰는 것은 그만큼 손해다.
7	**'~이다'처럼 반말을 사용하지는 않았는가?** ➡ 어미를 잘 살펴서 명령조나 반말조가 되지 않도록 한다.
8	**정해진 분량의 60퍼센트 이상은 채웠는가?** ➡ 아무리 작고 사소한 경력이라도 정성껏 채워 넣는다.
9	**성장 과정이 절반 이상을 차지한 것은 아닌가?** ➡ 성장 과정은 자기소개서에서 가장 짧고 간결하게 다룰 부분이다.
10	**구체적인 사례 없이 작성하지는 않았는가?** ➡ 구체적인 사례가 바로 자기만의 스토리텔링이다.
11	**속담이나 명언 같은 인용구가 빈번하게 사용되지는 않았는가?** ➡ 자기 신념이나 자기표현에 자신이 없어 보일 수 있다.

12	**인터넷 용어, 비속어를 사용하지 않았는가?** ➡ 다듬어지지 않은 학생처럼 보이는 것은 마이너스다.
13	**회사 이름, 지원 분야를 정확히 기록했는가?** ➡ 인사담당자가 알고 있으려니 생각하지 말고 눈에 띄는 곳에 정확하게 적는다.
14	**맞춤법, 띄어쓰기, 오탈자가 있지는 않는가?** ➡ 가볍게 생각지 말고 한 글자라도 점검한다.
15	**'귀사'라는 표현을 쓰지는 않았는가?** ➡ 여러 기업에 제출하는 무난한 자기소개서처럼 보이고 싶지 않으면 기업명을 쓴다.
16	**입사 후 포부를 쓰는 항목이 과거형으로 끝나지는 않았는가?** ➡ 포부는 미래형이어야 한다.
17	**'생각합니다'라는 단어가 한 단락에 2회 이상 나오지 않는가?** ➡ 생각 말고 경험을 풀어쓰는 것이 더 좋다.
18	**소제목 작성을 제대로 잘했는가?** ➡ 이것이 시선을 끄는 셀링 포인트여야 한다.
19	**'~ 인 것 같습니다'라는 표현이 있지는 않는가?** ➡ 이 표현은 자기 생각이 아니라 남의 생각을 추측해서 말할 때 쓴다.
20	**문맥이 논리적이고 좌우문맥이 모두 잘 맞는가?** ➡ 문장의 앞뒤가 맞지 않으면 읽고 싶지 않다.
21	**단어나 문구가 반복되어 글이 단순해지지 않았는가?** ➡ 자신의 깊이를 가늠하게 해준다.
22	**너무 많은 이야기를 담느라 주제가 묻히지는 않았는가?** ➡ 욕심을 덜어내야 주제가 선명해진다.

부록 5

면접 전형 질문 실제 사례

실제 중견기업 면접장에서 뽑아온 질문 사례

인터넷에 떠돌아다니는 정보는 많지만 대부분이 대기업 관련 정보여서 모든 취업 준비생에게 필요한 것은 아니다. 여기서는 실제 취업컨설팅 회원들이 작성한 면접 후기 워크시트를 바탕으로 중견기업들의 면접 질문들을 공개한다. 인터넷에서는 쉽게 찾아볼 수 없는 정보들이다. 여기에 자신이 지원할 회사의 정보가 없더라도 예상은 해볼 수 있지 않을까?

다음 소개하는 자료는 최근 3년간의 면접 질문 자료로, 중견기업 면접을 다녀온 취업 준비생들이 직접 작성한 워크시트를 기본으로 정리하였다. 많은 자료 중에서 특히 상이한 질문을 한 기업들만 골라냈다. 해당 기업들의 면접 질문들을 보면서 면접 전형을 예상하고 대비해보자. 자기소개로 시작하는 첫 질문부터 지원 직무와 관련된 질문까지 면접장에서 들을 수 있는 질문 리스트가 면접을 앞둔 취업 준비생의 불안한 마음을 해소시켜줄 것이다.

교보문고

면접관 구성	4명(전무 1명, 인사팀장 1명, 홍보팀 2명)
면접 시 첫 질문	자기소개를 해보라.
면접 질문 리스트	• 지난 1년간 했던 일을 이야기해보라. • 다른 회사 중 지원한 곳이 있는가? • 살면서 가장 화가 났던 기억을 이야기해보라. • 교보문고에 입사한다면 어느 직급까지 예상하는가? • 과정 vs 결과 어느 쪽이 더 중요한가? • 지금의 상황을 사자성어로 이야기해보라. • 주량은 어느 정도 되는가?

그루폰

면접관 구성	남자 1명, 여자 1명
면접 시 첫 질문	자신의 매력을 이야기해보라.
면접 질문 리스트	• 자신만의 특별한 역량은 무엇인가? • 불가능했던 일을 해냈던 경험이 있는가? • 마지막으로 하고 싶은 말이 무엇인가?

동경엘렉트론 코리아

면접관 구성	남자 3명
면접 시 첫 질문	자기소개를 해보라.
면접 질문 리스트	• 본인이 가지고 있는 애칭이 있는가? • 자신이 원하지 않는 곳에 배치되어도 일할 수 있는가? • 영어나 일어 중 자신 있는 것으로 자기소개를 해보라. • 취미가 무엇인가? • 마지막으로 하고 싶은 말이 있는가?

비씨월드제약

면접관 구성	본부장 1명
면접 시 첫 질문	지원 동기가 무엇인가?
면접 질문 리스트	• 전공과 다른 영업직을 선택한 이유는 무엇인가? • 전공을 살려서 취업을 안 하는 이유는 무엇인가? • 가족을 한 번 소개해보라. • 면접관을 고객이라 생각하고, 자신이 영업사원이라는 생각으로 우리 회사 제품을 소개해보라. • 인턴제도에 대해서 어떻게 생각하는가? • 마지막으로 하고 싶은 말은 무엇인가?

삼진글로벌넷

면접관 구성	8명
면접 시 첫 질문	자기소개를 해보라.
면접 질문 리스트	• 인턴을 했을 때, 어떻게 시작하였고 무슨 일을 했는가? • 자신이 꼼꼼한 편인가? • 달리기를 좋아하는 편인가? • 어학연수 때 무엇을 했는가? • 해외영업에 대해 얼마나 알고, 할 수 있겠는가? • 케이팝(K-pop) 가수 중 좋아하는 가수와 그 영향력에 대해 이야기해보라.

지지무역

면접관 구성	3명
면접 시 첫 질문	우리 회사를 어떻게 알고 지원했는가?
면접 질문 리스트	• 부모님이 하시는 일이 무엇인가? • 일이 힘든데, 끈기 있었던 경험을 예로 들어보라. • 아르바이트를 하면서 배운 게 무엇인가? • 취미가 무엇인가? • R&D와 디자인 관련 질문들 개별 제시.

SECO 코모스

면접관 구성	6명
면접 시 첫 질문	자신이 전공을 선택한 이유는 무엇인가?
면접 질문 리스트	• 주변에서 자신을 어떻게 생각하는가? • 학교를 성실하게 다녔는가? • 학교생활에서 출석 상황은 어떠하였는가? • 자기소개를 자세하게 해보라. • 종교적인 이유가 있더라도 일요일에 출근 가능한가? • 다른 부서로 발령이 날 수 있는데 괜찮은가? • 현대기아자동차 1차 협력사란 것은 알고 있는가?

스무디즈 코리아(스무디킹)

면접관 구성	1명
면접 시 첫 질문	오는 데 멀지 않았나?
면접 질문 리스트	• 전에 일했던 경험 중에서 업무 내용이 무엇인지 이야기해보라. • 소비자상담실에서 하는 일이 무엇인가? • 자신의 장점과 단점을 3개씩 이야기해보라. • 반대로 나한테 질문을 해보라. • 야근하는 것에 대해 어떻게 생각하는가? • 희망연봉이 있으면 이야기해보라. • 매장관리직 근무에 대해서 어떻게 생각하는가?

법무법인 태평양

면접관 구성	남자 2명, 여자 1명
면접 시 첫 질문	자기소개를 해보라.
면접 질문 리스트	• 인턴과 아르바이트의 차이점을 이야기해보라. • 서비스에서 가장 중요한 것이 무엇인가? • 중국에 갈 수 있겠는가? • 면접에 오기 전날 무엇을 준비했는가?

애경화학

면접관 구성	5명
면접 시 첫 질문	여기까지 어떻게 왔고, 얼마나 걸렸나? (자기소개 없음)
면접 질문 리스트	• 아버지께서 하시는 일을 이야기해보라. • 기숙사에 산다고 하면 잘살 수 있는가? • 개발과 생산과 품질의 관계를 이야기해보라. • 아르바이트했던 경험을 적었는데 구체적으로 이야기해보라. • 성격에 대해 이야기해보라. • 졸업 후 지금까지 했던 일을 이야기해보라.

LG서브원

면접관 구성	남자 2명, 여자 1명
면접 시 첫 질문	1분간 자기소개를 해보라.
면접 질문 리스트	• 영업과 구매의 차이점을 이야기해보라. • MRO란 무엇인가? • 잘 사는 것에 대해 이야기해보라. • 면접관을 웃길 수 있는가? • 주량이 얼마나 되는가?

페덱스킨코스 코리아

면접관 구성	남자 2명, 여자 1명
면접 시 첫 질문	자기소개를 해보라.
면접 질문 리스트	• 운전이 가능한가? • 직무에 자신이 적합하다고 생각하는가? • 우리 회사 지점을 방문해본 적이 있는가? • 지금까지 힘들었을 때와 기뻤던 때를 이야기해보라. • 상사와의 트러블이 있을 경우 어떻게 하겠는가? • 영어 실력이 어느 정도 되는가? • 컴퓨터를 실제로 잘하는가?

일진전기

면접관 구성	1차 면접 4명 / 2차 면접 3명
면접 시 첫 질문	학점이 어떻게 되는가?
면접 질문 리스트	• 영어점수를 이야기해보라. • 술을 얼마나 마실 수 있는가? • 일진전기의 어떤 사업에 관심이 있는가? • 기술영업이 무엇을 하는 업무인지 이야기해보라 • 기술영업을 하고 나서 최종적으로 이루고 싶은 것이 무엇인가? • 졸업하고 지금까지 했던 일을 이야기해보라. • 얼마의 시간을 주면 제품정보를 외울 수 있겠는가?

퍼시스

면접관 구성	3명
면접 시 첫 질문	어디서 왔으며, 아침은 먹었는가?
면접 질문 리스트	• 정말 친한 친구가 몇 명 있는가? • 친구를 사귈 때 주로 보는 것은 무엇인가? • 해당 직무에 지원한 이유가 무엇이며, 타인과 구별되는 강점은 무엇인가? • IFRS란? • 익금불산입이란? • 연말정산이란? • 마지막으로 하고 싶은 말이 있는가?

코스트코 코리아

면접관 구성	남자 2명
면접 시 첫 질문	여기 어떻게 오게 되었나? 연락을 기다렸는가?
면접 질문 리스트	• 코스트코에 방문해본 경험이 있는가? 있다면 주로 누구와 왔었는가? • 지원한 이유를 이야기해보라. • 영어를 어느 정도 하며, 어떻게 공부했는가? • 연봉이 적어도 괜찮은가? • 코스트코의 문제점이나 개선할 점이 있다면 이야기해보라. • 시프트 근무가 잦아 생활리듬이 깨질 수 있는데 괜찮은가? • 우리가 왜 당신을 뽑아야 하는가?

한샘

면접관 구성	역량 면접 3명, 상황 면접 6명
면접 시 첫 질문	리더십을 발휘한 경험을 이야기해보라.
면접 질문 리스트	• 도전적인 일을 했던 경험을 이야기해보라. • 한샘에 지원한 동기는 무엇인가? • 한샘에 대한 느낌을 이야기해보라. • 간단하게 자기소개를 해보라. • 크루즈에 20명이 있다. 6명을 살려야 한다면 6명의 이름을 이야기해보라. 6명 중 3명만 살려야 한다면 그 3명은 누구인가?

※기업명(무순)

성공 면접을 위한 원 포인트 코칭 사례

독한 질문도, 어려운 질문도 척척 답변할 수 있다

많은 취업 준비생들이 면접의 중요성을 이야기하며 어떻게 대비해야 하는지 묻는다. 여기서는 질의응답 식으로 진행되는 실제 면접에서 자주 나오는 예상 질문들과 더불어 맞춤형 답변 요령을 소개한다. 실제 면접 자리에서 어려움을 겪는 질문과 대답에 대해 알아보자.

이력서, 자기소개서 등의 서류 전형을 통과한 취업 준비생들의 다음 여정은 면접. 질문에 대답하는 형식인 면접을 준비하기 위해 그들은 스스로 질문도 예상해보고 답변할 거리도 찾는다.

그래도 실제 면접 자리에 가면 당황하기 마련, 아무리 수차례 모의 면접을 연습했더라도 뜻밖의 질문 앞에서는 머릿속이 하얘진다. 해결책은 실전 같은 연습의 무한 반복. 특히 같은 질문에 어떤 대답을 하느냐에 따라 당락이 결정될 수 있으므로 미리 예상 답변을 작성해 연습하자.

Q 간단하게 자기소개를 해주세요. / 1분 정도 자기소개를 해주세요.

여기에서 '간단하게'라는 조건이 붙으면 가급적 20~30초 안에 짧게 하라는 의미다. 보통 면접자들이 1분 정도의 자기소개 멘트를 준비해오기 때문에 자기소개 도중에 말을 끊어버릴 수도 있다. 그래서 20~30초 버전과 1분 버전 각 1개, 총 2개의 자기소개를 준비해가는 것이 좋다.

자기소개 답변의 두 가지 방법

1. 자신의 이미지를 대표하는 단어 등을 써서 면접관이 기억하게 만드는 방법, 즉 비유를 통해 면접자를 소개하는 방법이다.

안녕하십니까? 저는 사계절의 매력을 가진 인재 홍길동입니다. 먼저 겨울의 냉철함과 봄의 따스함으로 업무를 충실히 배우고 따뜻한 마음을 가지겠습니다. 여름의 열정으로 제가 맡은 바 업무를 다하기 위해 노력하며 추수의 계절 가을처럼 제가 가진 역량을 바탕으로 XX회사에서 수확의 기쁨을 누릴 수 있는 인재가 되겠습니다. 감사합니다.

Point 비유를 통해 '사계절=홍길동'이라는 기억에 남길 멘트 만들기!

2. 신입사원으로서 갖춰야 할 자세나 태도 등 몇 가지 단어를 들며 면접자 자신을 소개하는 방법이다.

안녕하십니까? 먼저 이렇게 면접의 기회를 주신 면접관님들께 깊이 감사드립니다. 첫째, 저는 성실함을 바탕으로 준비해왔습니다. 경험 사례 설명 ① 둘째, 정직함입니다. 업무를 하는 데 있어 정직함이 없다면 어느 누구에도 신뢰를 얻을 수 없습니다. 마지막으로 열정입니다. 경험 사례 설명 ① 이러한 역량들을 바탕으로 회사 비전(해당 지원사 비전) 에 제 역할을 다 할 수 있는 신입사원이 되겠습니다. 감사합니다.

Point 비유가 어려울 경우, 기본적인 자세들을 열거함으로써 구직자로서 준비된 모습을 어필!

Q 전공과는 다른 직무에 지원하셨는데, 업무를 배우는 데 문제는 없을까요?

이 질문은 전공과 다르니까 떨어뜨리겠다는 뜻이 아니다. 회사는 직무와 관련 없는 전공이더라도 입사 후 교육을 통해 업무를 하게끔 지원하는데, 이를 성실하게 이수하고 일할 의지가 있는지를 물어보는 질문이다.

제가 지원한 직무와는 다른 전공을 수학하였지만, 업무를 배우고 조직생활을 해나아 가는 데 있어 필요한 역량은 그 누구보다 앞선다고 자신할 수 있습니다. 모르는 것이 있으면 배우고 아는 것이 있으면 나누겠다는 자세로 저에게 주어진 업무에 최선을 다하고 선배님들로부터 업무와 직장생활 모두에 대해 잘한다는 평가를 받을 수 있는 유능하면서도 친화력 있는 모습을 반드시 보여드리겠습니다. 감사합니다.

Point 전공에 대해서 이야기를 끌어가는 것이 아니고, 답변에서 자세와 태도 부분에 대한 의지를 보여준다. 연계 전공이 아닌 질문을 요령껏 피하면서도 자신이 해당 업무를 잘할 수 있음을 표현하는 데 중점을 두어야 한다.

Q 학점이 좋지 않은 편인데 이유가 있나요?

인사담당자들도 대학생활을 해본 경험이 있고, 이 정도 학점이라면 학교생활이 어떠했을지 기본적으로 알고 있다. 그들이 학점이 좋지 않은 이유를 물어보는 것은 다른 경험이나 경력이 있는지 물어보는 것이다.

대학생활을 하며 학점 관리에 소홀했던 것은 제 스스로도 아쉬움이 남는 부분입니다. 하지만 제가 좋아하고 잘할 수 있는 일을 찾기 위해 노력하고 찾을 수 있었던 시간을 벌 수 있어서 다른 한편으로는 도움이 된 부분도 있습니다. 제가 _경험 사례_ 를 통해 단체생활을 하면서 친구들과 교류하고 사람들 사이에서 제가 어떤 역할을 잘해낼 수 있는지 알 수 있었던 중요한 계기였습니다. 학점 관리에 소홀했지만 회사에서 일을 배우고 업무를 습득해 나가는 부분에 있어서는 확실하게 책임감을 가지고 열정을 다해 임하겠습니다. 감사합니다.

Point 학점 관리는 잘하지 못했지만 대신 다른 무언가를 함으로써 유익한 시간을 보냈다는 식으로 이야기하며 그 상황을 대인관계와 관련된 부분으로 풀어낸다. 즉 업무를 열심히 배울 자세가 되어 있으며, 조직생활에서 중요한 대인관계는 자신 있다는 내용을 답변에 담아내는 것이 좋다.

Q 존경하는 사람은 누구인가요?

아버지 또는 부모님이라고 대답하거나 유관순 열사와 같은 위인들 중 한 명을 거론한다면 불합격이라고 봐도 무방하다. 특히 회사 입장에서 경쟁관계나 적으로 간주될 만한 사람을 이야기하는 것은 금물이다. 이 질문은 지원하는 회사가 속한 업계와 관련하여 유명한 사람을 알고 있는지 묻는 것이다. 또는 면접자 자신에게 영향을 준 다른 누군가가 있다면 그 사람을 소개하고 자신이 받은 영향이 무엇인지를 답변해보라는 질문이다. 다른 사람의 이야기를 잘 듣고 자신에게 적용해본 경험이 있는지 물어보는 질문으로, 대답이 시원찮을 경우 다른 사람들과의 업무 중 상하관계에 있어서 문제가 생길 수 있음을 예측한다.

가급적이면 업계 내 유명 인사나 창업주 또는 기업인 중에서 이야기하는 것이 가장 바람직하다. 예를 들어, 이미 타계한 정주영 명예회장이나 박태준 명예회장 같은 분들은 기업에 상관없이 존경하는 인물이므로 답변 소재로 좋다.

저는 창의, 희망 그리고 도전을 항상 이야기하셨던 기업인 고 정주영 회장님을 존경합니다. 사람은 누구나 나쁜 운과 좋은 운을 동시에 가지고 있는데 즐겁게 일하는 것을 놓치지 않고 열심히 일하는 사람에게는 나쁜 운이 들어올 틈이 없기 때문에 노력으로 운을 만들라고 하셨습니다. 저 역시도 참된 식견을 가지기 위해 노력하며 사회에 첫발을 내딛는 젊은 신입사원의 열정을 가지고 자신감과 확신을 가진 XX기업의 핵심인재로 성장하겠습니다.

Point 기본적으로 정주영 명예회장의 어록을 연구하여 몇 개의 중요 단어를 뽑을 것. 그것을 존경하는 인물과 연관시켜 풀어내고, 앞으로 자신이 이 인물에게서 받은 영향을 어떻게 발전시켜 회사에 접목할지 이야기한다.

Q 아침에 일어나서 면접장에 올 때까지의 과정을 이야기해보세요.

질문의 요지는 오늘 아침에 일어나서 면접에 올 때까지의 마음가짐을 말해보라는 것이지, 절대 어떠한 교통수단을 이용해서 회사까지 왔는지 물어보는 것이 아니다. 이 질문을 받고 10명 중 8명 정도는 버스와 지하철을 타고 이렇게 저렇게 왔다고 소개하여 면접관들의 눈살을 찌푸리게 만든다.

아침에 일찍 일어나 면접을 간다는 마음에 설레기도 하고 다른 한편으로 많이 긴장을 하였습니다. 식구들과 아침식사를 하며 면접에 가서 자신 있게 하고 오라는 응원을 들으며 오늘 잘해야겠다는 생각으로 지하철에 몸을 싣고 제 스스로에게 응원을 보내며 오늘 이 자리에 섰습니다. 저는 아직 부족한 부분이 많이 있습니다. 그렇지만 제가 XX회사에 입사하고 싶다는 열의를 보여드리기 위해 계속 최선을 다하겠습니다.

Point 아침에 느꼈던 긴장감과 면접에 오게 된 기쁨, 그리고 더 잘하겠다는 메시지를 잘 담아낸 답변이다. 대중교통을 타고 왔던 과정 등을 이야기하는 것이 아니라 자신이 생각하고 느꼈던 감정 위주로 전달하고 있다.

Q 상사와 마찰이 있거나 일방적인 지시를 내린다면 어떻게 하시겠어요?

입사한 지 1개월 이내에 퇴사해버리는 사람들의 이유를 들어보면, 상사가 부당한 일을 시켜서 더 이상 회사에 다닐 수 없다는 비율이 높다. 이는 자기 자신을 조직에 맞추어야 하는데 반대로 조직이 자신한테 안 맞추니까 그만두겠다는 의미와 같다. 세상 어디에도 혼자 일하는 직장은 없기 때문에 공동의 목표를 위해 움직이는 조직에 들어가서 자신을 낮추고 일원이 되기 위해 노력해야만 한다. 이는 "조직 문화에 당신을 맞출 수 있는가" 하는 질문임을 명심하자.

상사께서 저에게 업무에 관해서 이야기를 해주시는 부분이고 신입사원으로서 당연히 부족하기 때문에 듣게 되는 충고일 것입니다. 제가 신속하고 빠르게 업무를 배워 팀 내에서도 제 몫을 다하는 사원이 된다면, 선배님들로부터 조금씩 인정을 받을 수 있을 것이며 업무를 하는 데 있어서도 제가 성장하기 위해서는 반드시 배우는 과정이라는 점을 이해하며 최선을 다하도록 노력하겠습니다.

Point 이 질문에 보통 업무를 먼저 처리하고 나중에 시간이 되면 개인적으로 상사에게 이야기하겠다는 답변을 많이 하는데, 인사담당자 입장에서는 따지겠다는 의미로밖에 들리지 않는다. 조심하자.

Q 창의가 무엇이라고 생각하나요? 그리고 창의와 관련하여 개인적으로 겪었던 자신의 사례를 한 번 이야기해보세요.

'창의'에 대한 기본 개념을 묻고 관련된 자신의 경험을 이야기해보라는 전형적인 역량기반 면접 질문 중 하나다. 질문 자체에 창의란 단어가 들어가 있는 만큼 자신의 경험 중에서 적당한 소재를 찾아 이야기한다. 이때 가급적 자기소개서에 적지 않은 경험을 이야기하는 게 좋다.

창의는 새로운 것을 생각해내는 힘이지만, 이를 위해서는 기본기가 탄탄하게 갖추어져야 창의도 발현될 수 있다고 생각합니다. 제가 대학 시절 _기본기 경험 답변_ 경험했습니다. 앞으로도 기본기를 갖추고 창의력을 발휘하여 제가 맡은 업무를 더욱더 잘할 수 있는 사원으로 성장할 것을 약속드립니다.

Point 먼저 창의가 발현되기 위해서는 무엇이 필요한지 언급한 다음 자신의 경험을 이야기하였다. 기본기와 관련된 경험담을 통해 업무를 배우고 익숙해지면 창의 또한 발현될 것이라는 메시지를 전달하고 있다.

Q 본인을 사물에 비유해서 소개해보세요.

금융권에서 자주 물어보는 질문으로 자신을 사물 중 하나에 빗대어 소개해보라는 의미다. 순간적인 대처 능력을 확인해봄과 동시에 평소에 다른 여러 일들을 어떻게 설명하고 표현하는지 보고자 하는 질문이다. 남들이 많이 하는 스마트폰 등의 비유는 가능한 한 피하는 것이 좋다.

저는 제 자신을 사무를 하는 데 있어 꼭 필요한 '볼펜'에 빗대어 설명해보겠습니다. 볼펜은 누구나 가지고 있으면서 종류도 다양하고 필기감도 다르며 값어치 역시 차이가 많이 납니다. 하지만 없으면 매우 불편한 물건입니다. 급할 때 저가의 볼펜이라도 있다면 매우 고마움을 느낄 수 있습니다. 저는 이렇게 일상에서 반드시 필요한 볼펜처럼 자신의 자리를 지키며 주어진 역할에 최선을 다할 수 있는 인재가 되기 위해서 항상 노력하겠습니다.

저는 다양한 연출이 가능한 '와플'에 저를 비유하겠습니다. 갓 구워낸 와플은 따뜻함과 신선함을 가지고 있습니다. 여기에 다양한 토핑이나 음식을 곁들여 색다른 맛을 연출하고 보기에도 좋은 디저트가 될 수 있습니다. 저도 이렇게 갓 구워낸 와플처럼 따뜻한 신입사원으로 시작하여 다양한 업무를 배우고, 다양한 토핑과 함께 멋진 모습으로 탄생하는 와플처럼 회사의 인재가 될 수 있도록 노력하겠습니다.

Point 굳이 멋있어 보이는 사물 중 하나를 선택하여 자신을 포장할 필요는 없다. 볼펜이나 와플처럼 주변에서 흔히 볼 수 있고 면접관들도 쉽게 떠올릴 수 있는 주제를 하나 잡아서 신입사원의 이미지와 잘 접목하여 대답하면 된다.

Q 술자리나 회식에 대해서 어떻게 생각하나요?

과거, 회사의 회식이 아니면 값비싼 음식을 먹을 수 없었던 시절이 있었다. 그때는 모든 직원들이 좋은 음식을 먹기 위해 필수적으로 참가하던 생존의 회식이었다. 지금은 시대가 바뀌어 회식을 하지 않더라도 충분히 맛있고 영양가 높은 음식을 먹을 수 있다. 그래서 젊은 신입사원들 중에는 회식을 개인의 시간을 빼앗아가는 것으로 여기고, 거의 강제적인 회식 문화에 반감을 가지기도 한다. 술자리나 회식 등 직장 내 조직생활을 하는 데 있어 필수적인 부분을 어떻게 생각하고 있는지 물어보는 것이다.

업무를 하면서 다른 선배님, 동료들과 함께 식사를 하고 이야기를 나누면서 좀 더 빨리 친해질 수 있는 계기가 될 것이라고 생각합니다. 학창 시절부터 모임을 좋아하여 항상 빠지지 않고 참여함으로써 다른 전공을 가진 친구들도 만나게 되었고, 취업을 위해 조언을 아끼지 않는 선배님들을 만날 수 있었습니다. 앞으로도 같은 일을 하면서 경험하는 일들을 함께 이야기하고 나눌 수 있는 회식 자리에 빠지지 않고 적극적으로 참여할 수 있는 기회가 있었으면 좋겠습니다.

Point 회식 자리 등은 업무적인 것보다는 인간적인 관계 형성에 중요한 역할을 하는 사내 행사 중 하나다. 따라서 원래 모임 등을 좋아했으며 앞으로도 이런 기회가 생기면 꼭 참석하고 싶다는 답변을 함으로써 입사 희망의 메시지까지도 함께 전달한다.

Q 우리 회사에 대해서 질문이 있나요?

흔히 면접 끝부분에서 잘 나오는 질문이다. 이제껏 묻는 말에 답변하느라 수고했으니 반대로 회사에 대해 궁금한 점이 있으면 면접관에게 질문해보라는 것인데, 이 순간 정신을 바짝 차리고 질문해야 한다. 이때 연봉, 근무 조건, 복리후생 등에 대해서 물어본다면 지금까지 잘해온 면접을 단 한 번에 날려버릴 수도 있으니 꼭 주의하자. 이 질문은 업무와 관련 없는 내용을 묻는 사람을 찾아내기 위한 것이다.

제가 이번 면접을 통해서 아직 많이 부족하다는 것을 느끼고 있습니다. 제가 입사를 해서 실제로 업무를 하게 된다면 어떤 부분을 지금부터 더 중점을 두고 미리 공부를 하거나 자료를 찾아봐야 하는지, 참고할 수 있는 책 등이 있는지 여쭈어보고 싶습니다.

Point 면접관의 질문 의도를 알고, 업무와 관련 있는 질문을 한다. 입사 후 업무에 도움이 될 만한 내용이 있다면 알려달라는 식으로 말이다. 마지막까지 열심히 하려는 신입사원의 자세를 보여준다.

Q 마지막으로 하고 싶은 말이 있나요?

'마지막으로 하고 싶은 말'을 묻는 질문은 삼성그룹 면접에서 항상 나오는 단골 질문이며, 많은 면접장에서 마지막에 잘 물어본다. 먼저 이 질문의 의도를 제대로 알고 있는지 궁금하다. 결코 했던 말을 되풀이해 강조하거나 화려한 말로 마지막을 멋지게 장식하라는 의도가 아니다.

대다수 취업 준비생들이 잘못 알고 있는 상식 중 하나가 바로 이 순간을 마지막 카운터펀치를 날리기 위한 기회라고 생각한다는 것이다. 하지만 현실은 시험 끝나고 답안지 걷어가는 순간에 문제 풀겠다고 애쓰는 것밖에 안 된다. 절대 신파로 흐를 수 있는 자기PR을 다시 하거나 면접관에게 부담을 주는 답변을 해서는 안 된다. 면접이 끝나는 분위기에 맞게 가급적 짧게 감사의 뜻을 전하는 것이 가장 좋은 답변이 된다.

뜨거운 여름, 뜨거운 열정으로 땀 흘리며 일할 수 있는 기회를 위해 이렇게 면접의 기회를 주신 면접관님들께 다시 한 번 깊이 감사드립니다.

네. 제가 오늘 면접에 오기까지 많은 시간이 걸렸지만 누구보다 제가 맡을 직무에 열정을 쏟고 싶다는 확신을 가지고 왔습니다. XX기업에 일할 수 있는 기회를 통해 정직하고 믿을 수 있는 사원이 되겠습니다. 오늘 이렇게 소중한 면접의 시간을 내주셔서 감사합니다.

Point 면접의 기회가 주어져 감사하다는 말로 짧게 끝낸다. 다 끝났다고 생각하는 면접관에게 긴 답변으로 괜한 부담을 줄 필요가 없다.

서류 합격을 축하드립니다.

드디어 합격 통지서를 받는다!

그럼 서류 합격이 다일까? 아니다. 아직 넘어야 할 산은 많다. 그다음에 무엇을 할지를 잘 챙겨야 마지막까지 살아남는 최종합격자가 될 수 있다.

공채 시즌에는 서류를 접수하면 1주일에서 길게는 2주일 이상 합격자 발표를 기다려야 한다. 공채 시즌이 아닐 때에는 서류접수 후 2~3일 이내에 합격통보와 함께 곧바로 면접 또는 인적성 검사 안내가 이루어지기 때문에 경험이 없는 구직자들은 무엇을 해야 할지 모르고 당황하는 경우가 있다.

문자 메시지를 통해 서류 합격 통지를 받거나 지원 기업 채용 홈페이지에서 서류 심사 합격발표가 나면, 인적성 검사장을 안내받거나 구체적인 면접 일시를 문자 메시지 또는 별도의 안내를 받게 된다. 인적성 검사의 경우에는 같은 회사라 하더라도 검사 일과 시간이 다를 수 있고, 다른 회사에 중복 합격했다면 검사 일이 겹칠 수도 있으므로 일정부터 꼼꼼하게 챙겨야 한다. 만일 참석하지 못하게 되는 일이 생겼다면 나중을 위해서라도 반드시 인사팀에 이메일을 보내 불참석을 알리는 게 좋다.

실무 면접 합격을 축하드립니다.

인적성 검사에 합격하면 일반적으로 면접전형을 안내받게 된다, 그러면 그룹사에 맞춰서 최근 3년간의 면접이 어떻게 진행되었는지 알아보면서 실제와 같은 방식과 시간을 배분하여 연습을 하는 것이 가장 최선의 방법이다.

○○○님은 신체검사에 합격하셨습니다.

면접전형이 끝나도 신체검사라는 부분이 남아 있다. 면접에 최종합격하더라도 신체검사에서 간혹 불합격하는 경우가 있다. 고도비만이나 혈압 등 차후 산업재해로 이어질 수 있는 부분들에 대해서 집중적으로 보기 때문에 최종합격 후 기쁨을 누리며 친구들과 술자리를 하기보다는 최종 관문인 신체검사를 통과하기 전까지 즐거운 기분으로 '몸 관리'를 해두는 것이 좋다.

○○○님은 우리 회사에 최종 합격하셨습니다.

신체검사에서 별다른 이상이 없을 경우 최종합격 통보를 받게 되며, 이때부터 입사 전에 준비해야 할 서류들과 신입사원 연수가 예정되어 있다면 입소에 대한 안내를 받게 된다. 입소를 한 뒤부터는 다른 신입사원들과 다시 경쟁이 시작되기 때문에 같은 직무에서 일하고 있는 현업자나 동회사의 선배들에게 연수원에서 어떻게 생활해야 하는지 조언을 구하고 평소 취업으로 받았던 스트레스는 모두 풀고 출근 첫날을 맞이하도록 하자.

연수원에 입소하는 첫날 무엇을 할까? 기대와 설렘보다는 동기들과 그 동안에 취업 준비생 시절 이야기를 나누며 고생했던 이야기보따리를 풀게 된다. 이때 취업하기까지의 온갖 무용담을 들을 수 있다. 그후부터는 매주 발표되는 연수 성적으로 또 다른 경쟁이 시작됨을 느끼면서 신입사원으로 거듭나는 과정을 겪게 된다.

이제 당신이
이 모든 합격통지서를 받을 차례다!